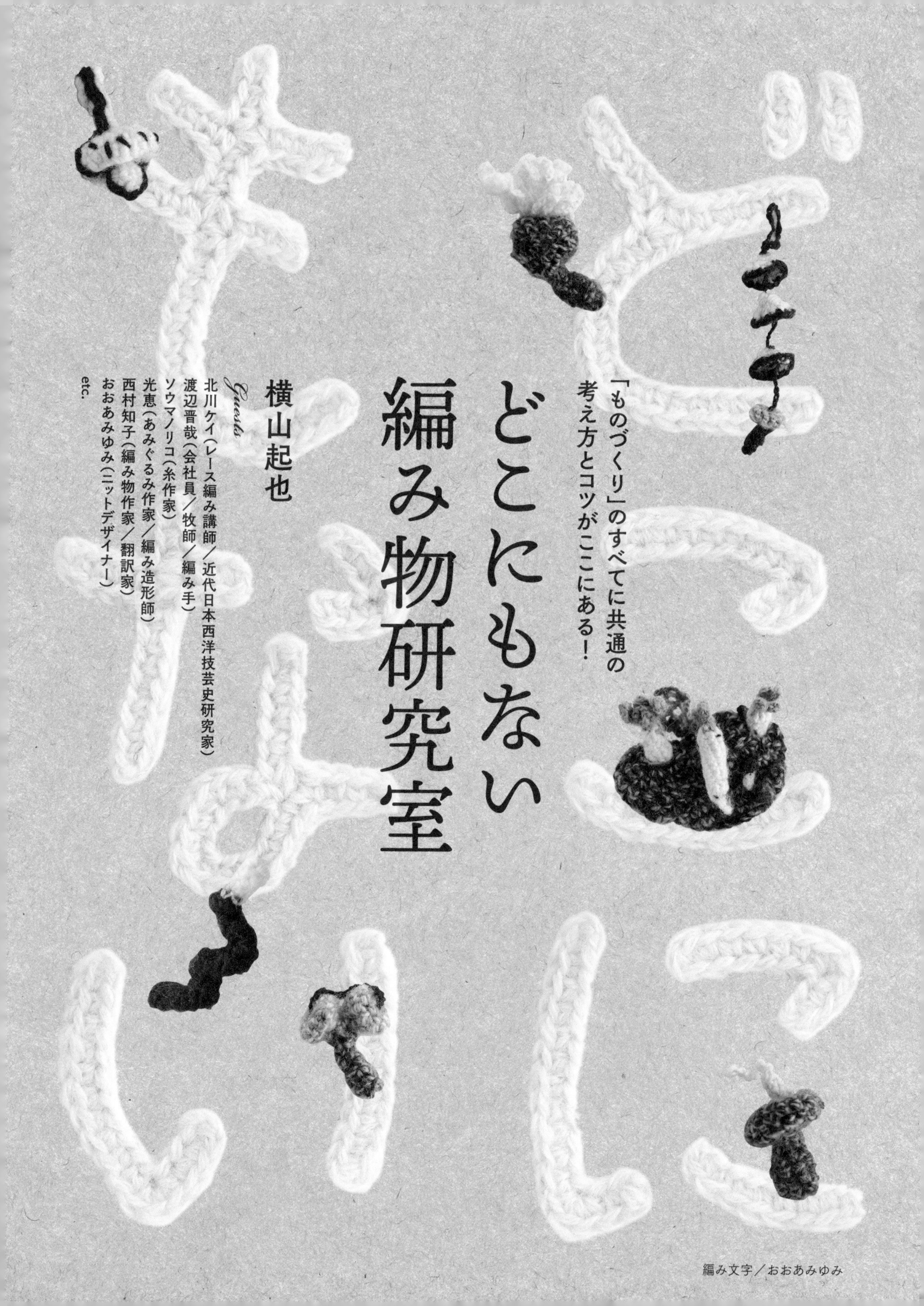

「ものづくり」のすべてに共通の
考え方とコツがここにある！

どこにもない編み物研究室

横山起也

Guests
北川ケイ（レース編み講師／近代日本西洋技芸史研究家）
渡辺晋哉（会社員／牧師／編み手）
ソウマノリコ（糸作家）
光恵（あみぐるみ作家／編み造形師）
西村知子（編み物作家／翻訳家）
おおあみゆみ（ニットデザイナー）
etc.

編み文字／おおあみゆみ

編み物は糸と編み針だけで
できているわけではない

横山起也

横山起也

Tatsuya Yokoyama

編み物作家、NPO法人 LIFE KNIT 代表、オンラインサロン『未来手芸部』部長、チューリップ株式会社 顧問、株式会社日本ヴォーグ社「amimono channel」顧問／ナビゲーター。
慶應義塾大学大学院にて文化史を学ぶ。在学中に『伝統のニット「てづくりのもの」のなかにある不思議なもの』(日本編物文化協会刊)を執筆。子どもたちや震災で被災された方々をはじめ、より多くの人へ編み物を中心とした「ものづくり」を伝えるため、NPO法人LIFE KNITを設立。作家活動としては、編み図なしで自由に編む「スキニ編ム」を提唱。それに基づいた「編みキノコ」の製作やワークショップ展開を続けている。また、手芸界では見られなかった対談イベントなどの企画を開催し、好評を博す。手芸業界企業や団体、テレビ局から招聘され、顧問やアドバイザー、セミナー講師などを多数つとめる。2016年に株式会社スノーピーク主催イベント「Snow Peak Way」にて、年間を通じての編み物ワークショップを担当するなど、業界外とのコラボレーションを精力的に行っている。その一環として「HUFFPOST」など複数のWEBメディアで社会問題と手芸をからめた連載コラムを執筆。手芸界と一般社会とをより強く結びつけようと試みている。

←
←
←
(　ﾟдﾟ)スマホカメラをかざしてフォローしてくださると幸いです！

Contents

006 まえがき

008 今だから聞きたい、編み物の話

010 歴史が私たちに教えてくれるのは「正解」ではない
〈Guest〉北川ケイ
〈How to make〉絹糸編物 菊水模様爪袋

038 「ものづくり」に必要なものは
生活の中の発見にある
〈Guest〉渡辺晋哉
〈How to make〉フェアアイルのTABANE マフラー

068 糸は人と人をつなぐもの
そして自分の心をほどくもの
〈Guest〉ソウマノリコ
〈How to make〉指で組む紐

090 作品には見る人が入り込める「余白」を残す
〈Guest〉光恵
〈How to make〉マレーグマのあみぐるみ

112 涙いらずの編み物。
編み図・パターンで「得たもの」「失ったもの」
〈Guest〉西村知子
〈How to make〉タック・ステッチのサコッシュ／スマホケース

136 編み物に言葉はいらない。
だけど、語る編み人がいてもいい
〈Guest〉横山起也＆おおあみゆみ
〈How to make〉スキニ編ム 編みキノコ

Column

066 「受験教育の専門家」が
編み物の入門書に物申す
〈Text〉有賀隆夫

086 往復書簡 東京―京都
今日も編み物日和です
〈Letter〉森國文佳

110 映画のキャラクターが
ニットの衣装を身に着ける時
〈Guest〉多賀谷浩子

134 「風の時代」がやってきた。
星と符号する手芸のベクトル
〈Guest〉いけだ笑み、SUGAR

158 編み目記号＆編み方

まえがき

『どこにもない編み物研究室』へようこそ!!

日本の編み物は長らく「技術」と「編み図」に寄り過ぎていたんじゃないかな、と思う。

もちろん、そういう風に伝えてきたからこそ、ある時代においては編み物が普及し、
多くの人に親しまれたことは間違いない。
（詳しくはこの本の北川ケイさんの章をお読みくださいませ!）

しかし、どうしても私はこう言いたい。
「それだけでは伝わらない『編み物』があるんだ!」と。

「正しい編み物」があれば「面白い編み物」もある。
「趣味の編み物」「仕事の編み物」があれば「どちらでもない編み物」もある。
「レシピ通りの編み物」があれば「自分オリジナルの編み物」もある。
「教える／教わる編み物」があれば「伝わる編み物」もある。
「つらい編み物」があれば「涙のいらない編み物」もある。

もちろんそのすべてをまとめることは、とうてい私一人ではできない。
そこで素敵なゲストの方々とたくさんお話をする形をとって、
いろいろな「編み物」についてとことん研究してみることにした。

さあ、ぜひ『どこにもない編み物研究室』の扉を開けてください!
そして一緒に「編み物」の世界にはりめぐらされた糸をたどっていこうじゃありませんか!

追伸
この本ははじめから順番に読まなくてもわかるようにできていますので、
ぜひ目につくところからお読みくださいませ。
皆様に「編み物」をさらに楽しんでいただけますことを願っております。

『どこにもない編み物研究室』室長
横山起也

今だから聞きたい、編み物の話

横山起也

趣味か。仕事か。
「ものづくり」の糸を手にした人たちは
そんな線引きの狭間に
大切で愛おしい何かを見出している。
編み物は自由で楽しいもの。
関わり方は人それぞれあっていい。
本章では編み物界はもとより、
多方面で活躍されている方々に
じっくりと話をお聞きした。
きらめく言葉の数々に
心がすっと軽くなる。

Soma

Yokoyama

Nishimura

Watanabe

Ooami

Mitsue

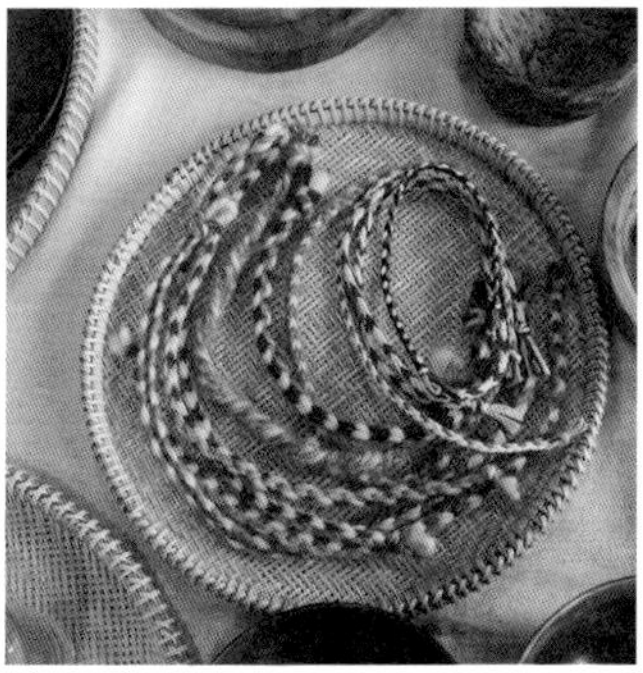

Kitagawa

北川ケイさんは歴史家である。
「近代日本西洋技芸史」という、
明治期から昭和にかけての編み物の歴史の研究家なのだ。
当時の文献や道具の蒐集家《しゅうしゅうか》でもある北川さんのお話は掛け値なしに面白い。
レース編み講師でもあるから、作り手の気持ちに迫るその歴史観は
私たちにも寄り添ってくれる。
当時の資料をもとに、続々と作品を再現までしているから、
その言葉には生命力があふれているのだ。
北川さんから発せられる「編み物・手芸の歴史」は
私たちに何を教えてくれるのかな、と思う。
ある時には、編み図記号の表現が整っていない時代に、
挿絵とともに「此ノヨフニ編マレタシ」としか
書いていないような編み物教本を見て
「とにかく作り上げてみよう」という気持ちだけをたよりに
編み上げるような「自由な編み物」がある。
またある時には、自分の作品に厳しさを求められるような、
大作家が提唱する「正しい編み物」もある。
そういう様々な「編み物」が折り重なる歴史を
北川さんから聞いているうちに、
いつも僕は「色々あっていいのだな」と思えるようになるのだ。

そう、色々あっていい。

北川さんの身体から発せられる日本の「編み物の歴史」が伝えてくれるのは
「ひとつの正解」などではない。
そこで語られているのはまごうことなき「多様性」なのである。

もしあなたが「正解」「間違い」に囚われていたら、北川さんの話を聞くといい。
逆に「ものづくり」のしるべを失って途方に暮れていたとしても、
やはり北川さんの話を聞くといい。
そうすれば必ず、あなたはあなただけの答にたどりつくはずだ。

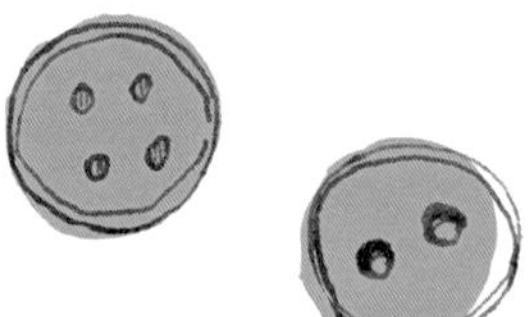

のは「正解」ではない

北川ケイ
Kei Kitagawa

青山学院文学部仏文科卒業。放送大学大学院修士課程文化科学研究科終了。
日本近代西洋技藝史研究家。論文・コラムを執筆。（公財）レース編み師範。
レース編み講師をする傍ら、先人の技術力と情熱に魅惑されている。コレクションが高じて、
神奈川県湯河原町にレースと編み物と手芸歴史博物館（一社）彩レース資料室を開館している。

歴史が私たちに教えてくれる

Guest **北川ケイさん**（レース編み講師／近代日本西洋技芸史研究家）

レトロな手作りの世界にようこそ

コッポ編み

常に何か新しい手芸を探し求めていた昭和期。コッポ編みは昭和20年代後半〜30年代にかけて流行った手芸で、コッポクッションと針を使い、毛糸でレース風のモチーフを作るもの。つなげてクッションやショールにしたり、作品バリエーションも豊富でした。コッポ編みの「コッポ」は、発案者の齋藤光歩さんの名前からつけられたそうで、当時の手芸書や雑誌の付録に作品が数多く載っています。外箱もレトロで、今見ても、ついつい手元に置いておきたくなる愛らしさなんです。

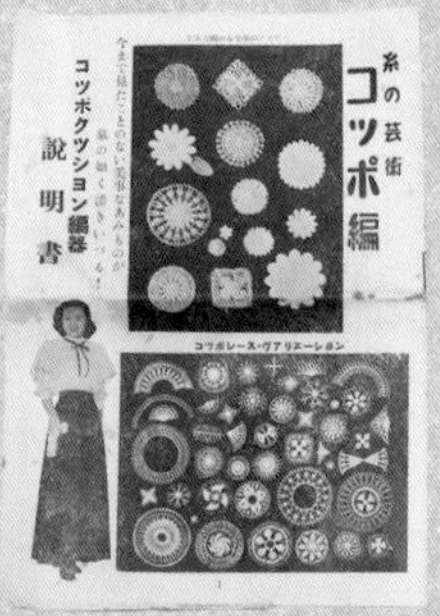

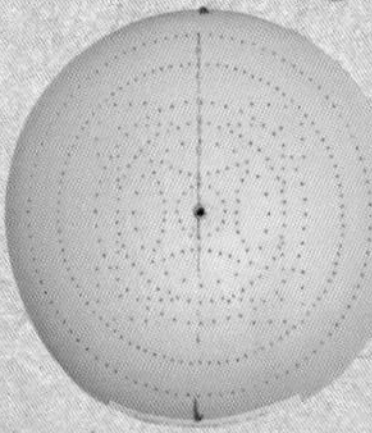

あんぱんみたいな形のコッポクッション。説明書ではコッポ編みを「糸の芸術」と形容。

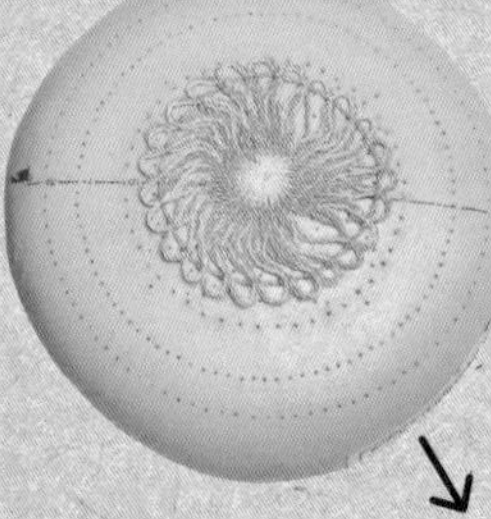

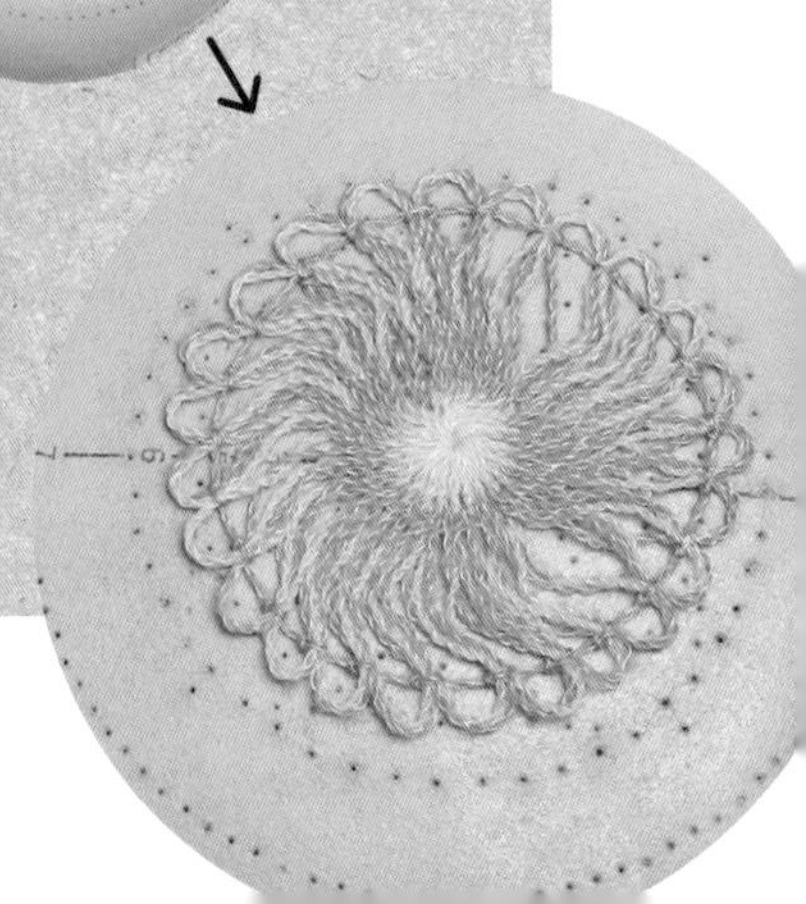

コッポクッションには見本のレースが1つ、ついていた。虫ピンを刺す位置や糸のかけ方で円形だけでなく、四角形や花形など様々な形が作れる。

ジャケ買いしたくなるかわいいパッケージ揃い！

こちらはカラーの説明書。カラフルな配色バリエーションや作品提案が楽しい。

こちらのパッケージも負けてない!

縫い針アソート

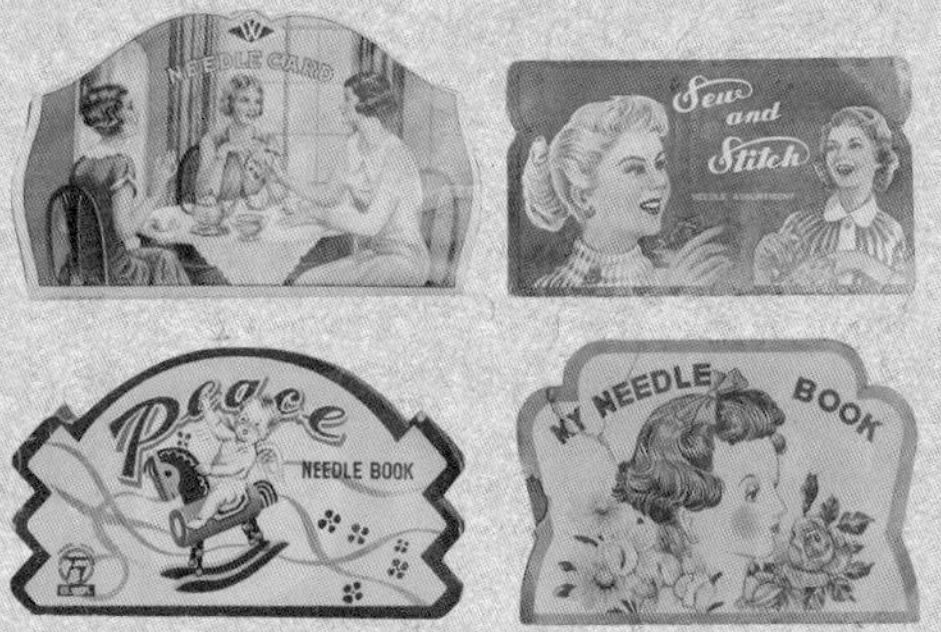

ヴィンテージの縫い針セット。最初は海外から輸入していましたが、のちに国内でも作られるようにおしゃれな絵柄のブック形が人気になりました。

次のページから
北川さんと対談するよ

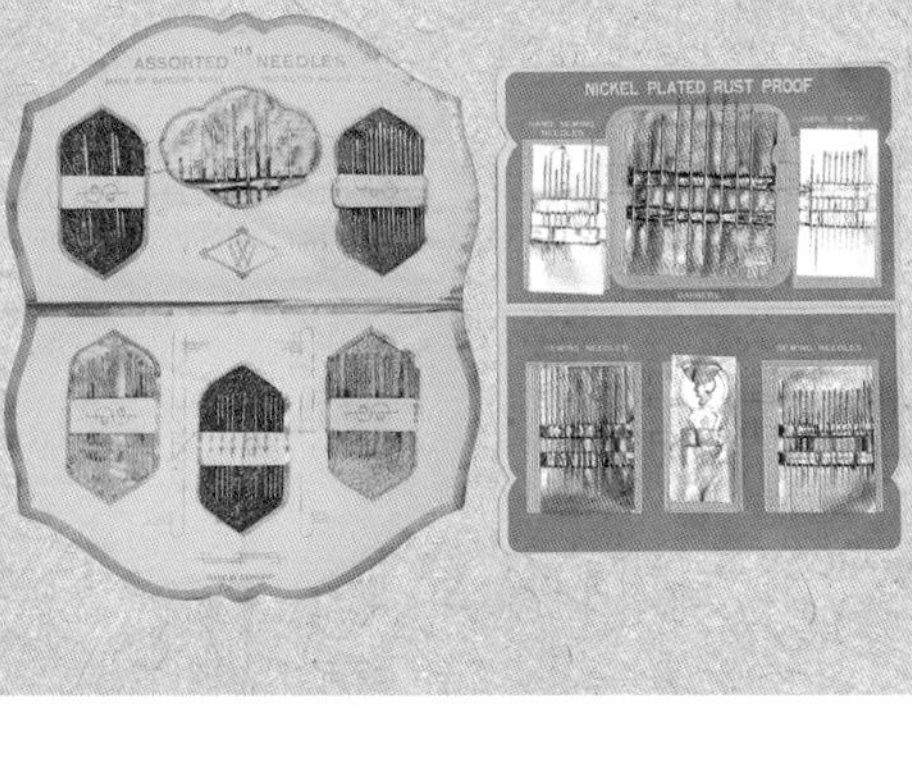

太さや用途が違う針が種類別に収められている。当時の婦人たちの手芸の多様性がうかがわれ、婦人御用達の企業広告に使われていた。

2020年末、湯河原への移転を目の前にした彩レース資料室に伺いました。貴重な書籍や再現作品に囲まれた一室で、近代日本西洋技芸史研究家・北川ケイさんとの対談がおだやかに始まりました。

編み物は海を越えてやってきた

横山　北川ケイさんは近代日本、西洋技芸史…という歴史の、歴史家さんでいらっしゃるんですよね。

北川　はい、そうです。明治時代から昭和にかけて、ちょうど第二次世界大戦前くらいまででしょうか。近代の西洋技芸を日本がどのように取り組んだかっていう研究をしています。

横山　あまり馴染みがない言葉なのですが、その技芸っていうのは何なのですか？

北川　今でいえば、いわゆる手芸のことなんです。ただ、明治時代は女性自立のため、生業のための技術としての手芸があり、それを技芸と呼んでいたんです。でも、しだいに実技よりは、お勉強の方が大事にされるようになって、呼び方も手芸と変わってきて。当時の女性は仕事といっても内職なので、手芸と変わっていったみたいですね。

横山　なるほど。それでは、技芸と呼ばれていた編み物について少し伺わせてください。そもそも「技芸」として日本に編み物が入ってきたのはいつ頃なんですか？

北川　明治期ですね。岩倉使節団が英国を視察した時にロンドン市内の小学校で、子どもたちが皆、メリヤスのお稽古をしていたと書かれている本があるんです。その後、文部省が明治10年に出版した『童女筌』という本に棒針編み（メリヤス編み）が載っています。

横山　それが明治で初めて。

北川　『童女筌』は子どもたちに推奨した本なんですが、この頃の学校は編み物をもっと広めたいと思っていたみたいですね。紹介されているのはレースの方が多いんですが、その中にニットも入っています。

横山　その本ってお持ちですか？

北川　コピーですけどね。タッチングとかも載っていますよ。

横山　今でいうところのタティング、それにフィレレース…。

北川　その辺はものすごく高級なレースで、お金になるということもあって、子どもたちにも紹介したみたいです。その中にニッティングもあって、編み方には裏目を示すプル(Purl)とか表目を示すニット（Knit）のKとか、記号を使っていますね。

横山　今でいうところの英文レシピ的な記号ですね。

北川　そうです。棒針編みですけど。かぎ針はレース編みみたいな感じでした。

横山　これが明治10年とは、本当に早い時期ですね。

北川　でも、あんまり普及しなかったみたいです。

横山　なぜなんでしょう。道具の普及も関係しているのかな？　編み針って、かぎ針と棒針があるじゃないですか。明治期は大きく分けて、どっちから広まったんですか？

北川　日本人にとってはかぎ針が使いやすかったみたいです。『童女筌』の発行から10年くらいたってからですが、宣教師によって編み物が広がっていったようです。最初は大阪。大阪の川口居留地のYMCAの宣教師が編み物を教えるということを始めて、大々的に広まっていった。それに合わせて専門の本も出版されるんですが、ほとんどがかぎ針編みで棒針編みはさわりで出てくる程度。

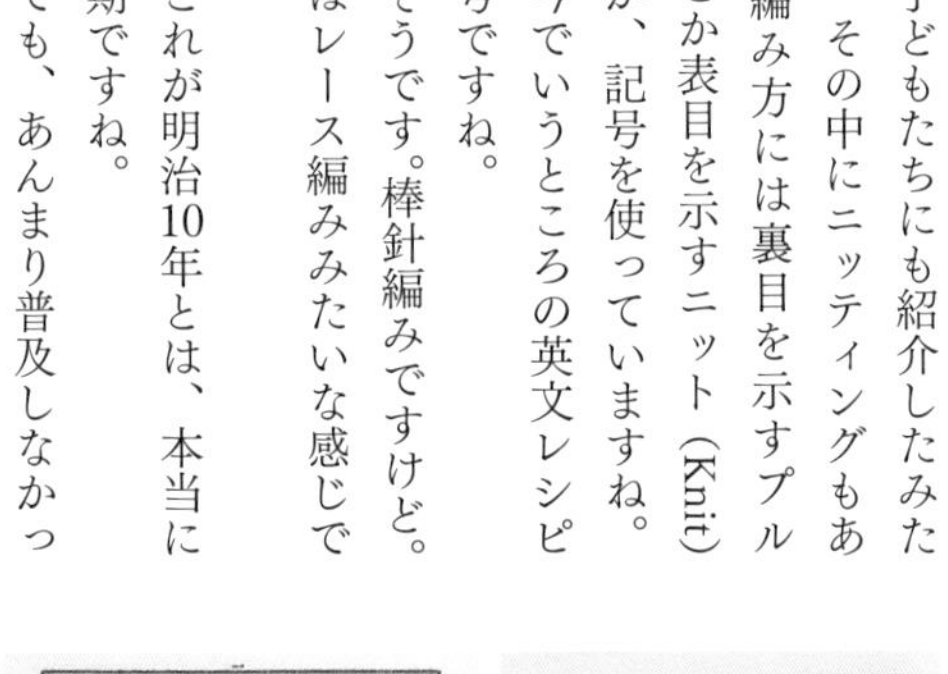
『童女筌』文部省／明治10年

横山　私は「技芸」以前の、安土桃山、江戸時代の編み物について研究していて、そこで出てくるのは反対に棒針編みだけなんですよ。僕が知っている限りでは。多分、かぎ針編みがしっかり入ってきたのは、その川口居留地ではないかと。

北川　もしくは築地居留地。1年後には東京の築地あたりの居留地。全国の居留地の宣教師たちが、かぎ針を徐々に教えていったみたいですね。

横山　この頃の本(圖入毛糸編物瀌)の説明も面白いですね。巾着編み方、とか。

女性だってやっぱり手に職

北川　細編みとかそういうのは載っていなくて、鉤編法《かぎあみかた》と。法律の「法」と書いて、「かた」と読みます。編《あみ》法《かた》って。

横山　しかも編み方を詳しく書いてないんですね。ともかく編んでみないとわからないかも。

北川　本当にそうなんです。編み方なら、この本よりちょっと遅れて出た『毛いとあみ物獨案内〈P.33〉』の方が断然詳しいですね。同じ内容のところもあるんですけど、ドレスとか、靴下とか、棒針編みも入ってます。

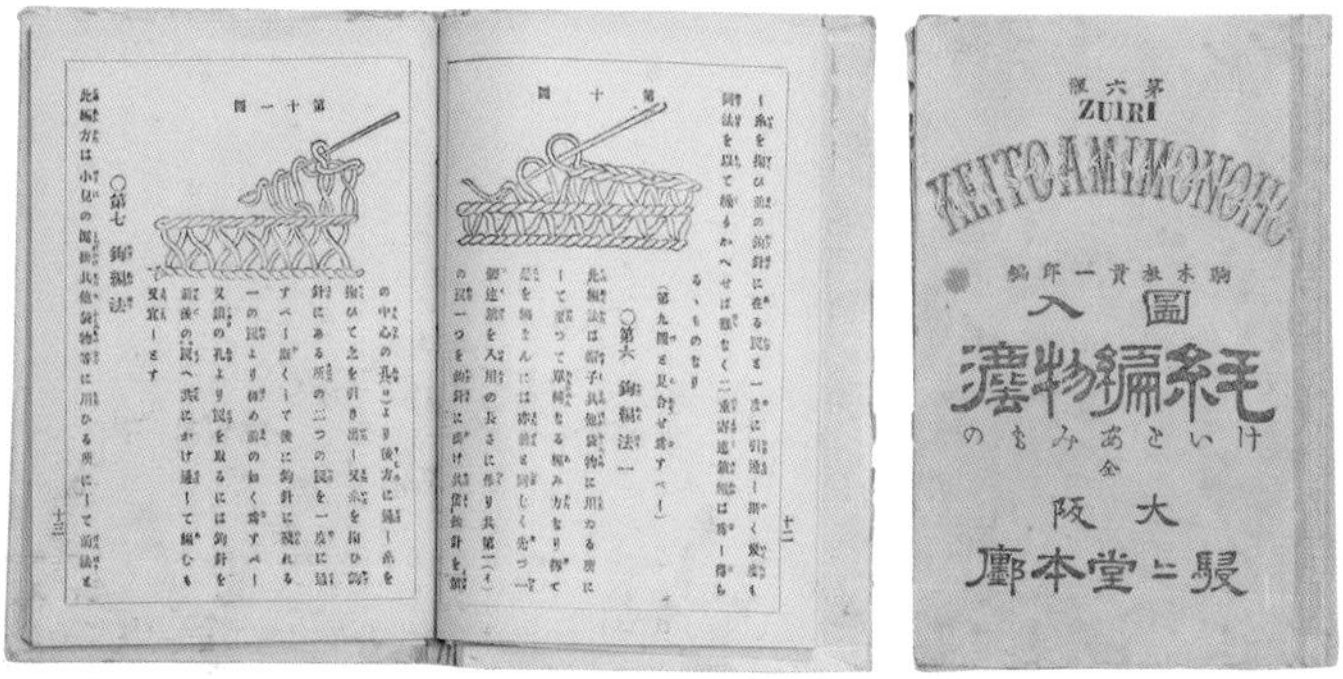

『圖入毛糸編物瀍』駒木根貫一郎／明治20年

横山　棒針編みがもっと本で取り上げられるようになるのはいつぐらいからなんでしょう？

北川　これの10年後くらい。多分、かぎ針で毛糸を編むのに慣れて、それから棒針も使うようになってきたんだと思います。だから最初はかぎ針編みの方が多かった。人気のあった本でも一番最初に出てる手ほどきのところが、「腕はめ」っていう今のリストウォーマーなんです。鎖編みを編んで、細編みでこう、くるくるくる…。それが着物を着ている女性にとって一番温かくて簡単で、面白かったんだと思います。

横山　確かに着物って、手首がちょっと開きますもんね。

北川　あとはショール。でも当時は女性が出掛けることって、あまり無いと思うんですよ。だから、編むといっても幼い弟や妹のためのよだれ掛けだったり、お宮参り用のお守りだったり。本でもそういう順番に出てきますね。家庭内で使える順番に載っている感じです。編み方にしても詳しく出ているのと、すごく雑なのがあったりして。

女性作家が次々に誕生

横山　当時のこういう編み物の本で、雑に書いてあるやつっていうのは、「ともかくこの絵の通りなんとか作ってみろ」式という感じですか？

北川　少し後のこと（雑誌が普及してくる頃）になるんですが、作家の石井とみ子さんは、挿絵と文章を書く人が違うことをすごく怒っていました。挿絵を描く人は編み物をしないから、かゆいところに手が届かないというか。例えばショールがあるとして、普通の画家は三角なら三角と大雑把に描いてしまいますよね。だけど手芸家としては、ここには細編みが何目くらい入っていますよ、と描いてほしいわけです。そんな違いがたくさんあったみたいです。当時は写真が無いですから、明らかに文章と挿絵が違うっていうのもありますし。

横山　なんとか作っていくしかなかったわけですね。ちなみに今、石井とみ子さんという作家さんのお名前が出てきましたけれども、どういう方なんですか？

北川　彼女は当時の子ども向けの雑誌『少女世界』で人気だった編み物作家の一人なんです。ちょっと遡りますけど、明治39年の、ちょうど日露戦争前後に編み物が一旦廃れる時期があるんです。「こんなもの使いようがない」って。でも、戦争が終わる頃にはやっぱり手に職、生きていくためには女性も手に職をつけた方がいいと風向きが変わる。「だったら、子どもたちにも何か教えよう。じゃあ、編み物を」ということになって。そうこうしているうちに出版社の博文館から、子ども向けに『少女世界』という雑誌が出版されます。その編集者の中で石井研究堂という有名な明治文化研究家がいたんです

石井とみ子さんとご主人の石井研堂さん（後の明治文化研究家）。

が、石井とみ子さんはその方の奥さんだったんです。彼女はすごく編み物が好きで、子どもたちのために誌面で編み物の連載を始めたのが人気を博したんです。使った糸も、当時、軍需品でとても高価だった毛糸ではなく、子どもが糸屋で手軽に買えるレース糸や絹糸だったことも人気に拍車をかけたのかもしれません。その何年後かに、編み物黄金期が訪れるんですが、まさにその担い手を育てたという時期でしたね。

横山　きっかけは子ども用の雑誌で、読者だった女の子たちが大きくなった時に、若い女性たちの間で編み物が大ブームになったみたいな。

北川　私からしてみたら、こういう雑誌を親子で絶対見てたなって思うんですよね。そういう子たちが編み物が流行り出した時に、まったく抵抗なく入っていけたと思うんです。読み書き計算ができるよう、日本全国が統一された時期ですのでね。編み物も同様に広まった可能性というのはあります。

横山　なるほど。ありえますね。

北川　それからこの時期、1年違いで『少女の友』という雑誌も出てるんです。こちらは磯村春子さんといって、報知新聞の第一女性記者だった方が毛糸の編み物を紹介しています。ちなみにこれがお二人の記事が載っている雑誌です。『少女世界』が石井さん、『少女の友』が磯村さん。石井さんのは手提げ袋とか、本当に可愛いフリフリッとした感じ。磯村さんの「毛糸シャツの編み方」は、完全に洋書を直訳してる感じです。

『少女の友』
実業之日本社

『少女世界』
博文館

横山　文体がまたいいですね。「毛糸シャツの編み方、磯村春子。シャツ類のようなもの、お編みになりますには…」。

北川　そうです。説明だけでなく、言葉遣いもとても丁寧ですね。

横山　こうして比べると編み方の説明も違いますね。

北川　石井さんは「自分で描くわ」っていう感じで絵を描くんです。編む順番にちゃんと描いていて、説明がわかりやすいんです。

横山　当時の人はこういう本を買って、手がかりを見つけながらなんとかして作り上げていくみたいなやり方だったんでしょうね。

北川　そうですね。石井さんは少し難しくて凝ったものを出すと、編めないって投書が来たらしくて。では説明するから、私の家にいらしてくださいというくらい親切だったようです。例えば、夏手袋（明治41年）という作品は当時、大人気だったんですけど、これが本当に難しくて、ご自宅にかなりの人が押しかけたみたいですよ。

明治41年の「夏手袋」（石井とみ子作）の再現作品。

編み物造花ブームがやってきた

横山　この時代は技術をどうするかっていう以前に、想像力というのがかなり重要ですね。

北川　私も古い作り方を紐解いて、作品を再現したりしているんですけど、中でも面白いと思ったものに編み物造花というのがあるんです。当時の造花は輸出までされていたこともあって、女性の内職のひとつとして推奨されてる科目だったんです。

横山　造花って布で作るんじゃないんですか？

北川　編み物造花は、花を編んだんです。この頃、花はもちろん薬草などの植物が鑑賞用になっていて。日本人はやっぱり花を愛でるのが好きなんでしょうね。でも生の花は枯れてしまうし。で、編んだ。『圖入毛糸編物灢』という本には朝顔が出ています。

横山　あ、これはびわの実ですね。

北川　作り方が一般的な簡単な本に載ってるってことは、それだけ人気があったんじゃないかなという気がします。

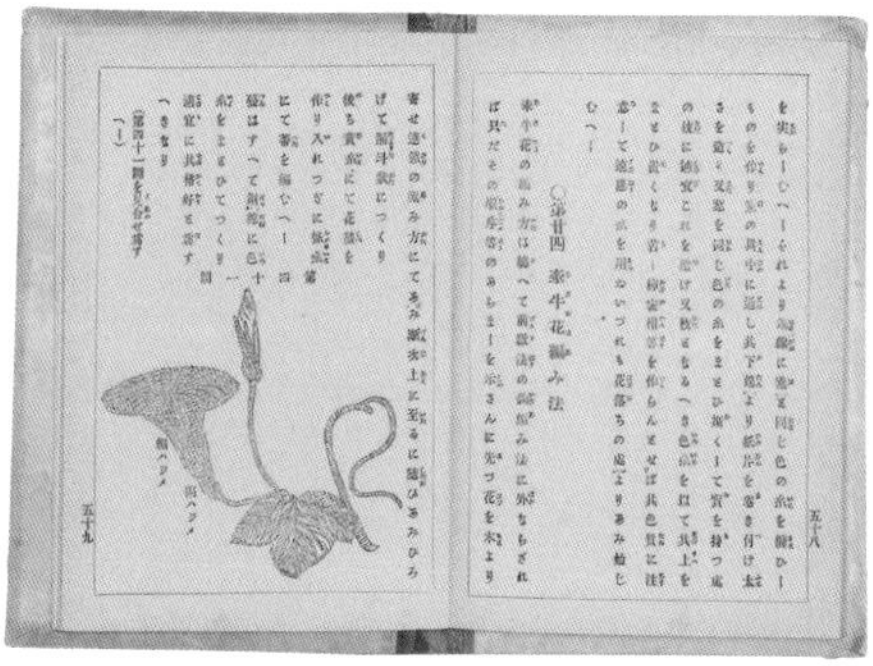

『圖入毛糸編物灢』駒木根貫一郎／明治20年

江戸時代に存在していたといわれる黄色い朝顔の再現。

横山　でも、造花というのは必ずしも実用的な物というわけではないですよね。

北川　ないんですけど、やっぱり内職として造花っていうのはものすごく人気があったし、需要があったんです。

横山　先に造花としてのブームがあって、編み物造花につながったと。

北川　そうです。当時、明治20年頃っていうのは編める人と編めない人がいるわけですが、編める人は「植物が好きだし、これを編みたい、編んでみようか」と普及したんじゃないかと思うんです。娯楽として楽しむための造花を編むことによって、技術をマスターして編み物が普及したのかなと。

横山　編み物造花の人気作家さんはいたんですか？

北川　ちょうど明治40年くらいですね。手に職をつけようという時期なので、いろんな方がいらっしゃいました。なかでも代表的なのは寺西緑子さん。彼女は何度も植物園へ行って珍しい植物を見ながら全部、編み物にしていました。これが人気を博しまして、お稽古事として各支部を作って、広めていった。当時の編み物造花は絹糸で編んでから染色する方法で、一般的な造花の作り方とまったく同じだったようですね。その頃、寺西さんが作った『九重編造花』〈P.33〉という本の原書を持っているんですが、紹介されている図を見ると、実際の編み目に近いようにきちんと描いてるんですよね。

横山　支部を作って広めたということですが、寺西さんって編み物造花を家元制みたいにしてたんですか？　お茶とかお花みたいに？

北川　じゃないか、と思います。寺西さんではないですけど、北海道は北海道で、編み物造花の本があるんですよ。それだけ日本全国に広がっていたという感じがします。

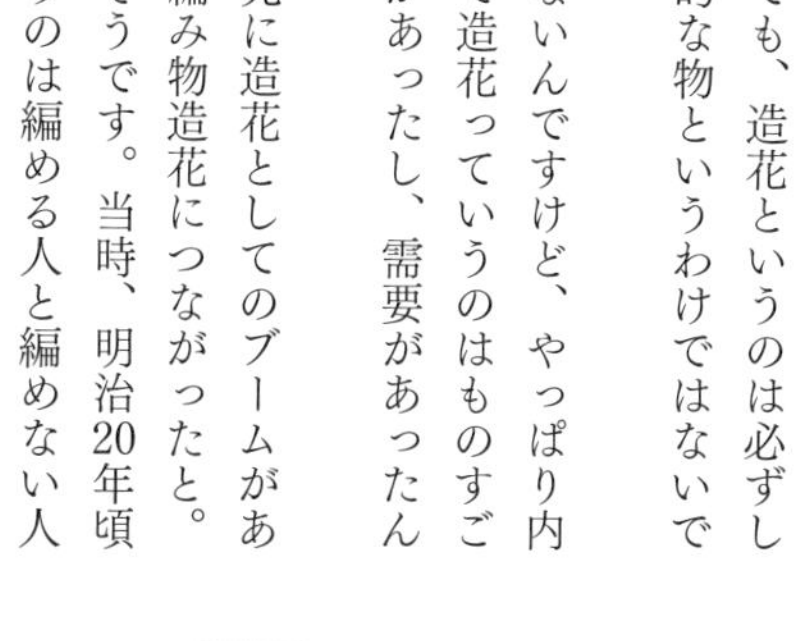

『九重編造花』寺西緑子／明治40年

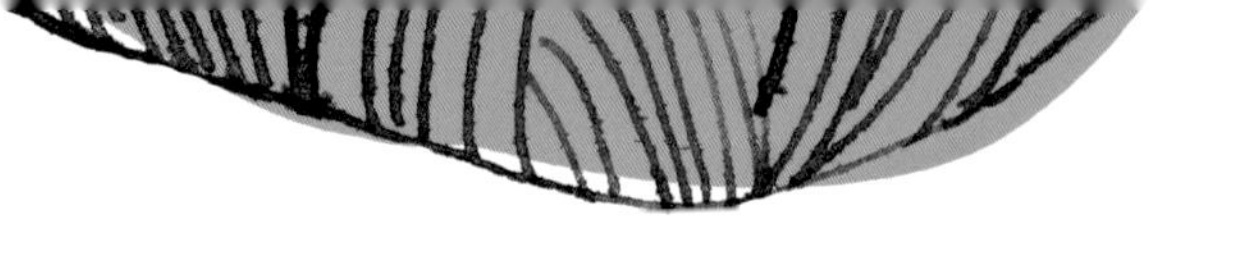

横山　なるほど。それにしては不思議ですね。こんなに全国に普及していたものが、現代になんで残ってないのか…。

北川　本に関しては出版社が火事になって消失したということと、それと同時に、本が出る頃というのはお稽古で習った後になるのでいらなかったのかもしれません。日本全国に寺西さんの支部ができてたと思うし、女学校でも編み物造花を授業で教えるようになっていたので、一般的な普通の手仕事になっていたのではないかとも思います。時代的にも編み物ブームが始まる頃ですので、作る人にもほかに編みたい物が出てきたり。

横山　じゃあ、編み物が流行するきっかけにはなったけれども、なんとなくフェードアウトした…。

北川　資料本や歴史を調べることで、当時の編み物の流れがだんだんとわかってきています。私の推測もありますけど。

横山　僕がこの編み物造花の話を聞いて面白いなと思ったのは、僕の作る編みキノコに似てるところがあるという点なんです。例えばこの、朝顔の下がすぼまってて、上が広がってる形。

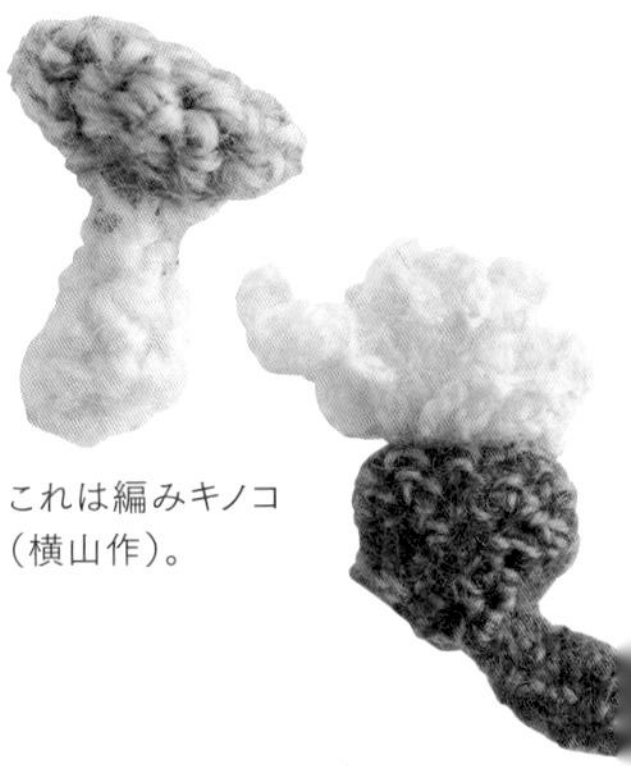

これは編みキノコ（横山作）。

北川　本には漏斗型って書いてありますね。

横山　これ、最初は細編みで、次に中長編みや長編みをしますよね。それで広げる時に目数を増やすとかじゃなくて、長編みの糸の引っ張る具合を、だんだん長くするっていうだけなんですよね。

北川　最初慣れるまでは苦戦するところです。子どもの頃は割と平気でやっていたことが、最近はできなくなってるというか。今だったら、下から増やしていくっていう感覚があるんですけど、違うんですよね。

横山　そのあたりの作り方がね、本当に自由だなぁと思いますね。

北川　ものすごく勉強になりますね。基本的な技術を土台にしながら、一方では自由な発想も取り入れてる。この編み方だってすごく理にかなっている。

横山　とりあえず完成を目標にしてそこに近づいていくっていう作り方ですよね。それはわかる。歴史を見るとこういう自由な作り方っていうのが出てきて、僕はとっても面白いなと思う。

北川　生活を楽しんでる感じがしますよね。生活に必要なものとちょっと楽しむものと。どちらもあるから、よけい身近に感じます。そういうのが本当に楽しい。

変化する編み目の呼び方

横山　この頃の編み方がかなり自由だったのはわかりましたが、編み方の文章にはやっぱり基本的な編み目というのが出てきますよね。編み物造花でも使った細編みとか。こういう編み目の呼び方は明治期にかぎ針がぶわーって流行った時も同じだったんですか？

北川　いえいえ、そこに行き着くのはもっと後の話です。特に細編みの呼び方は「鉤編法《かぎあみかた》」。その後で「帽《ぼう》子《し》編《あみ》」と呼ばれています。結局、物を作るのに合わせて、こういう編み方をしますよと言うだけで、ちゃんとした名称が出てくることはあまりなかったんです。

横山　じゃあ、帽子を編む時に細編みを使ったから「帽子編」と？

北川　そうです。「鉤編法」のやり方で、ぐるぐる編むみたいな。

横山　細編みの輪編みですね。その時に、「立ち上がり」ってしたんですか？

北川　していません。

横山　そうすると細編みを立ち上がりなしで螺旋状に輪編みをしていく時には「帽子編」と呼んだと。

北川　そうです。でも、当時は帽子ってそんなに普及していなかったので、一応習うんだけれども、このテクニックで造花を編んでたと私は思うんです。

横山　帽子よりは造花。

北川　造花の方がハイカラさんたちは良かったんではないかと。そうすると、編み方を教えてとなった時、

細編みが「帽子編」と呼ばれた由縁になった大黒帽の再現。

作り方がね、本当に自由だと思います

「ほら、あの『帽子編』のやり方よ」ってなる。そんな風に広まっていったんではないかなと思います。寺西緑子さんなんかは、ずっと「帽子編」と使ってるので。

横山　なるほど。じゃあ当時は「帽子編」っていうのが細編みという言葉の代わりに使われていたということですか？

北川　そうです。

横山　それが、どういう風に変わって細編みとなったんでしょう。

北川　細編みに定着する前はいろんな呼び方があったんですけど、きっかけになったのは大正11年。編み物黄金期に行われた大きな講習会で、「長編《ながあみ》」に対して、「短編《みじかあみ》」という呼び方が出てきました。「帽子編」という呼び方がありますけれども、わかりやすいように、「短編」を使いましょうとなったんです。

横山　じゃあ「長編」っていう名称の方が先にあったんですか？

北川　そうです。「長打編《ながうちあみ》」「長編」という…。

横山　「長打編」。

北川　面白い話なんですけれども、最初は「長編」という名前ではないんです。やはり直訳の「二重寄鎖編《にじゅうよせくさりあみ》法《かた》」だと。それがいつの間にか「長打編」に変わってきてる。理由は簡単で、宣教師というか、専門の方に改めて訳してもらって直したようです。これは鉤編法のひとつで、もっと編み目を長くするものだとか、針に糸を1回かけてやるものだっていう説明から、「長打編」に変わったのかなと思いました。

横山　長くなるから「長編」。「長編」「長打編」っていう名称が出てきて、それの短いバージョンだから、「短編」。「帽子編」と呼ぶのもやめて、「短編」にしましょうと。

北川　その方がわかりやすいみたいなことが講習録には載ってました。

横山　それがやがて細編みに？

北川　昭和11年ですけれども、江藤春代さんの正式な教科書として、本には「細目編《こまかめあみ》」という名称が出てきます。

横山　「細目編」！

北川　細かいという字を使って、「細目編」。その後、昭和17年に江藤春代さんが主になって制作した家庭百科（主婦の友社）が発行されるんですが、そこでのレースと編み物の説明には細編みが使われています。

横山　だんだんそういう風になっていくんですね。

北川　今のところわかっているのはそんな感じです。

編み方文章を合理的符号に

横山　編み目の話がすっきりしたところで、次はいよいよ編み図のことをお聞きします。編み物造花の面白いところは、「ともかく絵を見て作る」というところ。編み図じゃないですよ。「絵を見てなんとか作ってください」って話なんです。ということは、当時の作り方は文章と絵だけで、編み図みたいなものはなかったんでしょうか？

北川　なかったですね。

横山　それはずっと明治期から、ある時期まで、ずっと？

北川　ずっと文章です。最初は段の記載はあるものの、「そして、そして」とダラダラ書いてあったんです。それを「何段めを編んだ後は何段めを」っていう風に、段ごとに区分けしたのが石井とみ子さん。これで随分、分かりやすい説明になりました。

横山　そうすると今の私たちが編み物の本を買った時に出てくる「編み図記号で描いた編み図」は、どういった流れで登場してくるんですか？

北川　そこでお話ししたいのが、江藤春代さんの活動です。彼女は当時、レース糸などの海外輸出が盛んだったこともあって、女性の生業のために編み物やレース編みの講習会をやってこられた方なんです。時代的には、すでに都会の子どもたちが洋服を着るようになっていて、彼女もご主人を亡くしてからは裁縫教師をしていました。でも、編み物で身を立てたいということで大正11年、思い切って独立したんです。最初は日本各地を回って教えていたようですが、さすがに限界がありますし、本

にすればもっと津々浦々まで広まるんじゃないかと思い立つんですね。本にするなら編み方は記号化した方が分かりやすいだろうと、大正13年に…合理的符号というんですけれども、編み方を記号にした本を出版するんです。

横山 合理的符号。すごい呼び名ですね。ちなみにその時には編み物の作家として有名だったんですか？

北川 そこまで有名ではないですね。ただ、この合理的符号を出した時に、口コミで「本物の編み物を教える先生」という風にはなったみたいです。

横山 本物の編み物？

北川 本物というか、正しい編み物。

横山 正しい編み物。出てきましたね、正しいと間違いの話が。

北川 江藤さんの編み方は、体に合わせて、寸法をとって、ゲージをとって編む、ですので。そこに自分の好きな模様を入れて編むという方法を大正13年に本にして出したんです。これです、『趣味實用あみ物の研究』。本当に参考書のような本です。これまでの編み物は、外国のものをそのまま直訳したり、ちょっと変更させせたりくらいの本だったんですけど、ここで合理的符号というのが発表されるんです。

横山 要はそれまで発表されてた作品は、挿絵を見て「なんとかしてこれを作られたし」みたいな感じでみんなが編んでいたから、イメージ通りにできない時もあったんでしょうね。そこに正しい編み物というコンセプトを打ち出して、ちゃんと自分の体に合わせたものを作りましょうとやったのが、この江藤春代さんという方なんですね。それで、その合理的符号はすぐ広まったんですか？

左／日本全国の子どもたちに体に合った手編みのセーターを着せてあげられるように。
右／編み物講師としての江藤春代。

北川 いいえ、受け入れられなかったんです。記号は分からない、やっぱり文章が王道だと。当時の雑誌『婦人之友』にも江藤さんの編み物が掲載されるんですが、その中でもやっぱり「（江藤さんは）合理的符号という便利な記号を編み出したんですけれども、みなさんお分かりにならないようなので、文章で説明します」って書いてあるんです。

横山 なるほど、なるほど。

北川 それから随分経って、昭和10年、11年になった時、関東大震災の後から西洋化が本格的に始まるわけです。一気に普段の装いが西洋の洋服になってきて、編み物も盛んになった。それで改めて本を出して、やっとその時に合理的符号っていうのが受け入れられたんです。そこから記号化するということが認められてきた。編み地にも複雑な模様がどんどん増えてきたということですね。

横山 文章じゃ表現できないくらいの。

北川 いろんな線とか入ってきて。

横山 話によると、2度めに出した合理的符号がみんなに認められた背景には、すごい作品があったとか。

北川 昭和13年に主婦の友社の雑誌に出したドイツのクンストレースというのがあるんです。しかも外側から編むデザインの。

横山 普通、クンストレースっていったら真ん中から、目が少ない状態

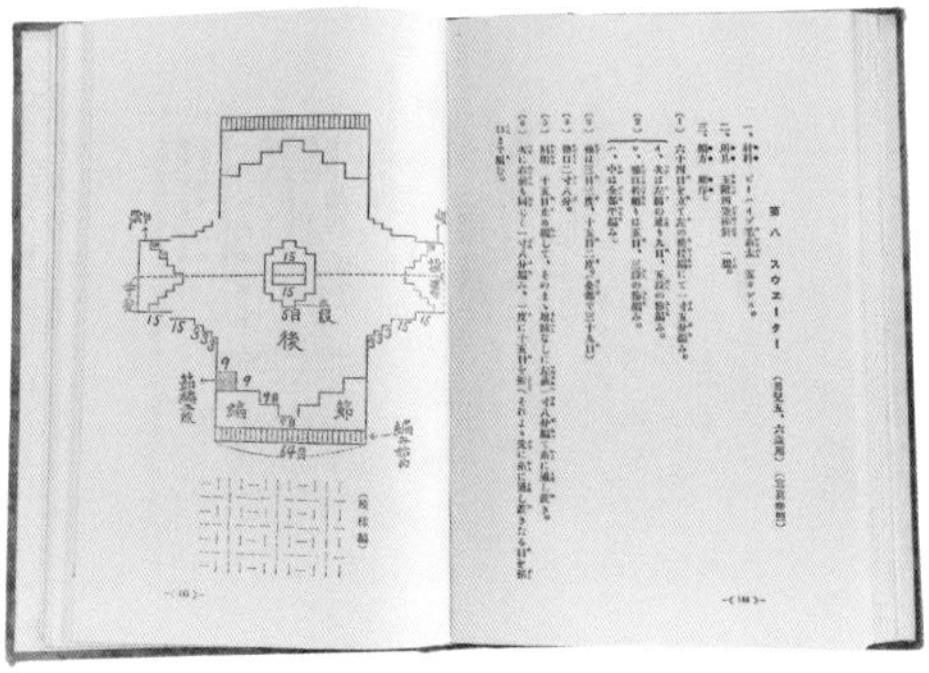

『趣味實用あみ物の研究』江藤春代／大正13年

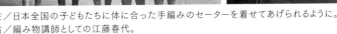

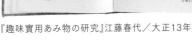

当時の編み物を知りたい

検証！再現作品

雑誌『少女世界』に掲載された石井とみ子さんの編み物連載は、瞬く間に人気を集め、のちの編み物黄金期を支える女性を育てたといっても過言ではありません。その魅力を探るべく、北川ケイさんが再現した作品の数々です。

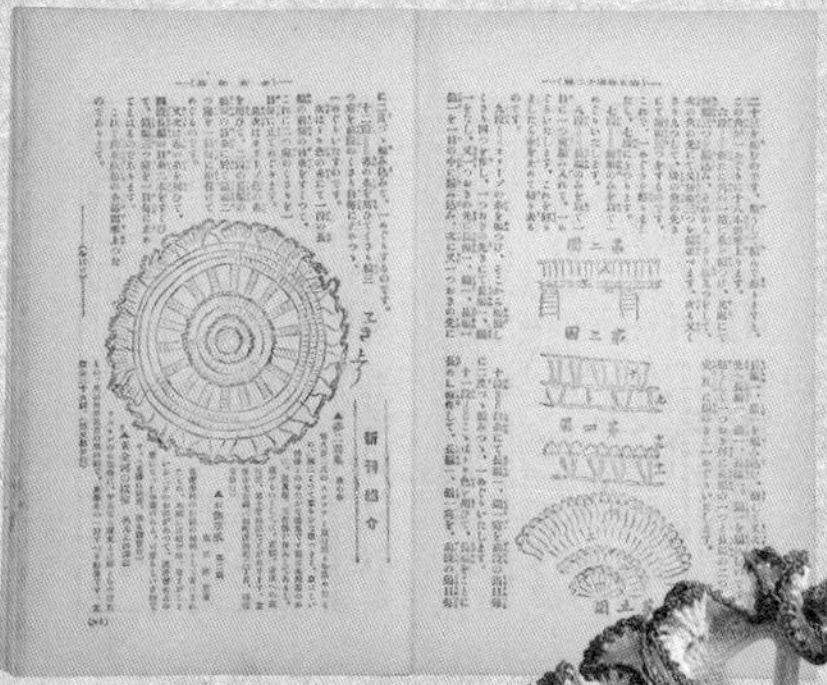

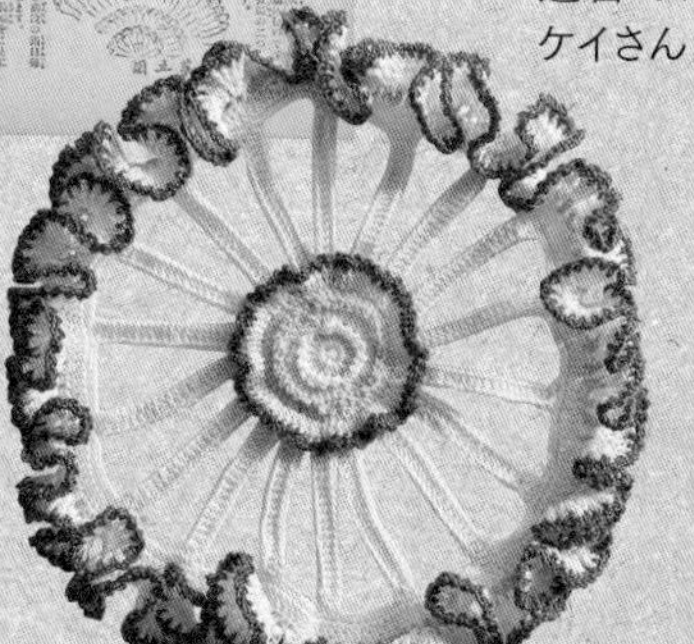

花瓶敷き

（明治43年『少女世界』掲載・石井とみ子作）
縁編みのフリルが決め手。主な編み目は鎖編、長編、短編。

ハート袋

（明治40年『少女世界』掲載・石井とみ子作）
袋部分は鎖編みのブリッジにリボンを通して飾りにする。

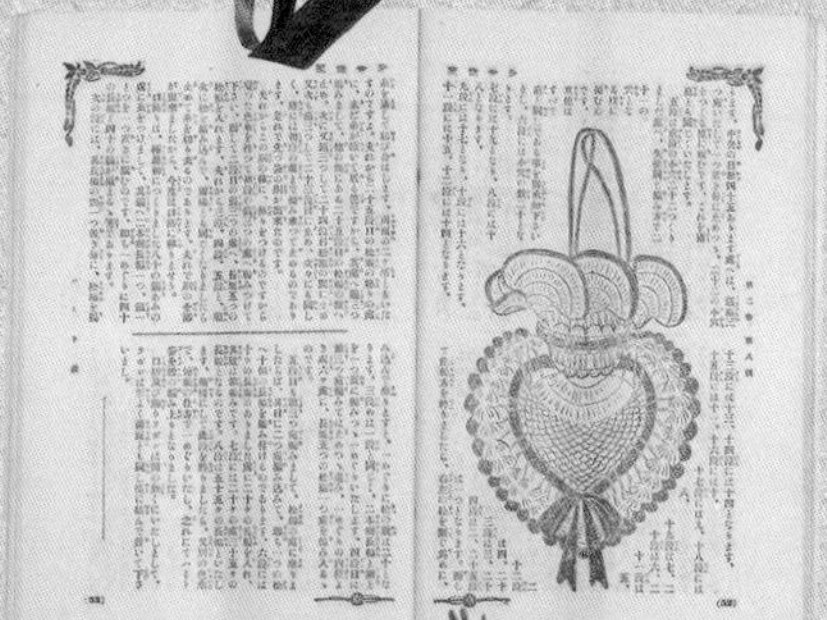

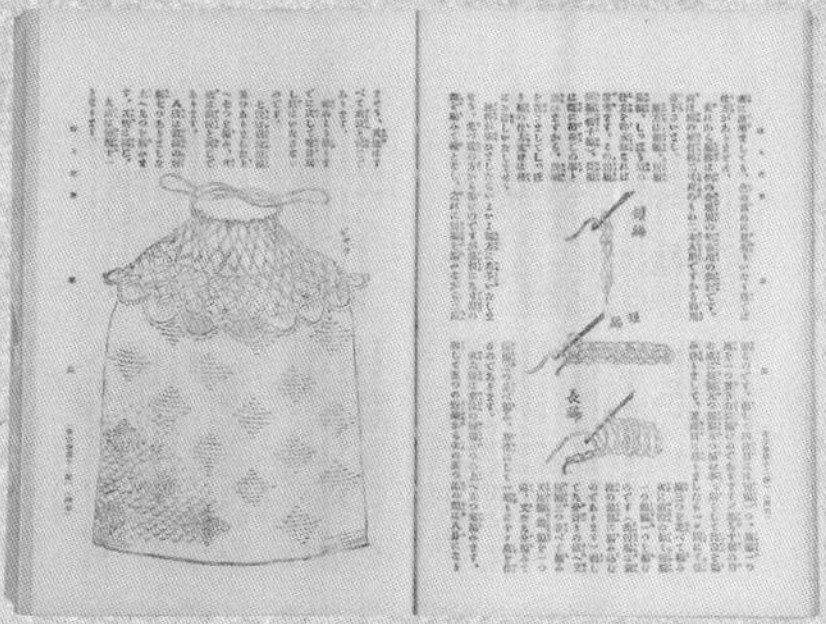

手提四季袋

（明治39年『婦人世界』掲載・石井とみ子作）
袋口は七宝編み。編み針は金属製の絹糸用のかぎ針をご用意くださいまし。

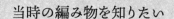

から広げていきますよね。

北川　ところがこれは縁周りから編むから、最初の作り目が880目もあるんです。なんでそんなのやったのかなって思うんですが、クンストレースって、貼って仕上げるじゃないですか、糊付けして。関西はベニヤ板が多いですが、関東は日本間に刺して広げる。

横山　畳に針を刺して。

北川　当時はそんなことできなかったと思うんです。だから、それを考えて、外側から編むクンストレースを発表したんではないかと思いますね。なんたって作るのはテーブルクロスですから。

横山　広いところに貼らなくても済むようにしたと。…作り目は880目でしたよね。それを表現するには、やっぱり文章じゃなくて記号の方がよいだろうと、みんな納得したってことですね。

合理的符号から現在の編み目記号へ

横山　疑問ばかりで申し訳ないんですけど、江藤さんが日本で展開しようとした合理的符号は、諸外国のもので何かモデルになるようなものがあったのでしょうか？

これって、もう連ドラの主人公ですね

北川　ドイツの手芸書・ベイヤーのものとか、海外で出しているタイプですね。ちょうどバウハウスの時期でインテリアがすごいあって。それこそニーブリング＊とかが出てくる頃です。編み図の載った雑誌を海外から取り寄せて、虫メガネで見て、こういう編み図に直した、という逸話があるくらい。

横山　さらにそこで疑問が出てくるんですが、今、僕らが親しんでいる日本の編み物文化だと、記号を使った編み図が主体で、海外では作家さんの西村知子さんが紹介するような英文レシピ。つまり海外は文章で、日本は記号展開なのですよ。今のお話だと、ドイツには編み図記号があって日本は文章だったって、まるっきり逆じゃないですか。

北川　江藤さんが大正13年に合理的符号を発表した頃から昭和11年にかけて日本では記号が出てるんですけど、明治20年頃になると海外の方は文章です。明治24年にロンドンやニューヨークで出版されたレース本〈P.34〉を持っているのですが、これも文章。

横山　ということは、海外ではそういうものが、文章レシピにしろ、編み図記号にしろ、ごっちゃの状態であったわけですね。

北川　ただドイツのクンストレースに関してはですね、ドイツの出版社が4つあるとしたら、全部記号が違うんです。

横山　勝手にそれぞれの出版社が記号を作っちゃったってことなんですね。それを江藤さんが取り寄せて、それぞれ自分の合理的符号に翻訳して出したと。

北川　それがやっと成功したわけです。

横山　ひょっとして、江藤さんの合理的符号が、今われわれが使っている編み図記号にそのまま繋がっていくんですか？

北川　似てますね。かけ目だけが、Uという字なんでちょっと違うんですけれど、あとは全部同じです。

横山　そうすると今、編み目記号として使われているJIS記号は、江藤さんの記号がそのまま受け継がれていったのですね。

北川　お弟子さんがすごく多かったので、その彼女たちが昭和9年か10年くらいに雑誌などにこの記号を使って作品を紹介していったというのも大きかったと思います。江藤さんは「自分が」っていうのではなくて、お弟子さんをどんどん前に出して、広めるということに力を入れた人なので。

横山　女性の自立を支援した。

北川　すごく。自分がこのことで苦労した人なので。

横山　後押ししていくような。

北川　これは彼女が夫を亡くしたというだけではなくて、もっと歴史的にいいますと、士族が職を無くした時、彼女は武士のお嬢さんで、父親の方が久留米の藩士だったんです。

＊ヘルベルト・ニーブリング
ドイツの男性デザイナー。クンストレースを芸術の域に高めた。

『趣味實用あみ物の研究』の合理的符号。江藤春代／大正13年

その父親は福島の開拓団に行って、亡くなってしまう。その後、彼女は母親の実家の方に預けられて、母親が裁縫の教師をして身を立てて暮らしだすんです。彼女はその頃から自立をすごく考えていて、成長とともに好きだった編み物の塾を始めた。結婚してもそれは続いて。でも、すごく協力的だったご主人にも先立たれてしまうという。

横山　それで江藤さんも編み物で身を立てて、子どもを育てたんですね。

北川　そうですね。もういろいろやりながら…。その時からお弟子さんがすごくいっぱいいる状態でした。人柄がすごくわかる感じです。

横山　編み図記号を発明するも1回めは普及せずに失敗し、しかしそれでまた出すことによって2回めは成功して今のJIS記号の元にまでなるという。もう北川さんこれ、朝の連ドラの主人公ですね。

北川　本当に頑張ってたみたいですね。絶対にそう思いますよ。

横山　時代的に、戦争であるとか、災害、震災とかにも関わっていますよね。

北川　全部関わっていますね。例えば震災で全部焼けてしまった時に編み物が普及するとか。第二次世界大戦の時は、もう同じことの繰り返し。戦後の何もなくなったところから、産業として手芸や編み物が普及していく。それがわかっていたからこそ、第二次世界大戦の前、彼女は必死で編み物を教えていました。女学校でで教え、教会や出版社で教え、展示会で広め、最後の最後に編物指導書（昭和15年）という本を出されてるんです。本当にすごいんですよ。

和裁を生かした日本のセーター

横山　それが江藤春代さんが打ち出した「正しい編み物」に繋がるのですね。ちなみに「正しい編み物」っていうのは、きちんとゲージをとって、自分の体に合うものを、好きな模様で編んでみましょうということですよね。具体的には、どういうような提唱の仕方だったんですか？

北川　たとえば目数ですが、本に細かく書いてあるんです。当時の子ども服の目数なら、セーターの場合はこう、あれの場合はこう、とか。

横山　でもそれって、使う糸や針とかによって違いますよね。

北川　並太に対してだったら何号の針を使うとか出ています。

横山　それが目安になるわけですね。その上でゲージをとって、自分がイメージしている大きさに編みなさいと。正しい編み物っていうのは、今でもよく見かけるような説明になってきています。

北川　ヘアーピンレースの編み方からなにから、全部紹介されていますね。

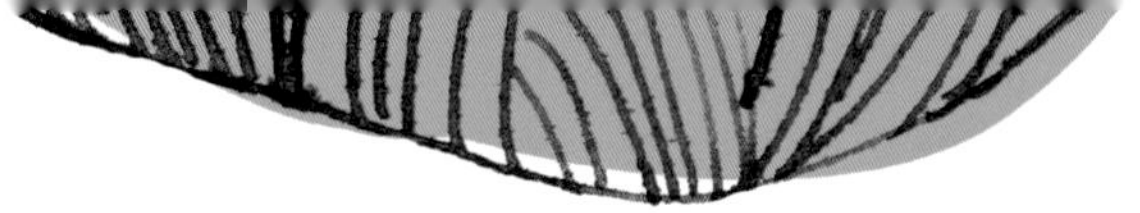

横山　ちなみにこの頃って、ウエアを編みましょうという時には、平編み、輪編みどちらが多かったんですか？　ほら、伝統的なセーターの作り方は、輪編みで筒を3本作って、それをなんとかしてまとめるみたいな感じじゃないですか。

北川　平編みですね。輪編みはあまりありませんでした。理由は、おそらく和裁の先生なので身頃や袖のパーツを作ってから立体に仕立てる感じだった。この時期に初めてクンスト模様が入ってくるのでその模様を活かすためにも、平たい編み地だったと思うんです。

横山　実は僕、家庭用編み機は平編みが基本なので、その編み地で仕立てたセーターの作り方が元になっているから、手編みでも平編みのセーターが多いのかなって思ってたんです。そうじゃなくて、和裁の影響が大きいんですね。

北川　ではないかと思うんです。洋書を翻訳した本では輪編みになったりしてるんですけどね。でも海外の方法だと日本人の体型には合わなかったんだと思うんです。基本的な体のサイズが違うじゃないですか。だから江藤さんは和裁のやり方を編み物に取り入れた。正しい編み方で。関東大震災（大正12年）の後は洋裁がすごく発展して、洋裁の型紙も日本人の体型に合わせた型紙が作られているんです。彼女は洋裁も勉強してますから、そういうアレンジも取り入れていると思います。

横山　僕の中では、編み物って伸縮するし、それなりにざっくり作っても着ることができるよねっていうのを前提に作られたデザインもあるんじゃないかと思ってるんです。北欧のセーターとか。たとえば子どものセーターは一、二回り大きく編んで、洗うやり方も聞きます。ウールの縮む性質を利用する。だから、生乾きになったら子どもに着せて、乾くまで暖炉の前で過ごしてぴったりしたサイズにするっていう話も聞くんですよ。

北川　なるほどね。

横山　向こうの人の感覚って、そういうところがあるだろうなと思うんだけど、江藤さんが提唱した正しい編み物とはだいぶ違いますよね。

北川　日本人の場合、なで肩が多いし、肩幅なんかも狭いでしょうし、お腹はずどんとしてますし。ウエアとなると、やっぱり体型の違いは大きいですね。もともと江藤さんは、体を動かしやすくするにはセーターが良いといっているんです。それなのに海外のダボつくサイズのままではなんとも。

横山　セーターは仕事着で、体を使いやすいようにしたかったと。

北川　着物じゃ思うように動けないでしょうしね。

横山　なるほど、わかりました。そういう意味も込めて、ここに日本編み物のお家芸というか、伝統たる正しい編み物みたいなものが江藤さんによって確立したんですね。

繰り返す災害と手芸の歴史

横山　そういえば、さきほど北川さんが江藤さんの話をしてる最中に、災害とか戦争の後には手芸が普及する、みたいなことをおっしゃってましたけど、こういう繰り返しは、やっぱりあるんでしょうか。

北川　ありますね。例えば、明治維新の後、「子どもたちにメリヤスを編む」っていうのを視察してきて文部省でテキストを出しています。それに読み書き計算がついてきて、子どもたちが夢中になって読んだ。江藤春代さんも子どもの時、売られているきれいなものを見ては自分で編んだといいます。そんな風に第1期の手芸ブームが起こります。宣教師が持ち込んだかぎ針編みは、女性の仕事としても広がりました。その後、ブームは一時廃れて、日露戦争が起きます。日露戦争で女性が路頭に迷う。それまで女性には教育を、という方針だったんですけど、結局、女性の仕事は何も無かったのが現実だったんです。子どももいるし、育てながら何かしなきゃならない。戦争で男性がいなくなってしまった時、女性も手に職をつけるべきだと考え出す。そこから第2期の手芸ブーム（黄金期）がやってくるわけです。もちろん国産毛糸も量産されるようになってきました。…その後、第一次世界大戦とか、日中戦争とか続くんですけど、第一次世界大戦の時は輸出制限が起きて、海外の毛糸が輸入できなくなった。そんなことがあると、今度は国内需要が発展していくんですね。産業・手芸・普及。その3つがローテーションのように。

横山　まず産業としてなりたつ。

北川　まず産業ですよね。何か作らなきゃいけない、売らなきゃいけない。

横山　で、次が。

北川　普及ですね。そのために普及する。

横山　そのためにみんなでできるように。そして手芸？

北川　いろんな手芸が出てきます。まずは必要なものを作る。今のコロナ禍だとマスクですよね。東日本大震災の時は編み物でしたけど。編み物と、縫い物。ちりめん細工とかね。

横山　思うんですけど、少し前まで手芸ってこう…下に見られる感じがあったじゃないですか。高い毛糸を前にして、旦那さんに「ユニクロでセーター買ったほうが安いんじゃないか」とボソリと言われたりとか。それで奥さんが嫌な気分になる。私はこれを手芸ハラスメントと名付けているんですけど。でも実際にこのコロナ禍になって手芸ハラスメントをしていた旦那さんたちも、奥さんが作ったマスクをしてたりする。少しだけ手芸に対する見え方というか。評価の仕方が変わってきてるんじゃないかなと。

北川　手芸を必要なことと思ってくれると、ずいぶん違いますよね。

横山　そういうようなことが、昔の関東大震災や日露戦争の後にも何か新聞や雑誌の記事に出てくるようなことってあるんですか？

北川　出てきますね。関東大震災の時はいわゆる西洋化。逃げ遅れた教訓から、服装は動きやすい西洋の服が良いとか。それと寒い時期だったので、毛糸を使った編み物がものすごく普及します。新聞の記事にも、毎月、編み物毛糸の講習をやりますよと載るんです。毛糸を買っていただく代わりに講習は無料ですみたいな。その後、手芸を広めたのが婦人雑誌。手芸を紹介する付録の冊子がどんどんつくようになるんです。

横山　当時の雑誌や新聞を見ると、やはり災害の後に、みんなでやる感じが出てますね。

北川　要するに、技術を身につけておいた方がいいという考えが生まれたんだと思うんです。関東大震災の後、編み物を始めとする手芸が流行した。マクラメや刺繍、ちょうど昭和2〜3年は、本当にいろんな手芸が増えているんです。

横山　なるほど。あと思うのは、私も南相馬とかで被災地活動をしていて、手仕事というのは非常に心に効くんだなと。

北川　癒しという意味では、東日本大震災での手仕事は大きな癒しという産業となって、普及したんではないかなと思います。現に私の通信教育の生徒さんも、揺れが続く怖さを編むことによって忘れられるっておっしゃってました。

横山　同じようなことが昔の関東大震災の後でもあったんでしょうか？

北川　ありますよ。小林さんという手芸作家さんの『編物の新しい編方』っていう本があるんですが、その表書きに、やはりバラック小屋で編み物する女性を見かけると。霜が降りる寒いところで無心に編んでる姿が素晴らしいということを書いてました。

横山　その情景がまさに、ですね。

北川　で、凛としてる。バラック小屋でも。どの関東大震災の写真見てもそんな編み物をする姿なんて無いんですけど、文章で見つけた時、私も感動しました。「やっぱり、そうよね」って。

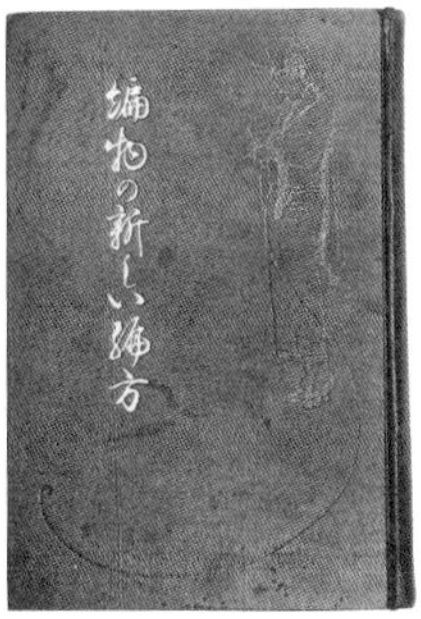

『編物の新しい編方』
小林富美子／大正13年

横山　そういうものなんですね。

北川　家族のために、寒い時だからせめて子どものためだけでも編もうって思いますよね。

横山　実際の「必需品」。

北川　こういう天災の後は工場が止まってしまうので、国内需要として編み物が必要になれば、それに対応するように内職が増えていく。生業としてみんながやり始めたっていうのもありますね。私の小さい時も編み物で身を立てるっていう話はよく聞きました。

男もすなる編み物といふもの

横山　北川さんと手芸の話をしていると、必ず戦争や災害の話が出てきますが、同様にジェンダーについても出てきますよね。

北川　そうですね。芸事か手仕事しかできない女性の地位が低かったというか、男性に手芸の仕事がなかったっていうのもあるでしょうし。

横山　あと逆に、男でもやってるんじゃないかっていうのも。江戸時代では男性が編み物をするって当たり前ではあったし。

そういえば、私の祖父も編んでました

北川　棒針で編んでる？

横山　そうとう成り立ってたみたいですよ。昔の文献に「メリヤスの手編みは一ツ橋家、竜ケ崎の藩士、最もたくみにして、3本の鉄串《てつぐし》にて編む」みたいな記述があって。これはお侍さんが大砲を撃つための手袋を編んでた様子なんですけど、当時の編み物には幕府軍、さらにいえば海っていうのがどっかで絡んでくる。

北川　大正18年くらいですか、編み物黄金期になる直前の湘南や千葉の房総では、漁師たちが編み物してたって聞きます。考えてみればその近くって、海軍があったんですよね。横須賀とか。

横山　やっぱり軍繋がりなんですね。

北川　これは私の想像ですが、その頃、女性は尋常小学校で編み物を教わっていて、家庭で漁師である夫に編んでいたと思うんです。男性はといえば、当時は徴兵制度で確かお給料がもらえたのかな。だから漁師たちは天気に左右される漁より、近くにあった海軍へ率先して希望を出した。そこで男性もセーターというものを習った可能性があるかなって思いました。その後、大正11年くらいにはもっと広がって、都会も事務員の男の人が普通に編んでいた。国産毛糸が安くなったってこともあるでしょうし、事務職の人って男性はスーツの下のベストが必要ですから。みんな編んでたっていいます。

横山　実はぽろぽろ出てくるんですよね、そういう話。わざわざ語らなくてもいいんじゃないかってくらい、結構いろんな男性が編んでる。あと最近、某六大学のうちの…慶応大学の体育会系で編み物が流行ってた時代があるっていう話を伺いましたが。

北川　野球の「記録の神様」って呼ばれた山内以《やまのうちい》九士《くじ》氏も編み物が大好きだった。で、それはおそらく大学の学生時代に習ったんではないかというのを聞いてます。あと、私もちょっと調べてみたら、歌手の藤山一郎さんも短気を直すのに、慶応の付属の合宿の寮に入って編み物を習ったと。そういえば私の祖父も編んでたかも。

横山　みんなそういう感じなんですかね。

北川　封印された過去になってますよね。でも考えたら、うちの祖父が食堂のテーブルに茶色の塊をドンと置いて、何か編んでたことがありました。私は当時、かぎ針しかやってなかったので、なんだろうって思った記憶があるんです。何日かして祖父の家に行ったら腹巻きを着ていて、「ああ、あれだったんだ」っていう…その記憶を思い出しました。

横山　編み物民俗学ですよ、これは歴史学ですけど。色々な人の口伝えの話も聞いて民俗学的な資料も集めなきゃいけないですね。

北川　当たり前のように自分のものを編むっていうのは、戦争の習慣でもあったと思いますね。

横山　有名どころだと、横溝正史さんが小説を書いてて執筆に詰まると、編み物してたって。たしか金田一耕助シリーズで編み図が絡んだ話があったような気がします。編み物じゃないですけど、画家のレオナルド・フジタ（藤田嗣治）さんも刺繍をやってたってちょっと聞いたことがあったりとか。

北川　手仕事って集中と癒しがあると思うんです。北欧のスキージャンプのコーチも選手の横で直前まで編んでいたり。

横山　オリンピックの時ですね。あれ、有名になりましたよね。次のオリンピックに出る選手にプレゼントするみたいな。非常にいい話でしたよね。最近だと建築家の坂口恭平さんが、ちょっと元気がない時は編むといい、これは鬱病に効くんじゃないかみたいなことをツイートで上げたりとか。

北川　本当にそうですね。

横山　調べれば調べるほど、男性も編んでる。

北川　今のコロナ禍もそうですが、生活がガラリと変わる災害の後には手芸普及の時がやってくるもの。その時は男女関係なく、もっと手仕事が広がっていくといいですね。

機械編みの元祖が
大正15年に
生まれているんだよ

左／ピンに糸をかけていき、かけ終わったら板の左右を返し、編み地を引っぱり上げて目を作る。下／パッケージと本体。ピンの並んだ細長い板2枚をセットにして使う。

編み物は新たなるステージへ

手編機、登場！

大正時代に入ると和裁・洋裁の仕事をしていた人が転身するほど、編み物は内職として人気を集めました。そこで生まれたのが手編機です。生産効率が上がるのはもちろん、手編みが苦手な人でも扱えると評判になりました。ちょうど働く女性が増え始めた頃で、ファッションもアメリカの影響を受け、動きやすい洋服への転換期。手編み機のシンプルな編み地は、ウエアにしても厚みが出過ぎず、着心地がよいと需要を伸ばしていくのです。

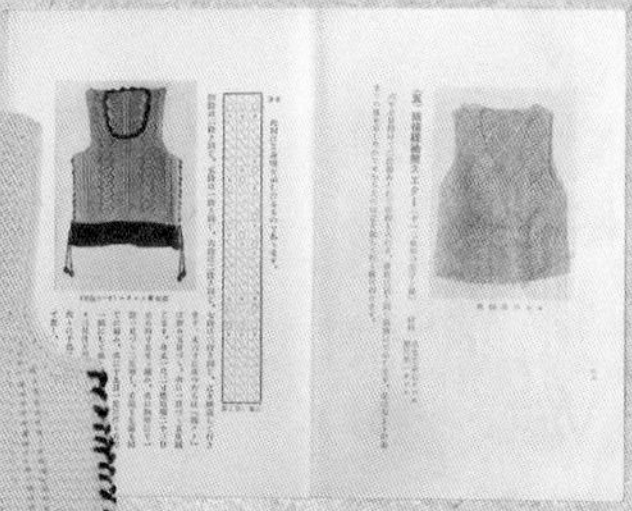

『軽便手編器獨習書』に掲載された縞模様袖無スエター。並太毛糸使用。北川ケイさんが再現。

萩原式手編器

大正15年に手編機第1号「萩原式軽便文化手編器」が登場。発明者は萩原政子さん。表編みからクンスト模様まで手早く編めた。

教則本

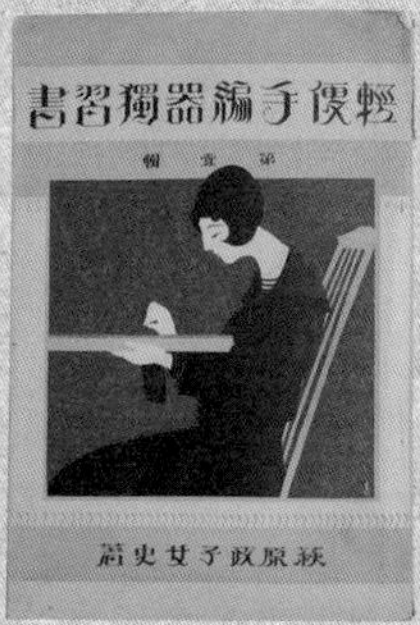

輕便手編器獨習書

萩原政子著。萩原式手編み器の指南書。赤と黒で描いた表紙がモダン。ウェア以外に靴下などの小物も紹介。

教則本

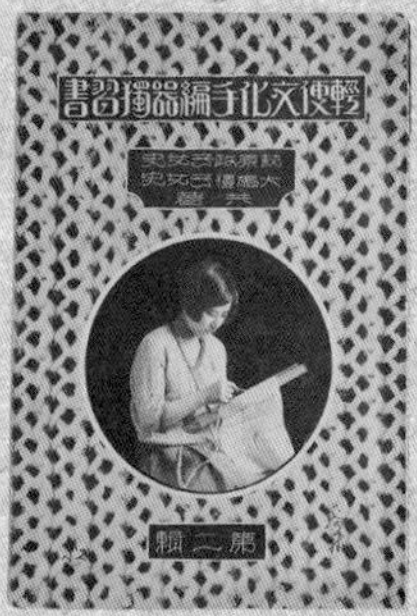

輕便文化手編器獨習書

萩原政子・大橋禮子 共著
萩原式手編み器の指南書の第2集。模様編みなどのバリエーションも増えている。

教則本

S式高速度編物機獨習書

大日本編物研究会。S式高速度編物の指南書。編機の操作から編み方、サンプル作品を掲載。紹介する模様編みにも工夫が見られる。

S式高速度編物機

萩原式手編器に次いで発売されたS社のライバル機種。対抗することで性能の良いものが次々に発表された。

「S式で自活の道を開きませう」。S式編機教室の生徒募集の広告。

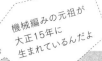

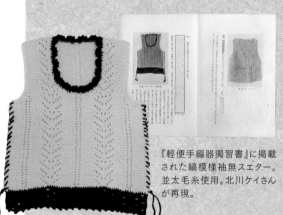

北川さんが主催する彩レース資料室の貴重なコレクションたち。

眼福にあずかる

左上／つまみ細工の技法を基に作られた写真ばさみ。中上／女性の結髪に使った明治～大正時代の髪飾り「手柄」。右上／洋裁を学ぶために作られた洋服の縮小サンプル。中下／英国製シルク糸のビーズ入りクンストレース。右下／梅や桃の日本的なモチーフを用いたドイリー。

絹糸編物

菊水模様爪袋

明治38年以降、鹿鳴館の影響で、女性の手提げや巾着バッグが庶民の間にも広がりました。編み物による巾着もしかり。今回、作り方を紹介する爪袋は、お琴に使う爪を収納するもの。雑誌『少女世界』で人気となったかぎ針編みの小さな巾着袋です。

完成図。P.30～31の作り方を参照して、この図の形を目安に編みましょう。

私、伺ってきました

北川ケイさんからのアドバイス

明治・大正時代は編み方を文章で書いているものがほとんどです。そのため最初に全体像をイメージしづらいので、今回の爪袋を編む手順を簡単にお伝えしておきますね。まず鎖の作り目をして、細編みで楕円底を作ります。細編みの立ち上がりの鎖目は編みません。側面は模様を編み込みながら編み進め、袋口にネット編みの要領で紐を通す穴を作ります。紐は2本どりで鎖編み。先に袋に通してから両端に小房をつけてください。

北川ケイさんの再現作品

20番レース糸を使用。できあがりサイズ約7×9cm（紐含まず）

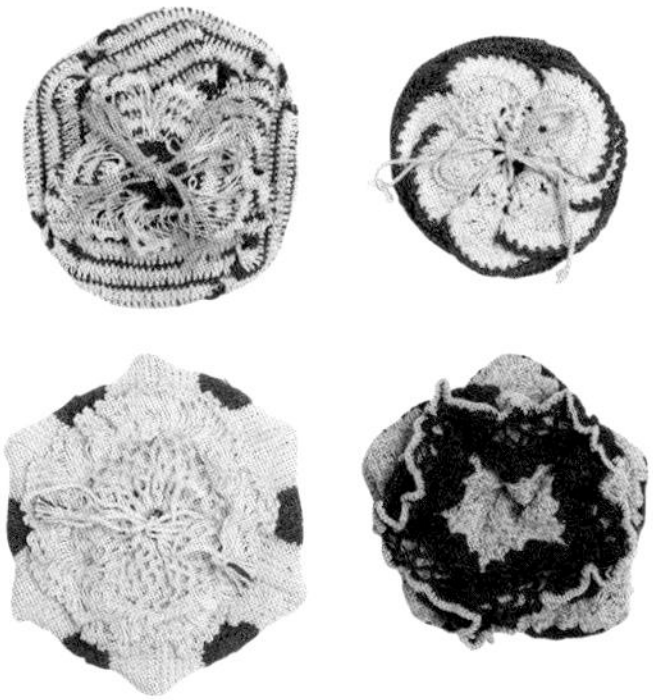

上は5角形のモチーフ2枚を綴じ合せたデザイン。右の4つは底から丸く編み上げたデザイン。

銀貨入れのはなし

琴爪を入れる袋を爪袋とお話ししましたが、同じような形で、明治・大正時代に流通していた銀貨を入れる巾着袋も人気がありました。松編みやネット編みがよく使われています。

『少女世界』
第二巻一号（博文館刊）
明治40年

How to make

絹糸編物　菊水模様爪袋

三木とみ子（石井とみ子）

これはお琴の爪入りの袋であります。編み方は極並みの編方ですが、ちと面倒でございます。

模様は何でもありましょうとも、ご自分のお好きのものを入れてよろしいのですが、今ここに菊水の模様がありますから、これを見習って編出して御覧なさいまし。


糸は、三子糸《みつこいと》か、レース糸です。糸の色は、地と花と水と三色を用いるのであります。色の取り合わせが悪いと折角骨を折りましても品が下がりますから、よくよく色取りに気をつけて下さいまし。今私は皆様にお話し良いため、仮に紫色、玉子色、白色の三色で説明いたしましょう。即ち紫を地に、玉子色を菊花に、白を水に用いるのであります。

さて色糸の用意ができましたら、第一が袋の底、第二が胴、第三が口の飾りの順に編みはじめましょう。

袋の底　鎖編を長さ一寸三分（約4㎝）編みます。短編（細編み）を鎖の数だけ編みつけます。二段三段と幅九分（約3㎝弱）になるまで細編を編みつけます。長さ一寸三分（約4㎝）、幅九分（約3㎝弱）の長方形のものができます。

袋の胴　底の周りを増し目せず減らし目せずに短編を二周編みます。三周目には白糸を、紫の短編の中に編みこんでまいるのです。（第二図は白を紫の中に編み込んだざま）角から三分（約1㎝）のところに参りましたら白を編出すのであります。白を編出すには、第三図のごとく引き目の時に白を引出すのです。白を編みますうちは、紫は第四図のように編み込まれていくのです。

この白糸のところは、目数二十一ありますから二十一編んで紫に替えて白は七ツ程を編み込んで、後切り去ります。次にまた白を編み出す時には七ツほど編み込んでから、あらわします。

第一図の模様をよく見比べて、間違いのないように色糸を編み出してください。模様がすみましたら紫ばかりで、一寸一分（3・3㎝）になるまで編みめぐります。


口飾り　前の糸続きに鎖五ツ編みて、三ツ目のところに止めつつ、一巡りいたします。

次はその鎖の山になっているところに止めつつ、又一巡り編みます。

次はその鎖へ極ゆるき長編を五ツ編込み、その次に短編一ツ又その次の鎖へ長編五ツ編み込んで、その次は短編一ツ、一巡りします。

今度は、鎖二ツ編んでは、前の長編みの間々へ短編一ツずつ、一巡り編みまして糸を留め切るのであります。まずこれで袋の全体が出来ました。

紐　三尺三寸（約1ｍ）の糸を二本集めて（二本取り）ゆるき鎖編をなさい。これを二本同じく編み、図を見て、その場所に右左へ紐を通し、その先へ小房を付けます。

小房　二尺三寸（約70㎝）の糸を八ツに折りて留め針（編物用の針として売物にあります）に通して、図のようのごとく紐の両端に引き通して折り曲げ、その際を共糸でシッカリと結びて、切るのであります。

※作り方の説明や名称などは、当時の表記を基にしています。

当時の作り方は
白黒の世界。
想像力を駆使して
お試しあれ

図案です。
「間違いのないように色糸を
編み出してください」とのこと

第一図

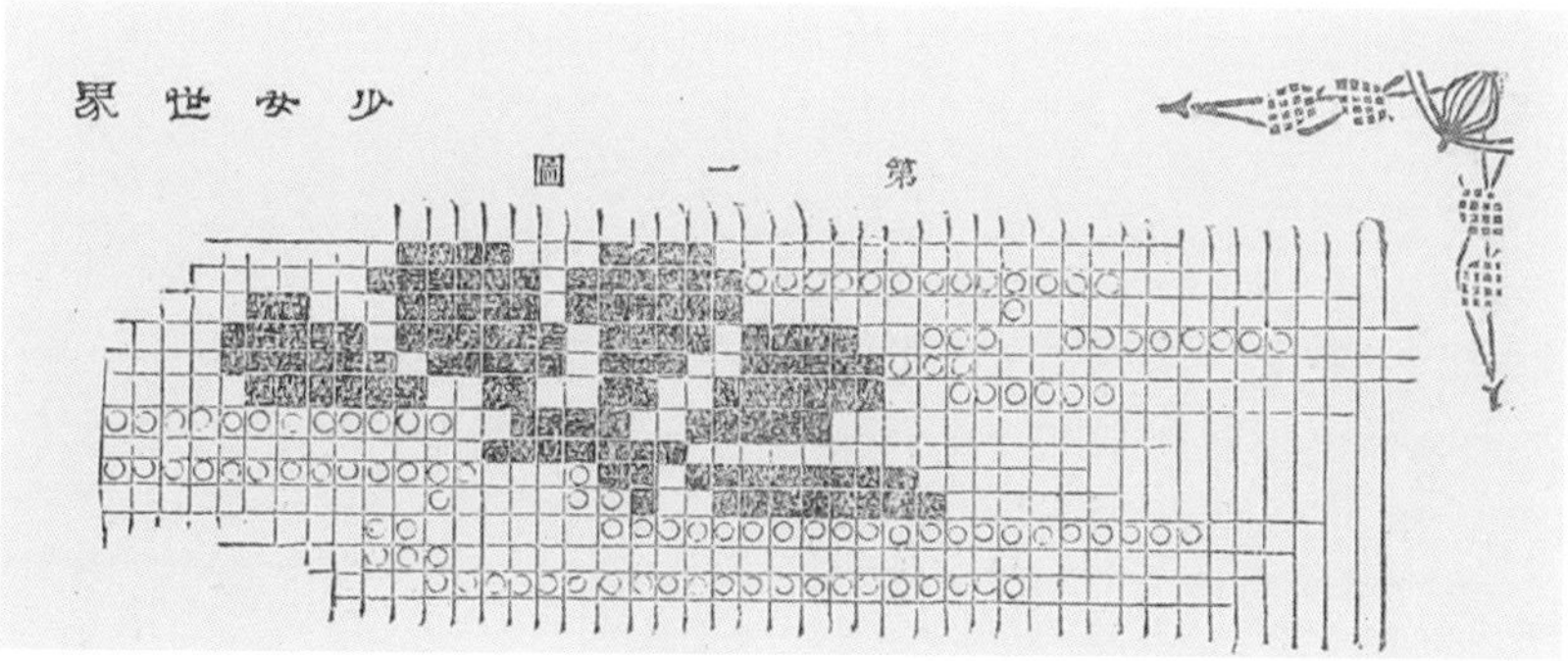

口飾りの
編み方

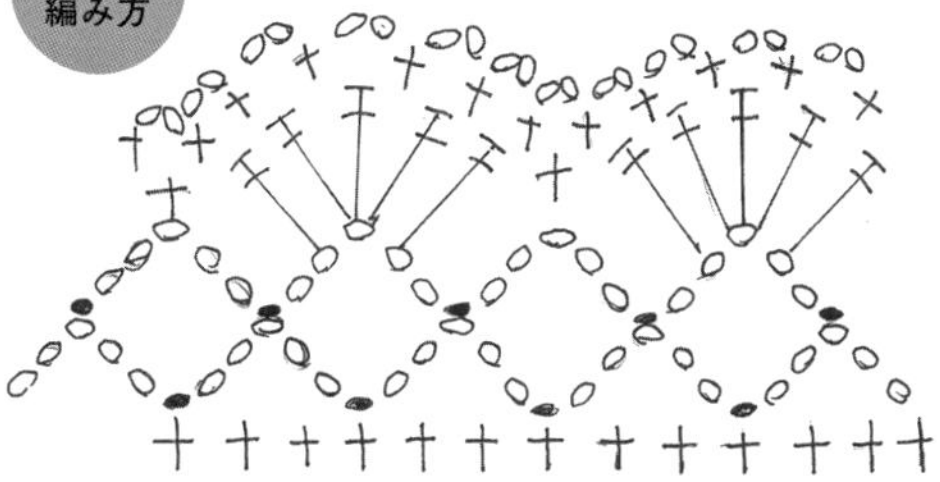

第二図

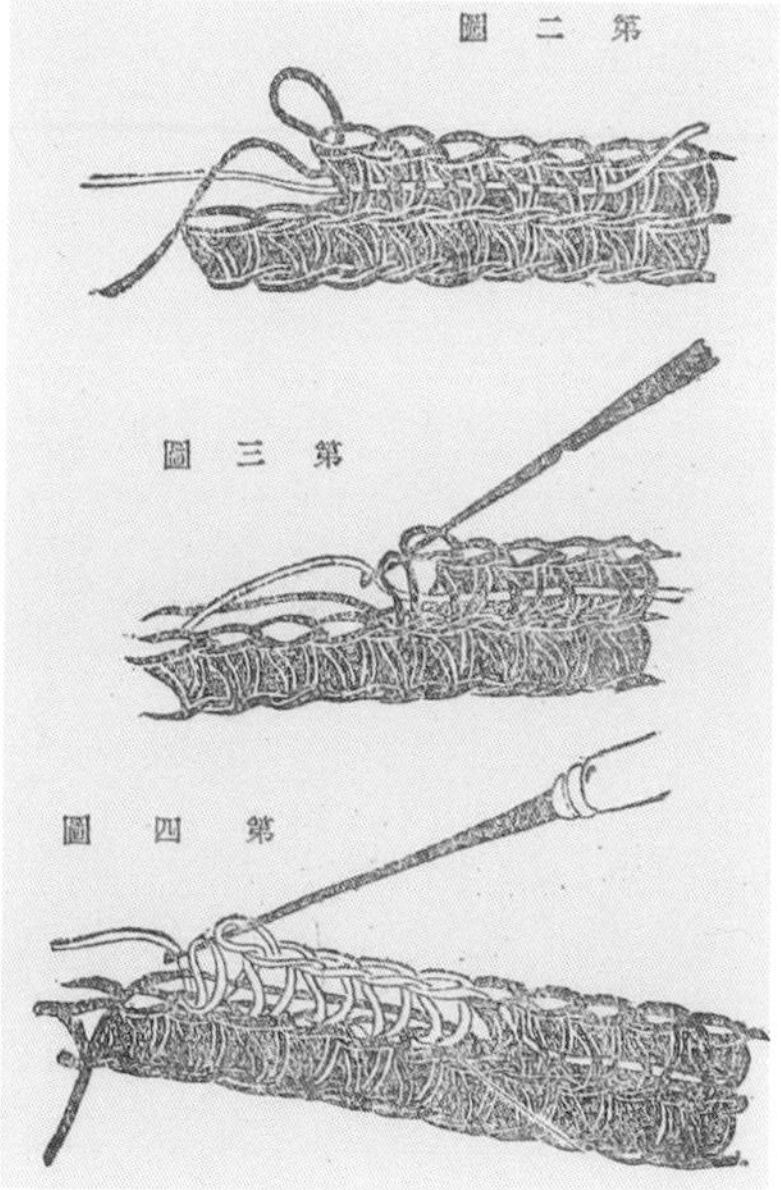

編み込みの
説明です

紐・
小房

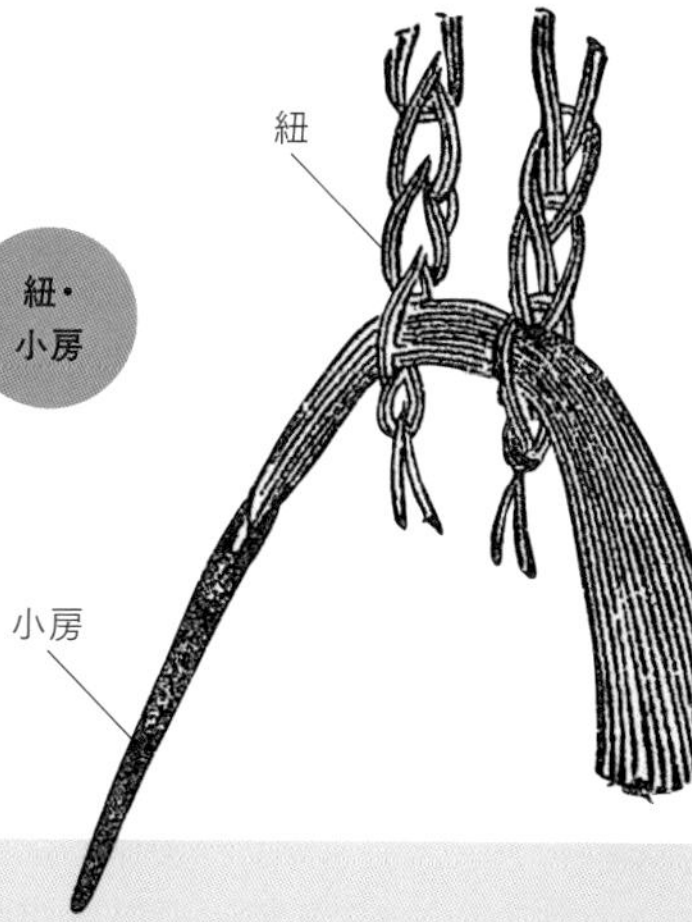

明治
Meiji

明治・大正・昭和初期
手芸ブームを作った
レトロブック

古い手芸書には先人たちの飽くなき探究心とあふれる情熱が息づいている。北川さんの対談にも登場した昔の編み物ブックを見ながら、あなたの知的好奇心にも火をつけて。

『少女の友』 明治40年に創刊した実業之日本社の少女向け雑誌。中原淳一が挿絵を担当。一大ブームに。

創刊号

『少女世界』
明治39年に創刊した博文館の少女向け雑誌。作家・石井とみ子さんの手芸連載が人気を博す。

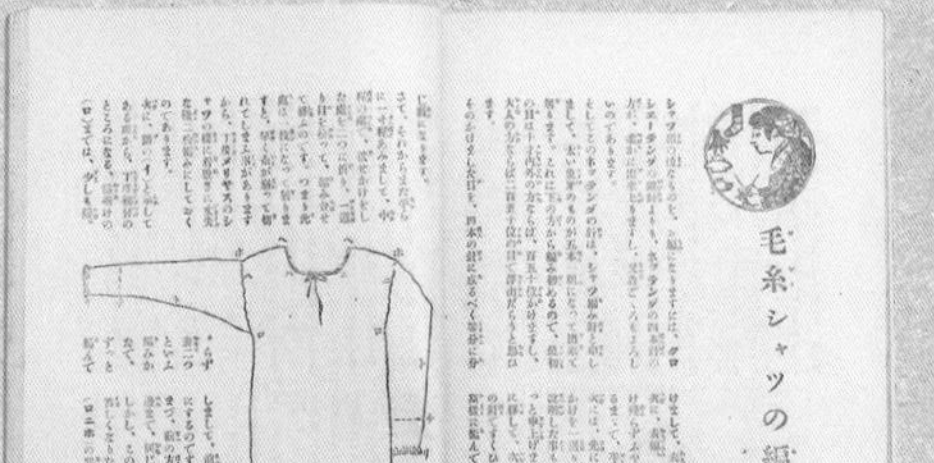

『少女の友』掲載
磯村春子作
「毛糸シャツの編み方」

磯村春子さんはウェアの編み物も手がけた。編み方の説明は英文パターンの翻訳スタイル。

『少女世界』掲載
石井とみ子作
「手提袋の編方」
レース糸で編む実用的でかわいい袋物。手芸記事は親子で楽しめる内容として注目された。

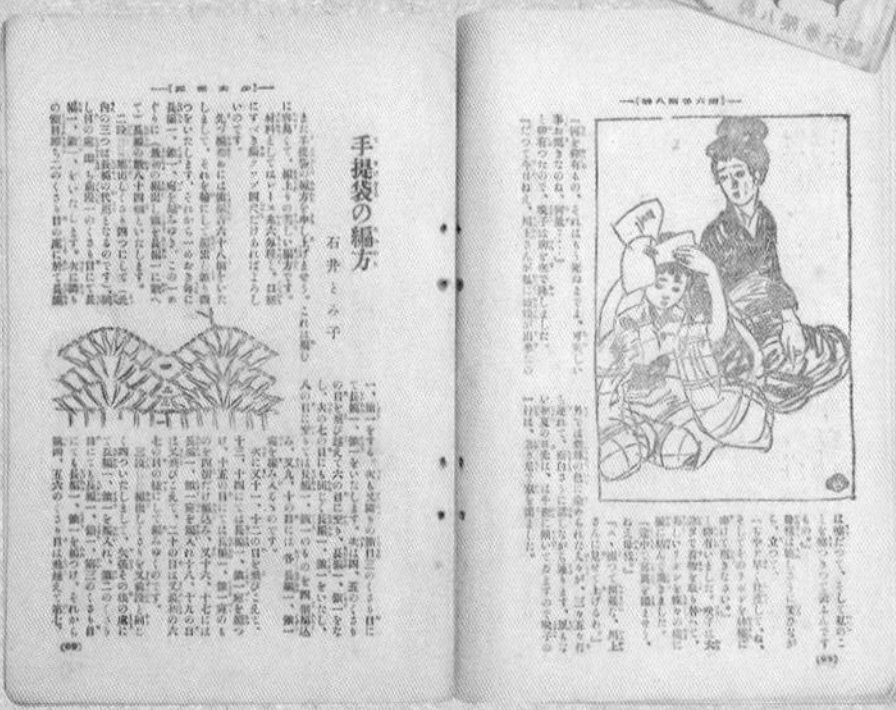

乙女の心をわしづかみ！

北川ケイさんのレトロコレクション 3

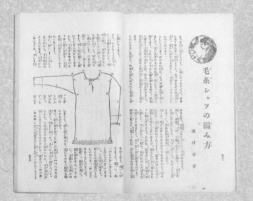

大人も胸キュン!

これって
フリースタイルで編む
先駆けでもあると
思うんですよね

編物造花
ブームの
先駆け!

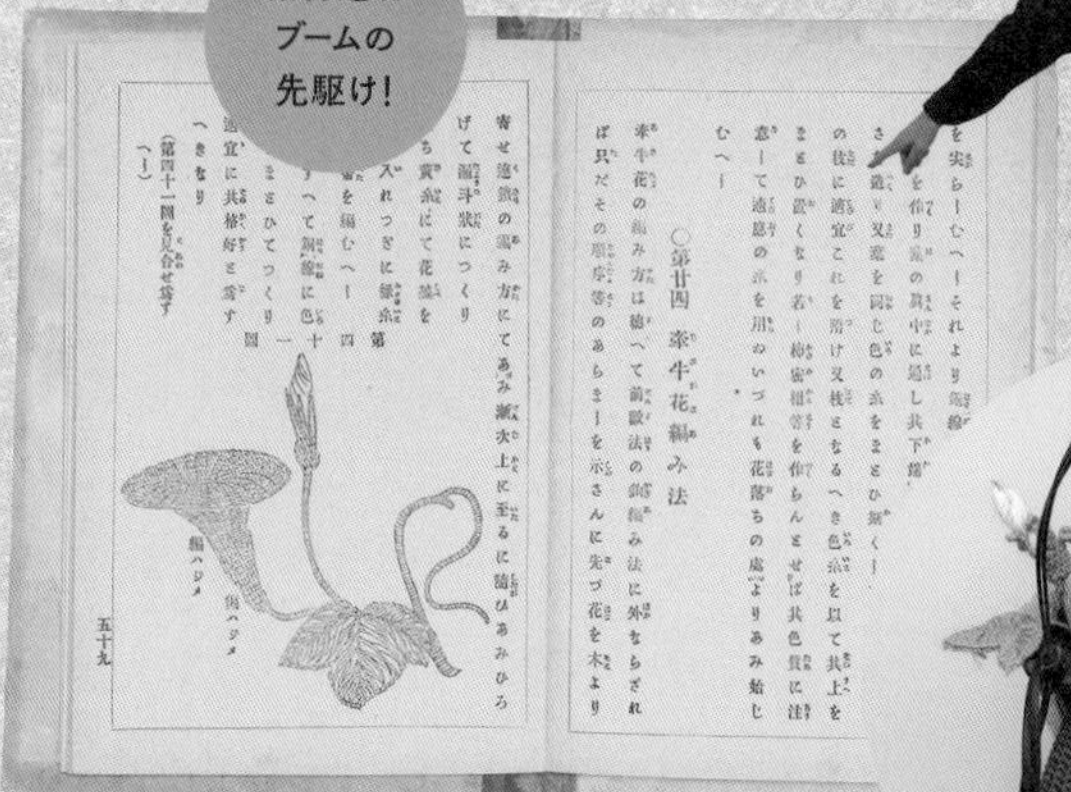

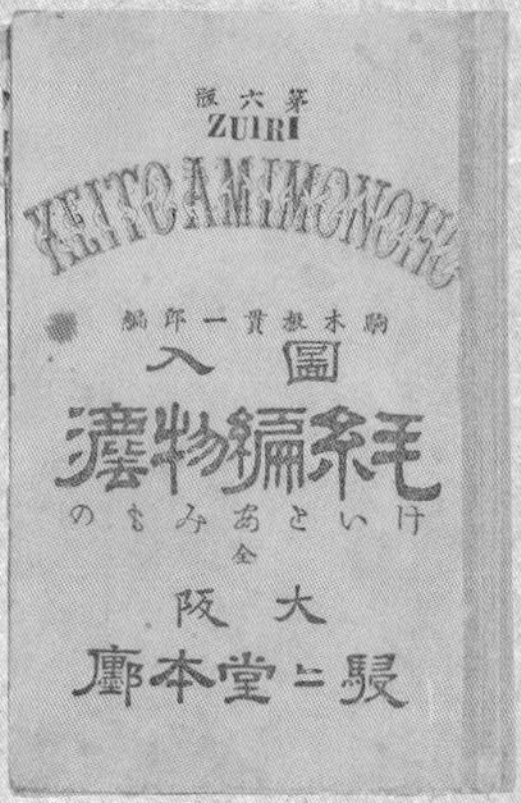

『圖入毛糸編物濃』
駒木根貫一郎編／明治20年
明治初期の代表的な編み物教本。かぎ針編みの編み方を図入りで紹介。作品は小物が中心。

この本にP.17で紹介した朝顔の編み方が載ってます。

『毛いとあみ物獨案内』
濱田兼次郎編／明治21年
かぎ針編みと棒針編みの教本。作品には涎掛や靴下、座布団など実用的なアイテムが並ぶ。

一世
風靡!

左_『九重編造花』
寺西緑子著／明治40年
編物造花に特化した本。日本の手工芸品として輸出されていたため、内職として注目された編み物。

下_美しい挿絵と見やすく細かな仕立て図がポイント。

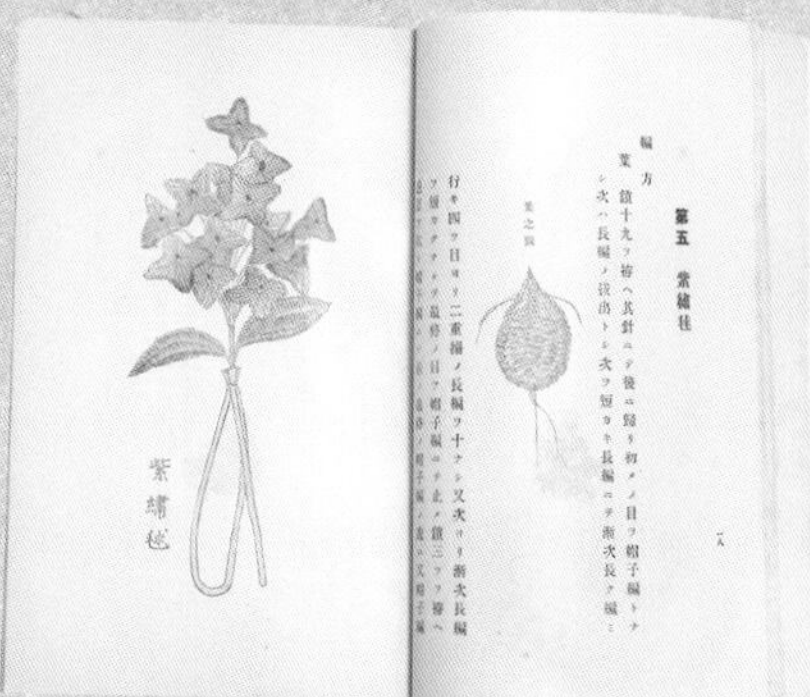

大正 Taisho

『新型実用毛糸の編物』
寺西緑子著／大正13年
編み物教本。指に糸をかけて目を作る棒針編みの作り目を紹介。

『新型スピンとリリーヤンの編法』
寺西緑子著／大正15年
新製品の人造絹糸「スピン」と「リリーヤン」を使用した編物本。

編み物黄金期到来!

『婦人之友』

明治41年～

明治36年に創刊した『家庭之友』が明治41年に『婦人之友』と改題され出版される。手芸黄金期の大型婦人雑誌。

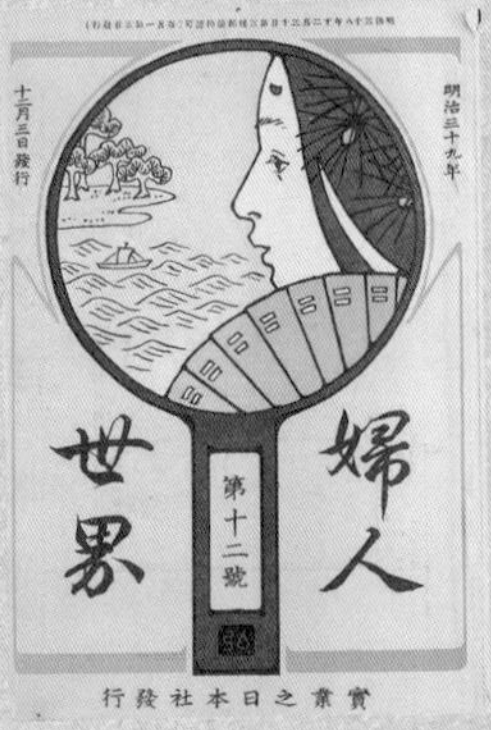

『婦人世界』
明治39年～昭和8年
明治39年創刊の実業之日本社の雑誌。1度だけ石井とみ子の記事が掲載。その貴重な号。

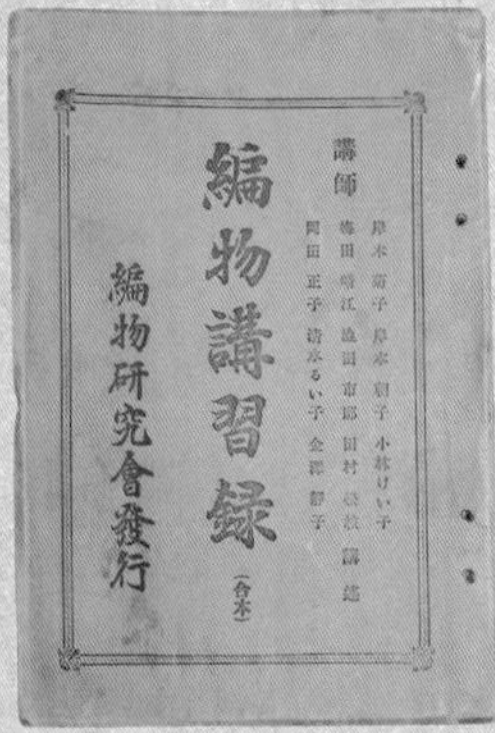

『編物講習録』
大正11年
講師9人による合本の講習録。教本を補足する参考書のようなもの。

『The art of crocheting』
明治24年
ロンドン＆ニューヨークの出版社から同時に出版されたかぎ針編みの本。

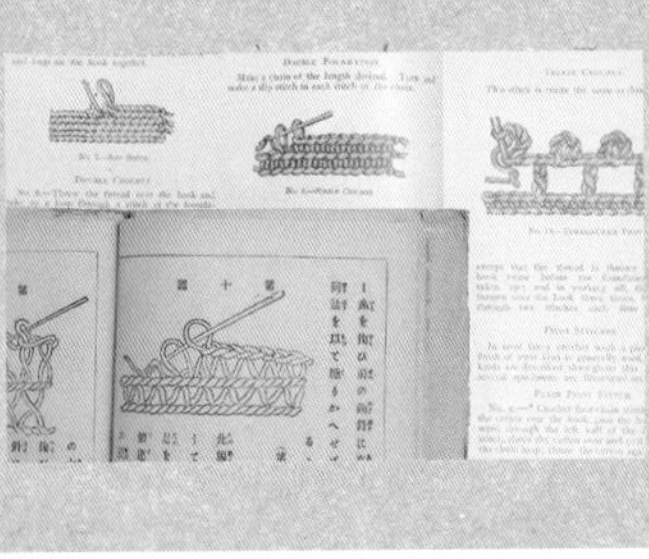

世界がお手本! 編み物イラスト

海外の編み物本には編み方テキストの他に基礎イラストが描かれている本もありました。日本で本を作る時は、これらもお手本として取り入れていたようです。

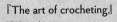

花開く、編み物のデザイン

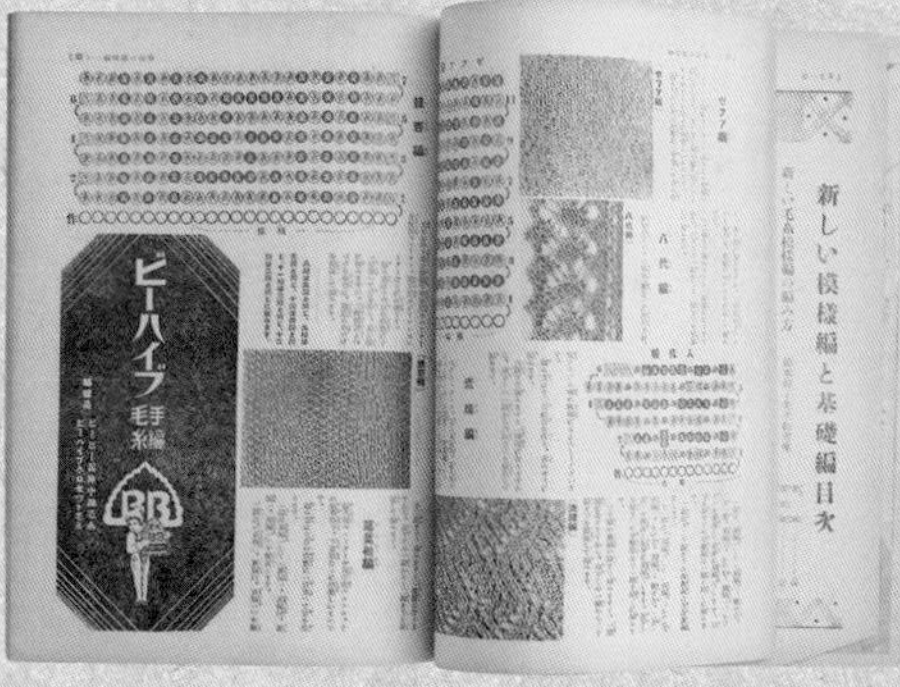

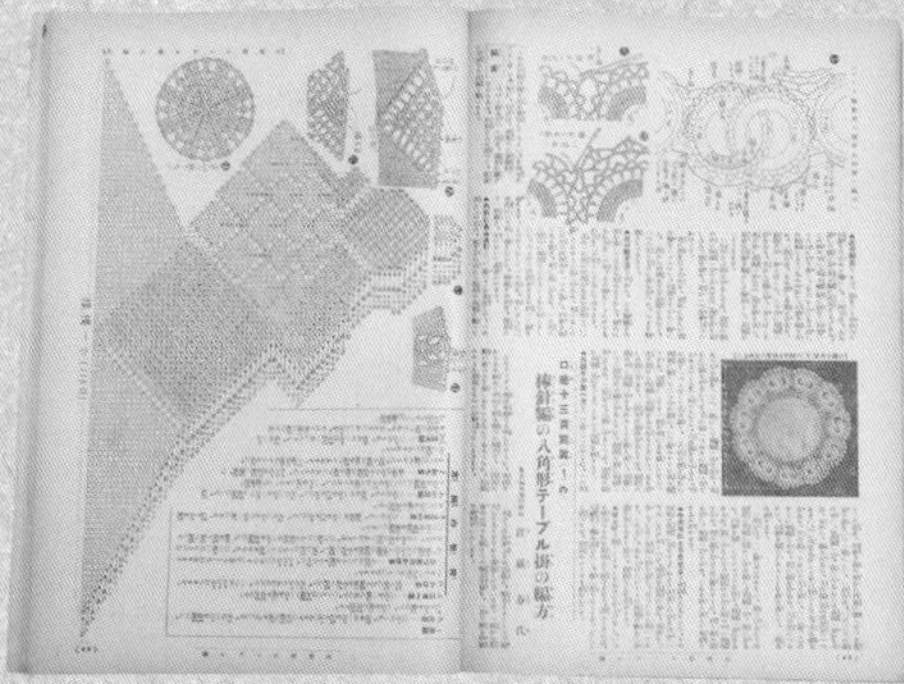

棒針編みの表記に注目。表目は「表」、裏目は「裏」、かけ目は「掛」。

新しい模様編と基礎編
『婦人倶楽部』
10月号付録

昭和10年
漢字を配置した編み図チャートを図版として採用した編物基礎本。

大きなテーブル掛けの図版に合理的符号が大活躍！

流行のレース編と刺繡六十種
『主婦之友』
7月号付録

昭和13年
レース編みの編み方提案＆図版が充実。カラーの挿絵も味わい深い。

激動の時代を編み物と生きた江藤春代さんを知る1冊！

↓本の情報

『江藤春代の編物普及活動』

北川ケイ著
対談でも登場した江藤春代さんの編物普及に尽くした編物史を綴った1冊。現在の編物記号の元となる合理的符号の考案など興味深い話が盛りだくさん！

小説・詩・マンガなどを掲載していた少女向け雑誌の付録も手芸！

『少女倶楽部』

大正12年～昭和37年
講談社より出版されていた少女向け雑誌。教科書の副読本的なコンセプトで保護者からも人気があった。昭和初期から付録がついた。

下_インパクトのある画家・蕗谷虹児によるイラスト。作品は家庭科で習いそうな実用アイテムが多い。

みんな大事に使ってました

なつかしの道具たち

実際に大正から昭和初期にかけて使われていた手芸道具をご覧あれ。進化を遂げる道具の途中経過を知ることができるコレクションです！

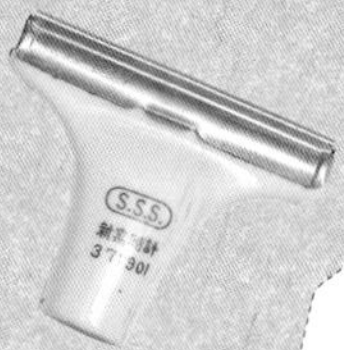

元々は着物の半衿のシワを伸ばすのに使っていたらしいよ

【湯のし器】

ほどいた糸のうねりを直すために使う道具。やかんの口につけて湯気を出します。

こんな風にやかんに装着するんだって。

こちらのネーミングは毛糸再生器。パッケージのイラストも楽しい。

日本ならではの編み物道具！

【ヘアピンレース】

新しい手芸として人気だったヘアピンレース。初期の編み器はなかなかゴツい！

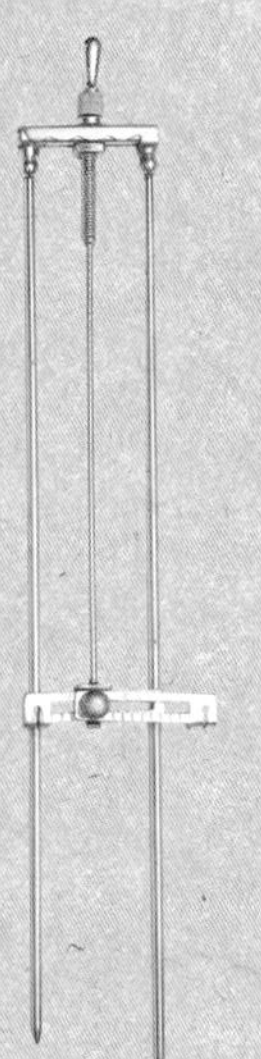

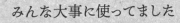

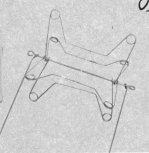

【かせくり機】

なんと！ 畳に刺して固定するかせくり機。和室が多かった当時の住宅模様がうかがえます。

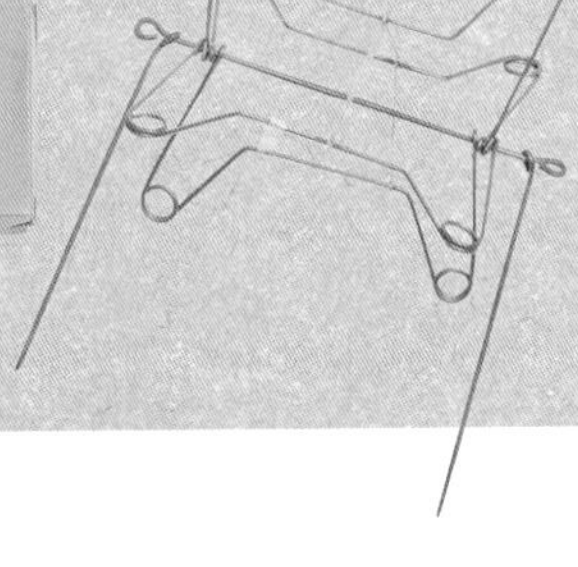

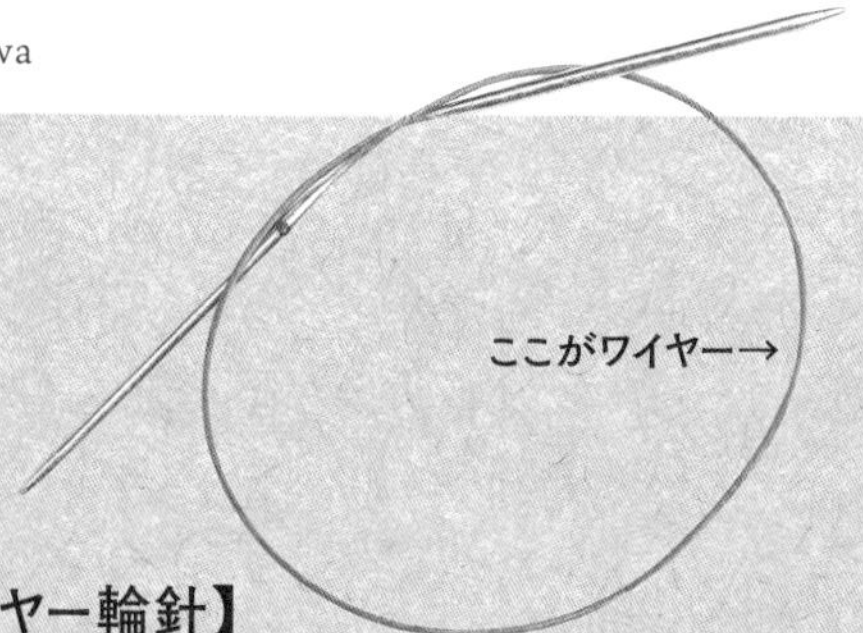

【ワイヤー輪針】

この頃、すでに輪編み用の輪針があった。でも針を繋ぐのはワイヤーだった。さて、編み心地はいかに？

レトロかわいいデザイン！

【かぎ針セット】

1920年製の編み針&ソーイングセット。シェフィールド製の細い棒針やかぎ針が目を引く。

ヨーロッパにおいて裁縫道具は「女性を幸せにするための道具」と考えられ、結婚・出産のお祝いとして贈る風習があった。

【棒針】

ステンレス製の細い棒針。どちらも日本製。クンストレースなどにも使えるタイプ。

裁縫箱もナイス！

キッズ用も本格派

おもちゃ箱風の編み針＆ソーイングバッグ。編み針類はプラスチック製ながらも、伝統的な形をしっかり伝えている。

和裁の針仕事に

右はフタを閉じた裁縫箱。開けると運針用のくけ台に。下部の板を膝でおさえて使う。

渡辺晋哉

Shinya Watanabe

会社員、牧師、編み手。1988年自由学園卒。2017年JTJ宣教神学校卒。幼少期より様々な「ものづくり」に挑戦し、茶道華道の薫陶を受け、6歳で編み物を開始。自由学園最高学部（大学に相当）では陶芸に没頭。建築関連のメイカーにて営業職、デザイン職を経験。2004年、現在の職場に転職。2019年より上野の森キリスト教会副牧師。

生活の中の発見にある

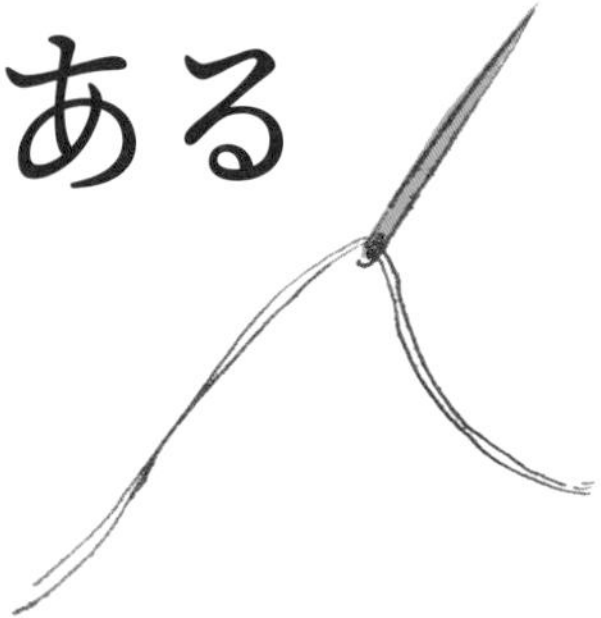

渡辺さんと話すと自分が水になって、
川の上流から流れ、
最後には海にいたるような気分になる。
編み物をはじめ、陶芸、絵画、文章、銅版画など、
様々な創作活動をしてきたうえ、
お祖母様が茶道、華道のお師匠さんで
その薫陶も受けている。
様々な視点を持っていて、話が尽きないのだ。

しかし、渡辺さんの本当の凄さは
その知識や経験、技術ではない。
何かを作る時に自分のすべてを
注ぎ込んでいることが渡辺さんの素晴らしさだ。

「ものづくり」をしていると
技術や雰囲気、好き嫌いといった「自分の一部」に
とらわれてしまうことが多いのだけれど、
そうなってしまうと実はうまくいかない。
必要なのは自分の「身の周り」にあるものだったり、
「生活」そのものだったりということを
渡辺さんは教えてくれる。

それを知った時、
私たちは自分のしている「ものづくり」を
自然なことと思えるのだ。

「ものづくり」に必要なものは

Guest **渡辺晋哉さん**（会社員／牧師／編み手）

フェアアイルニットを愛する渡辺晋哉さんが対談場所に選んだのは、シェットランドの毛糸・ジェイミソンズ・スピンドリフトを取り扱うショップ「SHAELA（シェーラ）」。そこで渡辺さんが語る編み物との向き合い方はとても深いものでした。

多種多様な「ものづくり」歴

横山　渡辺さんはどんな方かというのを一言でご紹介するのが難しいのですが、…まず渡辺さんがどれぐらいの種類の「ものづくり」を小さい頃からやってきたか、全部あげてみてもらっていいですか？

渡辺　僕は本当に子どもの時から、作るということ以外に何の遊びもできないやつだったんです。まずは、絵を描くこと。それから工作の類。紙を使って、工作用紙でとんとん相撲をやったり、紙粘土でブローチを作るとか、木版画をやって、彫ると形ができるぞと気づいたら、そのまんま版木を加工して形にするとか…。

横山　彫刻というのはカービングみたいな？

渡辺　カービングもしました。それから、友達のお母さんが革細工の職人さんだったので、2、3回そこに行かせてもらって。あの時代はクラフトレザーが色々あって、そういうことをさせてもらい、それから、花小金井の西友に間借りしていた七宝の店で、七宝焼きに一時期はまりました。織りもしました。でも織りは、ハタ（機織り機）が無かったので、針を自分で動かして織るっていう手法を小学生の頃にやっていて。それで12歳のクリスマスの時に「何が欲しい？」って聞かれた時、ハタ（機織り機）が欲しいって言ったら、却下されました。

横山　そこは却下だったんですね。

渡辺　「ものづくり」に入るのか分かりませんが、お菓子やパンも、ひと通り作りましたね。それから近所の夏みかんをもらってきて、マーマレードを作って瓶詰めにするとかね。それから梅酒をつけるとか。一応、晩御飯の支度は自分でできるので…　それから6歳から編み物。

横山　6歳からね。やっと編み物が出てきた。

渡辺　そうですね。あと自由学園という学校にいたので、その学校の美術の時間には本当に色々なものを作りましたよね。バウハウス＊をベースにした美術教育だったので、すごくいろんなアイデアを貰って、その都度、ものすごく楽しかった。子どもの頃から、素材を見るというのがすごく好きだったように思います。それで、大学（自由学園　最高学部）に入ってからは、陶芸とか。

横山　このお茶碗〈P.44〉ですよね。

渡辺　はい、茶碗を2つ持ってきました。4年生の時は就職活動が忙しくて難しかったんですけど、3年生までは授業の後、ほぼ毎日、アトリエに籠って部活みたいなノリで、やりましたね。これはね、土を取ってくるっていうところからやった。

横山　え、どこの土ですか？

渡辺　飯能だったか、秩父だったか、埼玉県の奥の方の山の中でした。

横山　山にいただいてきたという感じですね。…そういえば渡辺さんのおばあさまは、茶道と華道の先生でいらっしゃるんですよね。「ものづくり」という範疇に入らないかもしれないけど、渡辺さんも子どもの頃からされているんですか？

渡辺　はい。ただね、ちゃんとお点前ができるかというと、できません。定年退職したらちゃんとお茶をやりたいなとは思っているんですけど。それからお花のほうも、祖母は池坊の先生だったんですけど、僕はきちっとした池坊の看板を掲げられるほどかっていうと、そうではないんです。ですけど、本当に僕、門前の小僧みたいなもんで、祖母のやっているのを見て、呼吸というか、空間の作り方みたいなものは目で学んだっていうのがあって。それで、花を生けるというのは割と小さい頃からずっと続けています。クリスチャンなので、教会の礼拝の花を生けるとか、友だちの結婚式でブーケやブートニアを作るとか、会場装花をするとか。

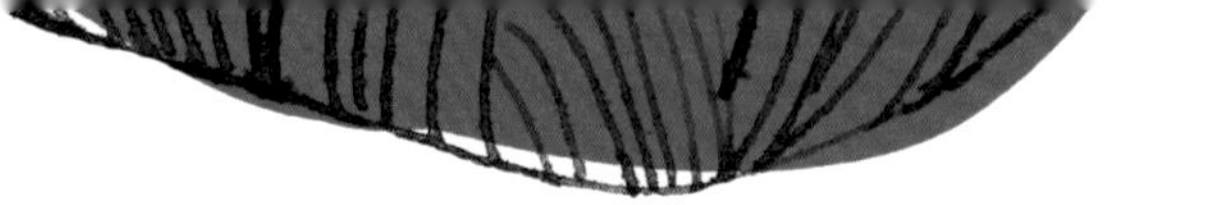

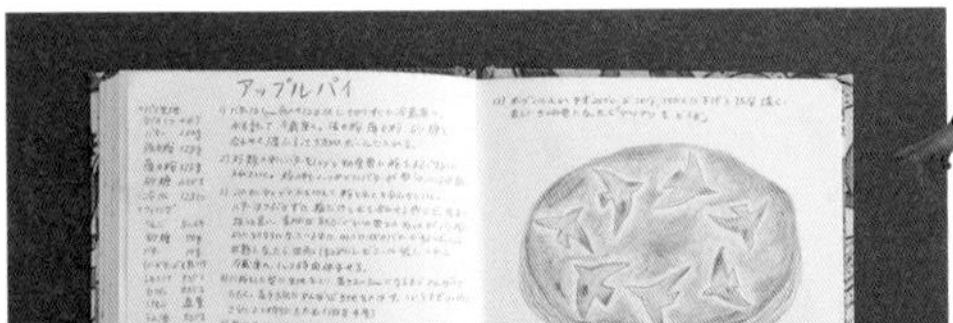

レシピ帳もイラスト入りで描いていた。

＊バウハウス
1919年にドイツのワイマールに設立された造形大学。美術（工芸・写真・デザインなど）と建築に関する総合的教育を行った。

だから「植物好き」なんですよ。

横山　ああ、なるほど。

植物染料で染めた糸で編む工夫

渡辺　だから、植物染料で染めるっていうことをやってみたり。

横山　このカーディガン〈P.45右上〉も自分で染めて？　これは何で染めたんですか。

渡辺　外来の植物で嫌われているセイタカアワダチソウというのがありますけれども、あれで染めた。これは自分の家でミョウバンを焙煎剤として染めたので、12ロット＊できちゃったんですよ。

横山　12ロットというのは？

渡辺　つまり、12回に分けて染めた。そうすると、1回ずつ、色が微妙に違うわけですよね。それを、全部そのまま分けて編んでしまうとくっきりとラインが入ってしまうので、もうちょっと自然な風合いにしたくて、2色を2本どりにして編んでいます。それで、その2本の組み方を1段ごとに全部変えたっていう。

横山　これも工夫ですよね。

渡辺　自然素材の面白いところは、編んだ時に計算して、全体的に下のほうを薄い色にして、濃い色を上にしようってやったんですけど、まあ、だんだん退色してくるので、あんまり差がなくなってくるのね。

横山　え、これはもともと上の方が濃かったんですか？

渡辺　そうです。濃かった。

横山　へー。ちなみにこれ何年くらい経っているんですか？

渡辺　20年くらい前かな。このくらい経っていると、虫がつきやすいわけだけど、自然素材で染めたのって、その植物が持っている防虫のエキスが入ってるし、ミョウバンを使っていることもあって、虫がなかなかつかない。

横山　やっぱり、手をかけただけのことはあるんですね。

渡辺　手をかけたと言えば1段ずつ、色の組み合わせを変えたので、裏を見ると糸始末の場所がたくさんあるんです。

横山　確かに。

渡辺　でもこれはやらなきゃならなかった。袖も左右で対象のグラデーションにしたかったので、片方を1段編んだら同じ組み合わせで反対側も1段っていう風に編んでいって。

横山　ああ、なるほど。

渡辺　そういう点では、こんなただの黄色いカーディガンですけど、かなり色々考えてやってたところはありますね。

フェアアイルの編み方との出会い

横山　素晴らしい。すごく良いですね。

渡辺　これを1回編んだ時、それまで普通に本に出ているセーターの編み方というのがパーツを編んでとじ合わせるタイプだったので、それは単純に嫌だなと。だって、段ごとの色の変化を全部記録しながらやるっていうのは無理だと思って、なるべく繋げて編んでみようと思った。それで前後身頃は脇下までつなげて編んで、首回りだけ左右対称で編んで。肩をはいで、袖は編み出していくっていうのをやったんですよね。これで「ヨシヨシ」と思ってたわけ。そしたら、フェアアイルに出会っちゃったわけですよ。びっくりしたの、それで。

横山　なるほど。

渡辺　それはね、佐藤ちひろ先生のフェアアイルの展示会だったんですけど、その場でひとつのベストが全部できあがるまでっていうのを見せてたんですよね。この時まで、僕は身頃っていうのは、脇下までしか一緒に編めないと思っていたわけです。ところがそれを繋げて編んじゃう人がいるんだっていうのがね。それが伝統的なニットなんだっていうのにすごい衝撃を受けたんですよ。僕、その展示会の時に、もう明らかにこれは変なやつだって思われるのを意識しないほど没頭して、もう微に入り細に入り、じーっと見てたわけです。そして、感動して「わー！」とか言って。

横山　なるほど。

渡辺　衝撃でしたね。身頃も袖も、なるべく筒で合理的に編んでいくのは自然なことで、普通の生活から派生してきたものがそっちなんだなと。それぞれのパーツを分けて編むのは、全体のラインをきれいにしたりとか、服地のカッティングの発想なんだって思ったんですよ。

横山　日本のセーターの作り方は、前身頃、後ろ身頃、袖でさえも全部平面で編んで、後でとじはぎをして仕上げるっていうのが主流でしたものね。

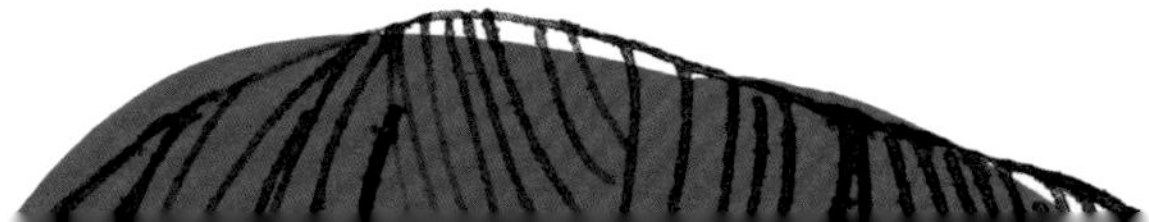

＊ロット
糸を染める時の釜の単位。同じ釜で染めた糸の集合が1ロットとなる。

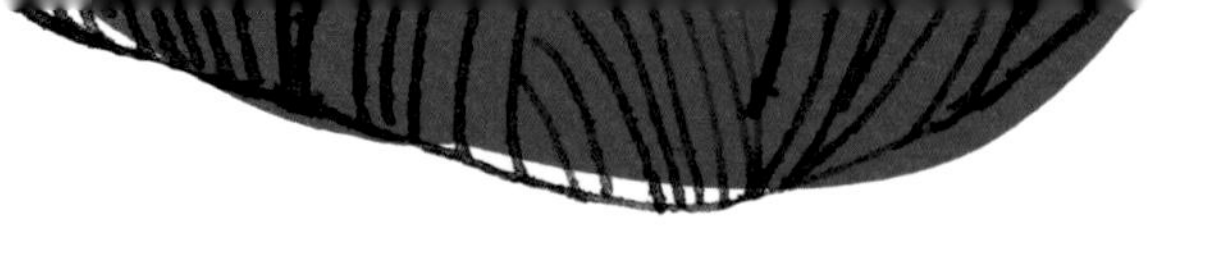

渡辺　そうそう。でも、フェアアイルセーターは、身頃を最初からどんどん輪で編むんですよ。その際、セーターのような被り物は袖ぐりと衿ぐり位置に、カーディガンなら前立て位置と袖ぐりに、エクストラ・ステッチというものを編む。

横山　エクストラ・ステッチって何ですか？

渡辺　後で切る場所になる編み目のことです。袖ぐりも、襟ぐりも、全部エクストラ・ステッチでくっつけて、最後まで輪のまま編んじゃうんです。そして身頃を編み終わったら肩をはぐ。はぐ所はここだけです。この時に、柄が前身頃と後ろ身頃とでガチッと一緒になることが醍醐味です〈P.45右下〉。

横山　なるほど、確かにそうですね。

渡辺　その後、まず袖ぐりのところのエクストラ・ステッチを切る。

横山　切っちゃう？

渡辺　そう、切っちゃう。怖いですよね。僕がこの黄色いセーターを編んだ時には、それはご法度だと思ってたんです。「後で切る？　そりゃないだろ」と。でも、切っていいんだって思ったら、すごく気が楽になった。発想が自由になると思ったんです。

横山　切ってもほどけない？

渡辺　このへんがずーっとおそらくは、伝統的にいろんな人が研究して編んだからだと思うんですけど、まずシェットランドという土地に住む羊の毛が、摩擦抵抗のとても強い糸でほどけにくい。それで編み地を切るっていうのに向いています。そして袖を編み始める前に切る時は、エクストラ・ステッチ6目分を残して切る。でも実際にはぐ時には、4目分に切り揃えて半分に折ってはぐ。つまり、ここで切り捨てる2目分は袖を編んでいる時、多少ほどけても問題ない。保険をかけているようなものです。

横山　なるほど。

渡辺　そこを切ってすぐにはげば、縁ははぎ代の中で全部納まっていくので、まあ、大丈夫。

横山　絡んでくれるというわけですね。それは1目ずつで十分なわけですね。

渡辺　それはやっぱり素材の力でしょうね。

横山　エクストラ・ステッチって名称になってますけど、日本ではよくスティークって言われてますよね。それは、何かあるんですか？

渡辺　これは聞きかじりなんですけど、スティークっていうのはケルト語らしいんですよね。でもそれはね、単純に、目、ステッチっていう意味なんですって。だから、おそらくはケルト語を話さないアメリカ人あたりが、これは何だと聞いて、別にそれは伝統でみんながやってたことで、特に名前なんてついてなかったので、「目だよ」って言って、スティークってなったと思うんですね。

横山　余分に作った目だよっていうことで、目だよ、目だよっていうのが、スティーク、スティークってなったんですね。

渡辺　だからエクストラ・ステッチっていうのは、後からその島の人たちが、自分たちで説明するために作った言葉だと思うんだけど、元々の意味から考えると、エクストラの目だって言い方のほうが、はるかに言ってる内容とやってる内容が合ってると思う。

横山　確かにそうですね。

学園での学びが色の考え方の根底に

横山　渡辺さんはフェアアイルに出会われてから、ずっとフェアアイルを編まれてるんですか？

渡辺　まあ、それだけではないんですけど、元々色を使うのが好きだったので、フェアアイルはすごく楽しいですよね。色を組んでいくのも、ただ色を並べるだけじゃない楽しみがあります。パターンがあるおかげで、「配色したパターン」同士を組み合わせることによって、毛糸の中に隠れているような色が引き出されてくるところがすごく面白い。例えばこのカーディガン〈P.45下〉に使っている茶色の糸。これがこの配色の中に入ると、全体では茶色というより緑のカーディガンに見えてくると思うんです。これだけたくさん使っているのに。でも、よく見ると茶色といってもその中に少しだけ、緑みを帯びている色なんです。そんな隠れた緑みが、こうやって組み合わせることによって引き出されてくる。そういうところがすごく面白い。

横山　色をどういう風に捉えるかっていうのは、やっぱり渡辺さんが一時期お仕事をされていたデザイナー的な観点から出てくるわけですか？

渡辺　色をプレゼンテーションするためのスキルというのはデザインの

色を混ぜるという経験が やがて大きな糧になる

仕事の時に学びましたね。でも色って感性の部分がすごく多くて、それを学んだのは自由学園で自然を対象にものを見て、そこから色の勉強をしていったっていう経験が大いにあります。あの学校は贅沢な学校で、幼稚園の子どもたちがちゃんとしたポスターカラーを使うんですよ。だから、最初からものすごくきれいな色を見せているんです。それから、小学校に上がって2年生から水彩絵の具を使うようになるんだけど、顔料の良い水彩絵の具を使わせるんですよね。しかも、24色は持ってはダメと。12色で始めるので、小学校から混色を経験させているんです。

横山　混色とは？

渡辺　色を混ぜるということ。色を混ぜるとどういう風に色が変化していくかというのを経験的に教え込んでいくというのが美術教育としてあって、その経験がすごく大きかったですね。それで、その錬金術みたいなのに憧れる子ども時代でした。

横山　錬金術？

渡辺　赤と青を混ぜるとこんなきれいな紫が生まれてくるんだっていうのを目の前で見てるのは、すごく心がドキドキするわけですよ。それが、赤の分量、青の分量で、どういう風にさじ加減が関わってくるのかっていうのがあるでしょ。そうすると今度は春にスミレが咲いた時に、スミレの色を見てこれはどれぐらいの分量で赤と青が混ざっているんだろうかとか。きっとこの花は赤の方が多いけど、こっちの花は青の方が多いだろうなっていうのを見ていて、そうすると色がどういう風に作られているかっていうのを勉強し、やがて中学、高校ぐらいの時に色立体で体系的に捉えようとする前に、色の理解が血肉になっている感じ。

横山　色立体って筒になってるやつですよね。明度、彩度、色相が軸になって配置されてるやつ。

渡辺　はい、全体は卵形の、球みたいな。

色を選び、配色をゲージで確認

横山　そういった渡辺さんの感じたことや知識をフェアアイルに反映させる時、どんな風に色を決めたり、選んだりしてるんですか？

渡辺　大きく分けて、まず気に入った色ですね。ジェイミソンズ（毛糸メーカー）の糸を見て、この色が使いたいっていうのが出てきた時に、それをきれいに見せるにはどういう配色にしたら引き立つだろうなって考えるのがひとつのやり方です。例えば、ものすごくきれいなブルーを見た時に、そのきれいさをどうしたら表現できるかを考える。グラデーションをかけるか、他の色を対比させるか。柔らかい印象、鋭い印象、オーソドックスな感じ。…そういうことを狙って、配色していくっていうのがまず色から入る方法としてありますよね。…以前、セーターを頼まれて編んだ時は、この方法で配色を考えました。藍染めが好きな人だったので、「青いセーターで、藍染めの白との感じで作って欲しい」というのがリクエスト。それで、色を選んで、スワッチ（編み地のサンプル／P.45左上・スワッチの左）を試作して、こういうのはどうかって1案目（①）を見せに行ったら、「こんなに白くない方がいい」と。

横山　難しいですね。

渡辺　それでその人から提案された配色でも編んでみました。これが2案目（②）。でも、それだとしましまのボーダーになっちゃうのね。だから、もう一度、自分で考えてみたのが3案目（③）なんです。

横山　落ち着きましたね。

渡辺　その後、そこまで紺色がいいんだったら、いっそのこと、全体としては白を外して無地のように見せ（A）、ヨーク（胸元の切り替え部分）のとこだけ3案目（B）と同じにするのも手じゃないのかなと思って、試し編みをしてみました。結局、この4案目（④）をやる気満々で提案したんです。「ここ（4案目の下部分）で全体を編んで落ち着かせておいて、ヨークだけ華やかにするっていうのはどうか」って。最終的にどう

右上／いろいろな羊の毛を紡いで編んだフェアアイルベスト。上下で地糸は同じにして、パターンのみ変えた。左上／大学生の時に作った茶碗。土の採取から行った作品は「山にいただいてきたという感じ」。下／「ジェイミソンズの糸の多くは複数の色の繊維が絡み合って1つの色ができている。だから配色によって隠れていた色が引き出される。周りの色によって同じ糸が違う顔を見せるんです」と渡辺さん。

作るということ以外に何の遊びもできないやつだったんです

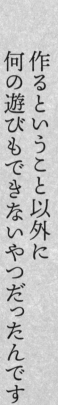

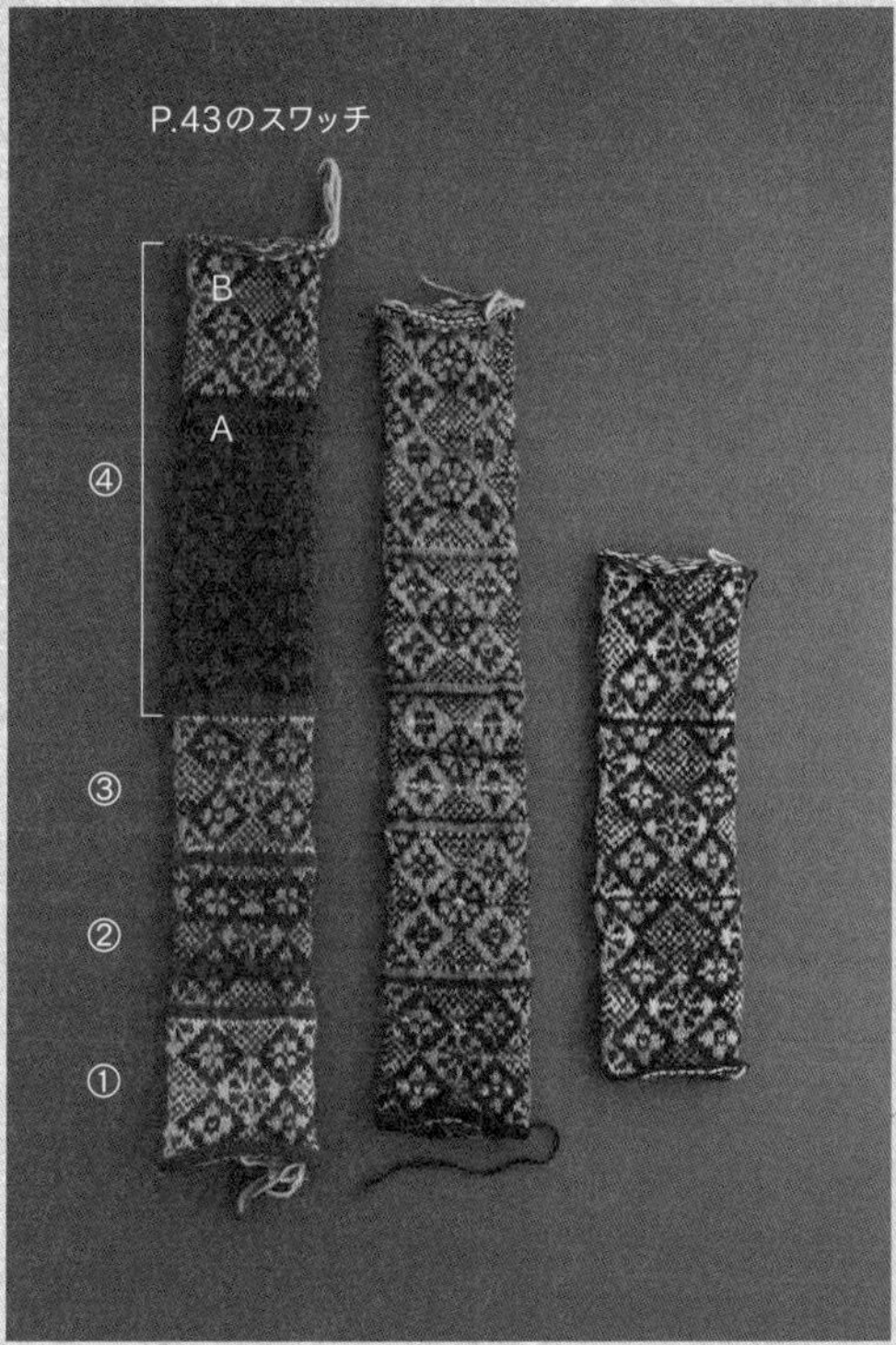

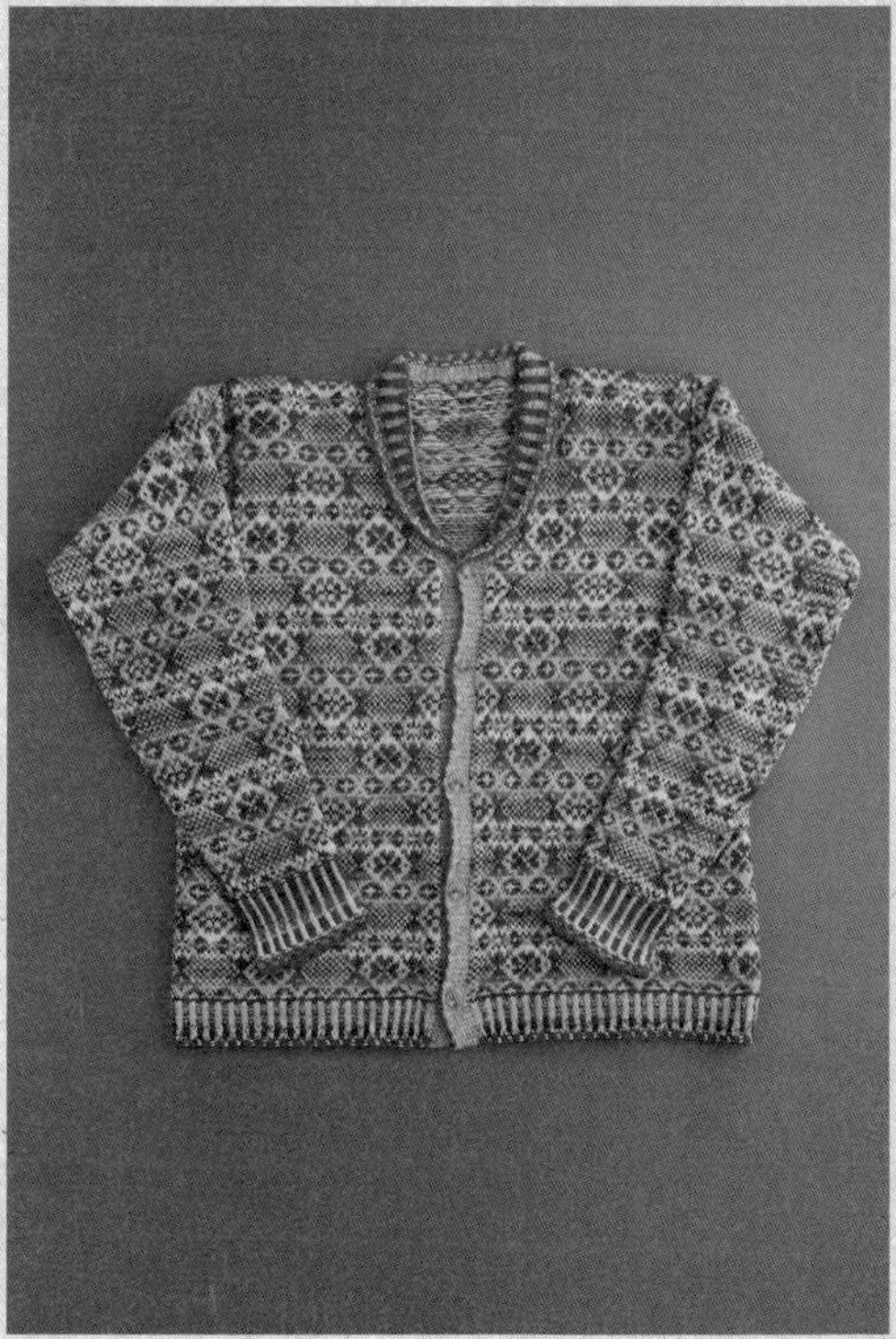

右上／セイタカアワダチソウで染めたカーディガン。12ロットに分けて染めたため、色のバランスを整える作業に手をかけた。左上／渡辺さん流フェアアイルの筒状スワッチ。万が一、最後に色が足りなくなった時の貯金でもあるという。1番左はP.43の対談の中で紹介された青いセーター用のスワッチ。左下／対談の話題に出たフェアアイルのカーディガン（P.42の4段目）。隠れた緑っぽさを持つ茶が配色の妙で緑に寄って見えてくる。

左のカーディガンはイスラエルでのスケッチ〈P.49右下〉を基に配色した。

フェアアイルは肩のはぎ位置がきれいにつながるのが特徴。

なったかっていうと、4案目ではなく、3案目でお願いしますと決まりました。

横山　なるほど。

渡辺　これが色から入っていった場合の流れですね。まあ、一発勝負で編んだ方が楽しい時もあるんですけどね。

横山　フェアアイルのセーターは基本的に輪編みで作られているということで、スワッチもきちんと筒になっているんですね〈P.45 左上〉。

渡辺　こうしておくと作品づくりの最後で糸が足りなくなった時、これを解いてちょっと足せるでしょ。だから、僕は筒でやっちゃう。

横山　ここで貯金してるわけですね。

渡辺　これはすごく自己流。

4案目ではなく、3案目で決定した。

横山　ただ実用に迫られてというか、「きちんと使えるように」という理由があってしているんですね。

スケッチの色を摘出してデザインに

横山　今までの話は、色から入って配色を決める方法でしたが、他にもあるんですか？

渡辺　もうひとつの方法は、自由学園の美術教育でやったのですが、スケッチをすることです。

横山　何のスケッチなんですか？

渡辺　いろんな。風景を描くとか、植物を描くとか動物を描くとか何でもいいんですけど、あと、水族館で魚を描くなんていうのも面白いね。色の勉強としては。

横山　それをどうするんですか？

渡辺　自分がスケッチの中でどういう色を見たかっていうのを摘出して、それがどういう色の構成になっているのかを考えるんです。カラーデザインの手法で考えるとこうなるっていうところから、配色するっていうやり方がありますね。

横山　具体的なスケッチはありますか？

渡辺　これは僕が2015年に行ったイスラエルの旅行の時のもの〈P.48〉なんですけど、アブラナ科の植物の花が現地に咲いていたんですね。これは草丈5センチくらいの、砂漠に奇跡的に咲いてた花だったんです。砂漠に花が咲くのは10年に一遍とか、早くても3年に一遍とからしいんです。ちょうどその時に行ったという、奇跡的なタイミングだったんですけど。その時の丘の光景が、ところどころ、紫になっていて。寄ってみたら、アブラナ科の植物が咲いていたということがわかってね。

横山　これは旅行されて、現地で、その場で描かれたスケッチ？

渡辺　現地で描く時に、やっぱり団体旅行で行ったので、そんなに丁寧に描けないじゃないですか。だから、そこでは印象だけでがーっと描いたわけです。それで、一つずつ、サンプルに持ち帰って、ホテルでちゃんと描こうと思って摘んだんですよ。それで、花を持ってバスに乗ろうとしたら現地のガイドさんにすごく残念がられて、摘んじゃったのかって言われたんですよ。それでどうしてだろうって思ったら、イスラエルでは、畑の花は人のものだけれど、野辺に咲いてる花はすべて神のものだと言われたんですよ。

横山　それは牧師をされている渡辺さんからすると、ズシッと来る言葉ですね。

渡辺　でもそういう世界観って、素晴らしいと思うんです。それで、この植物を無駄にしてはいけないとすごく思ったんです。いただいた命だから。ところが、午前中そこに行って午後ホテルに着くまでの間にクタンクタンになっちゃったの。それで、ああ…と思いながらホテルに帰って、水切りしてコップに挿したら、砂漠の花だから、ものの5分でピンシャンとしたの。それがまた感動で。

横山　それは結構すごい話ですね。

渡辺　10年に1回しか見られない砂漠の花のカーペットの光景が見られたってだけでもすごい感動だったのに、それがこれだけの命を持ってるものだっていうのを見て、心が湧きたったわけですよね。それで、4種類の植物をスケッチして。神様にいただいた命なので、これはちゃんと生かし切らないといけないと思って、このスケッチから、フェアアイルに展開するということをやったわけです。

横山　では、順番に見せていただい

そういう世界観って素晴らしいと思うんです

て。

渡辺　これ〈P.49色分析1〉は紫色の花と、周りの環境の色ですね。

横山　砂漠環境の？

渡辺　砂漠の色と花の色と合わせて、色の分析をしたのがこれなんです。描いた絵の中に、代表的な色がどれだけあるかっていうのを摘出したのがこれ（①）。

横山　花の形がなくなりましたね。

渡辺　色を摘出したのがこれで、それを今度、明るい・暗いだけで並べてみると、どういう風に分布しているかっていうのを分析したのがこれ（②）。

横山　ちょっと待ってください、「摘出」というのは？　わかりやすくいうと？

渡辺　植物の部分ならば、花びらの赤紫系の色と茎の緑系の色とがあって、花芯にはちょっとだけ黄色が入ってる。そういう風に選び出したのが花の色になります。周りの環境の色というのが、空の色があって、砂漠の色があって、そこに少し生えてる緑の色があって…というのを選び出している。それを今度は明るさということで並べてみると、一番明るい色から暗いところまで幅が生まれてきます。

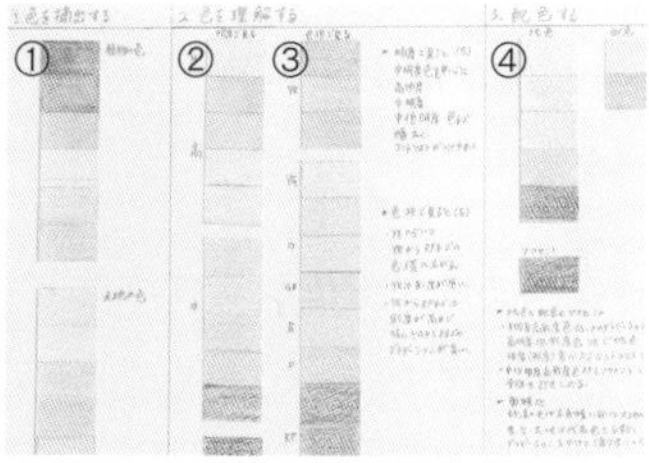

色分析1〈P.49〉

横山　なるほど。

渡辺　同じものを色相（色み）順に並べ変えたのがこれ（③）です。明るさではなくて、オレンジ系から黄色にいって、黄緑、緑、青、青紫、赤紫と順に並べています。

横山　グラデーションがきれいですね。

渡辺　これをフェアアイルの作品にする時には、フェアアイルってモノポジの世界なので、ベースがあって、パターンの色があるわけです。

横山　えーと、モノポジっていうのは、もともとの背景の色と主人公の色というわけですよね。

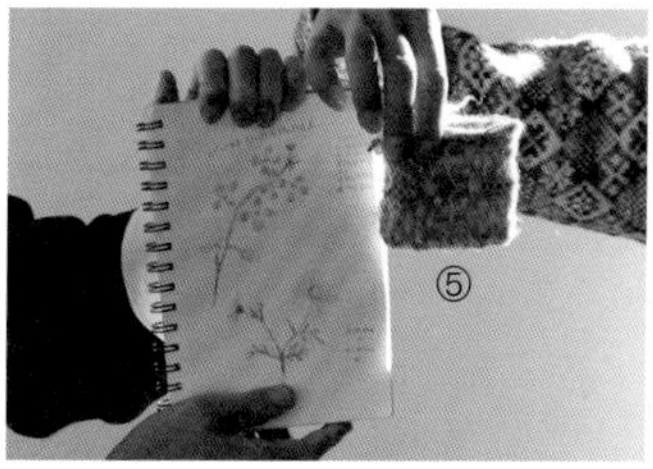

色分析1〈P.49〉を基に作ったサンプル。

渡辺　それを、どういう風にすればきれいな組み合わせとして見れるかどうかっていうのを考えた時に、地の色にこのくらいのバリエーションを持たせ、パターンをこういう色にし、そして、アクセントとしてこういう色をもってくると、これはきれいなんじゃないかって考えるんです（④）。

横山　バックの…背景の色と、主人公の色で分けるとそういう感じになるというわけですね。

渡辺　それをふまえて色を選び、サンプルとして作ったのがこれ（⑤）です。

横山　なるほど。砂漠で花を見て、スケッチをして。

渡辺　最終的にこうなったというわけです。

横山　ああ、でも確かにスケッチの雰囲気がきちんと出ていますね。周りの砂漠や空といった風景自体も色に入れてあるからこそなんでしょうね。

渡辺　イスラエルで描いた4種類の花のうち、4つ目はこの後のページでお披露目します。

横山　ありがとうございます！

絵画から摘出した色で編む

渡辺　でも、こういうのをやってみたらどうかと人に言うと、みんな、まず絵を描くことができないって言うんです。じゃあ、色の気に入った写真とか、絵とか、そういうものか

ワジ・ケルトの花　渡辺晋哉

イスラエルの「ユダの荒野―ワジ・ケルト」。穏やかな起伏の大地は大小の岩石で覆われ、そこに命の気配はない。

ところが数年、あるいは十数年に一度、芽吹きの刻を迎える。草丈わずか5㎝の花の絨毯が広がるのだ。

私が出会ったこの時、全盛期だったのは薄紫のアブラナ科の花だった。

黄色と白のマム、オレンジのカレンジュラが次に控えている。

コウノトリのくちばし形の莢を持つフウロ草は、日本でいえばゲンノショウコの仲間か。


どれも全身を細かい毛で覆い、わずかな朝露を集めて自らを潤す。

生き急ぐように花をつけ、実を結んで枯れていく。わずか数週間の命だという。

しかし神が命に刻みつけたこの営みが、太古の昔から絶え間なく続けられてきた。

これからも繰り返されていくだろう。まさに永遠の予型である。


―草は枯れ、花はしぼむ。だが私たちの神の言葉は永遠に立つ。イザヤ書40章8節―


夢中になってスケッチしたが時間がない。部屋に帰って細部を仕上げようと、一輪ずつ摘んだ。

それを見つけたガイドさんの顔が曇った。「イスラエルで畑の花は人のもの。

しかし野生の花は神のもの。人が手をつけてはならない。」

大切に持ち帰ろうとしたが、夕方、宿に着く頃にはぐったりと萎れてしまった。
あきらめられずにコップに挿すと、砂漠の花はみるみるうちに甦り、
「私を描け」と言ってくれた。

色分析1

①色の摘出　②③並び替え　④配色（主人公と背景に分ける）

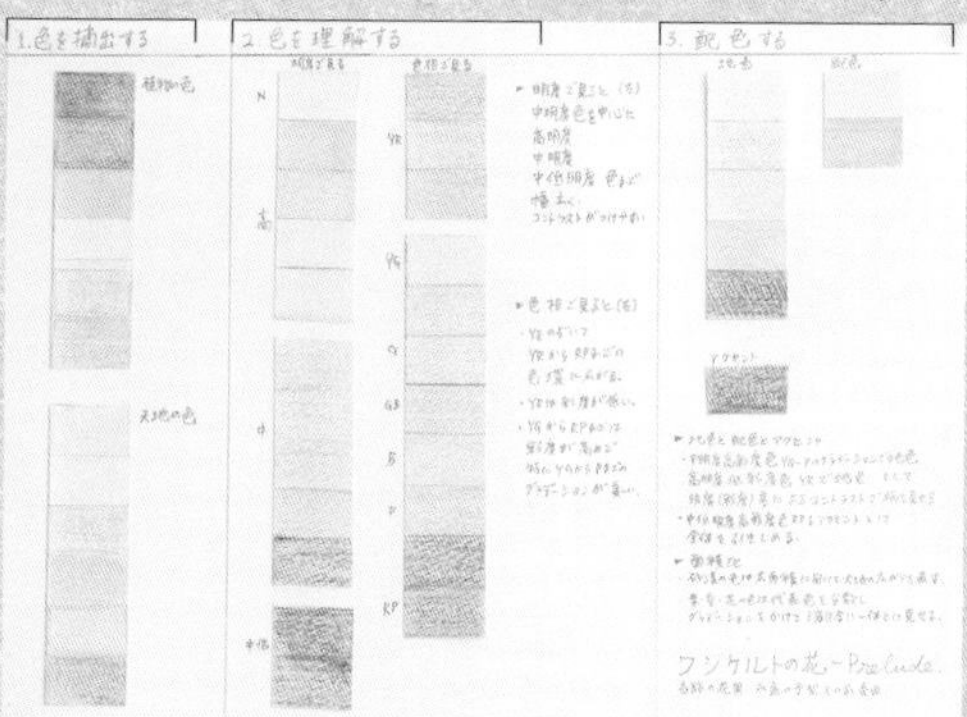

↓スワッチができた　↑

スワッチ　スケッチ

色分析2

①　②　③　④

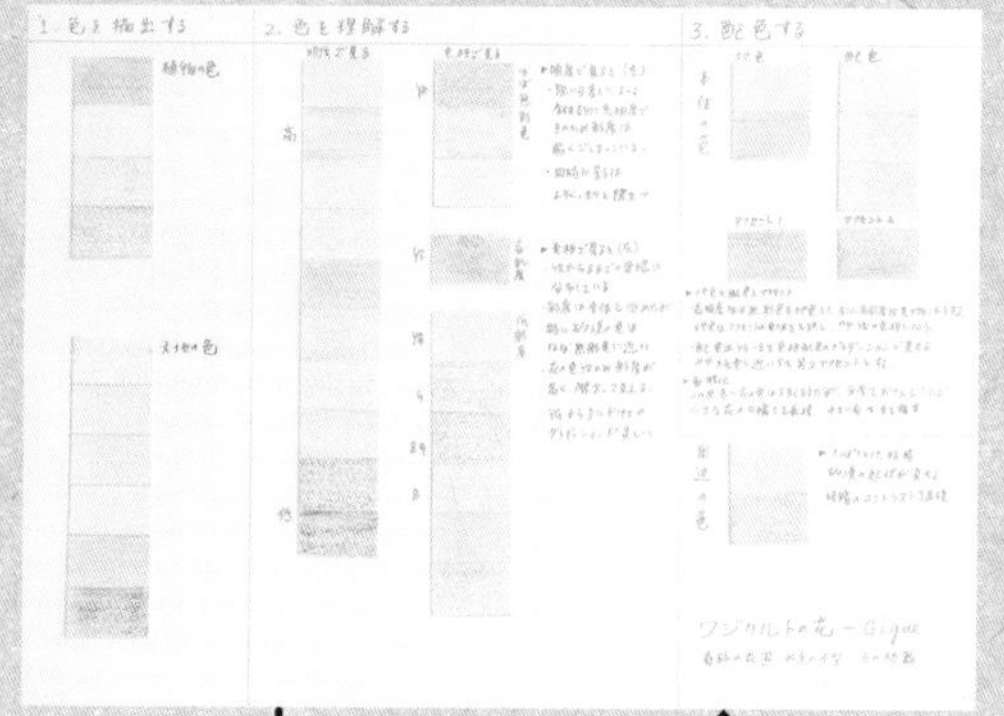

↓スワッチができた　↑

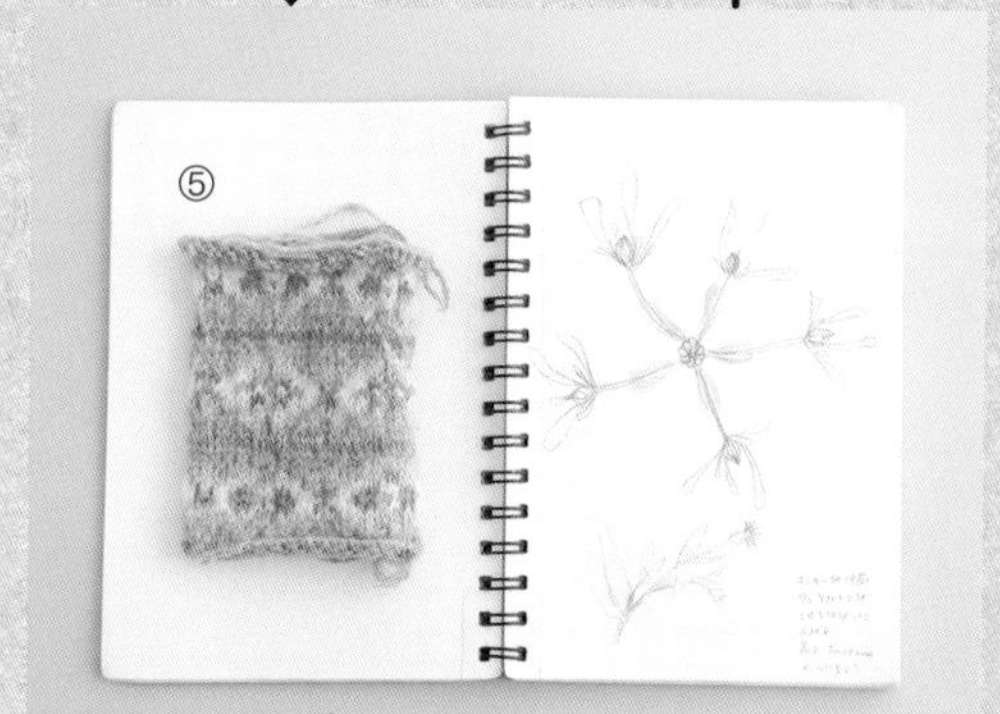

スワッチ　スケッチ

美しいイスラエルの野の花をフェアアイルに

写真は4種類の花のスケッチのうちの3つ。色分析1はワジ・ケルトの荒野を薄紫のカーペットに変えた花の色彩を抜き出したもの。色分析2はキンセンカのような花の色彩を抜き出したもの。そのスワッチも添えています。3つ目の白い花（色分析1のスケッチの下に描かれた花）はスワッチを参考に。4つ目の花を基にした作品はP.58で紹介しています。

渡辺さんの絵画作品

左／七宝焼きで描いた砂漠の風景。渡辺さんが小学生の時に制作。
右／イスラエルの旅の途中で描いたスケッチ「オリーブ山の坂道」。

ら作っていくのはできないかと考えてみたんです。

横山　描かなくても、好きな色は見ればわかりますものね。

渡辺　ためしに3人の画家の絵から色を摘出して、作品にしてみました〈P.57右上〉。クロード・モネ*の「睡蓮」、オディロン・ルドン*の「グラン・ブーケ」、エミール・ノルデ*の「北フリースランドの夕景」です。

横山　1人目のモネの「睡蓮」は有名ですね。

渡辺　2人目のルドンという画家は、三菱一号館美術館で見た『グラン・ブーケ』という絵を元に、配色を考えました。

横山　ルドンってけっこう怖い絵を描く人ですよね。

渡辺　そうです。銅版画の人で、黒い絵を描いている時は、目玉がクモになってるような絵とか描く人なんです。でも、色はすごくきれい。だからね、ルドンっていう人は、黒い世界の中にもちゃんと色彩を見てた人なんだと思うんですよ。そう思ってよく見てみると、その黒でさえ、とても多彩な黒なんです。

横山　3人目の画家は？

渡辺　エミール・ノルデ。戦争中に油絵具が無くて、水彩で和紙に描いたっていう絵なんですけど。この人ね、赤がきれいな人なんですよね。青もきれいなんだけど。それで、その絵から色を摘出してみました。

横山　どの絵からも色を摘出し、それを並べ替えてパターンにし、渡辺さんご自身の配色を作っていくと。

渡辺　並び方で印象が全然違って見える。だから、編んでみないと最終的には分からなくて、編み始めると最初に選んだ色じゃない方がいいっていうことがある。これは本当に編んでみないと分からないし、ニットの面白いところ。色数の多いジェイミソンズという糸の素晴らしいところでもありますね。

横山　なるほど。素材の力っていうのもあるってことですね。

大切なのはよく見ること

横山　僕はあまり色が得意じゃないので、この作業を聞いてすごく感心してしまうんですけど、渡辺さんとしてはどんな風にこの方法を身に着けたんですか？

渡辺　たぶん、好きで貫いただけなんだと思う。好きなことしかやってないと思うなあ。

横山　じゃあ特に色に関して勉強っていうのは無かったんですね。

渡辺　無かったね。でもデザインの仕事をしてた時に、色のことを公的に話す場面、つまりプレゼンする時に関しては、共通の言葉で話さなきゃいけない。感覚だけではいけないということで、色の資格試験の勉強だけはした。それはすごく面白かったから、勉強しなきゃっていう気負いは、あんまりなかったけど。

横山　僕はこの言い方はあまり好きではないんですけど、渡辺さんはいわゆるスキルみたいなものを身につけているわけじゃないですか。好きでやってただけとおっしゃってましたが、これからチャレンジする人は、まず何をしたらいいと思いますか？

渡辺　自由学園に、「ヨクミル・ヨクキク・ヨクスル」っていう小学生向けの標語があるんですよ。勉強するのに大事なのはこの3つ。まず、ものをよく見なさい。よく話を聞きなさい。それから、耳から入ってくる情報として、人の話以外にもね、鳥の声とか風の音であるとか、そういう五感に触れてくることをすごく大事にしなさいと。それに対して本当に一生懸命取り組んでしなさいっていう標語なんです。だから勉強の一番根っこにあるのは、「ヨクミル」ことだと思いますね。

横山　なるほど。

渡辺　さっき、スケッチの話をしましたけど、スケッチっていう勉強は、どういう絵を描くかっていうこと以上に、その対象をどれだけ見るかなんです。発見するかなんです。それを何度も行うというのは「ものづくり」のベースになるのですごく大事なことだと思います。そして、見るべきものは、やっぱりこの自然というか、この天地万物すべてなんですよね。

横山　自然じゃないですけど、こういうのも当てはまるんでしょうか？　この前、レストランで食べた野菜スープがなんともおいしかったんです。なぜかと考えたら、そのスープは野菜を柔らかく煮込んだだけじゃなくて、そこに油で炒めたざく切りのチンゲンサイと、フレッシュな薬味が入ってた。チンゲンサイの歯ごたえと香りが主人公になっていて、そこに薬味の香りがふわんっとね。生のものと焼いたものと煮たものが混ざって1つの料理になっていたんですね。素材はどれも見知ったもの

＊オディロン・ルドン（1840-1926）
フランスの象徴主義、後期印象派の画家。幻想的な世界観が特徴。版画家、素描家、パステル画家でもある。

＊クロード・モネ（1840-1926）
フランスの印象派の画家。光の画家と呼ばれ、代表作「印象・日の出」は印象派の由来になった。「睡蓮」の連作も名高い。

だけど、調理の仕方、組み合わせ方しだいで、こんな感銘を与えてくれるものになるんだと。それに気づいたことが、僕にはすごく勉強になったんです。さっきのモノポジの話に通じるというか、どんなものにも背景と主人公みたいな関係があることが大事なんだなと。それを自分のやっている分野に応用してみようと思った。これも「ヨクミル」ということのひとつなんですか？

渡辺　そうだと思いますね。勉強して、ひとつの世界を掘り下げてよく見ていくと、そこで発見したものが、今度は他のことにも応用が利くようになるというのはありますよね。例えば、さっき祖母がお花の先生だったという話をしましたけど、生け花では「真《しん》」「副《そえ》」「体《たい》」という3つの枝で構成される基本の形を学ぶんです。軸となる「真」、それに呼応する「副」、両者を結ぶ「体」。「真」は器の1・5倍で切ってとか、寸法等の決まり以上に、大切なのは空間構成。バランスのよい空間を作るための対比と呼吸みたいなところは、すごく花から学んだことが多い。だから、デザインの仕事をしている時も、これは同じだなっていう感じがすごくあった。こんな風に生け花というものに慣れ親しんでいると、それが空間を構成する訓練にもなるし、色の配分の訓練にもなる。全部、共通して芋づる式にいくわけです。

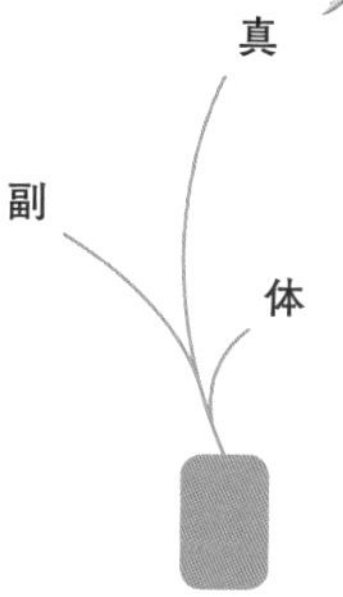

華道・池坊での骨組みとなる枝の名称。

横山　何かを見る時の「ヨクミル見方」みたいなものが自分なりにできあがっていくんですね。その力をどうしたら鍛えていけるんだろう。

渡辺　一見、違う世界に思えることも、後から繋がっていくこともあるからね。高校生くらいの頃、黄金比とフィボナッチ数列*というのを習ったんだけど、これが生け花の対比にも当てはまった。

横山　なるほど。

渡辺　そこに気づくと、「これが黄金比の意味だったのか」と思うわけ。そういう発見は「ものづくり」だけじゃなくて、あらゆるところを支配している面白さだと思うんですよ。

横山　黄金比って、数学を仕事にしている人の中にはそこまで昔から言われているような意味はないと考えるみたいですけど、デザイナーの世界では十分使われていたりもする。だから、それはそれとして自分の中で咀嚼していくと、面白いんじゃないかなって僕は思う。先ほどのフィボナッチ数列のことも、華道であるとか、黄金比、数学の話であるとか、いろんな角度から自分の中で一致していくものができあがっていくのは、ドキドキ感がありますよね。

渡辺　そのドキドキ感、ワクワク感を持てるのが、好きな勉強ジャンルになるんでしょうね。

日常で培われた世界観に気づく

横山　結局、「ものづくり」ってすごい非日常的な雰囲気も帯びるものでもあるけれど、実際には自分の身の回りにあるものを見直すということか。自分の生活にあるものを自分の世界観として表現していくのが作品づくりだなって、渡辺さんと話してると思うんですよね。

渡辺　「ヨクミル・ヨクキク・ヨクスル」なので。発見したものを自分の中で再構成して、ヨクスル、発表する、作品にする、というのが作っていくことの過程になる。

横山　おそらく、その形って多分、無数にあるんだと思うんですよね。

渡辺　だから、それはちゃんと多様性に繋がっていくはずなんですよね。それをあんまりHow toで教えてしまうと、面白いものはできてこない。結局多様性がなくなるし、その人のものではなくなってしまう。僕は手作りしている人が何でもかんでも世界にひとつだけの作品っていうのは、「なんで？」って思う。

横山　わかりますけどね、僕も。

渡辺　この本では作品を1点ご提案しようと思っているんだけど、確かにそれを編んでいくと、手によって一人ひとり違うものになると思う。でも、やっぱりデザインの根本のところはみんな同じになっちゃうわけですよね。だから、僕が提案したものを1度、足がかりにして作っていただいたら、是非そこから先はご自身のものを作っていってほしいと思いますね。

横山　僕はよく「オリジナルが作れ

＊フィボナッチ数列
1,1,2,3,5,8,13,21…のように、「前の2つの数を足した値が次の数になる」という数列。隣り合う2つの数の比は黄金比に向かっていく。

＊エミール・ノルデ（1867-1956）
ドイツ表現主義を代表する画家。油絵の他、数多くの水彩画を残す。20世紀を代表する水彩画家とも呼ばれている。

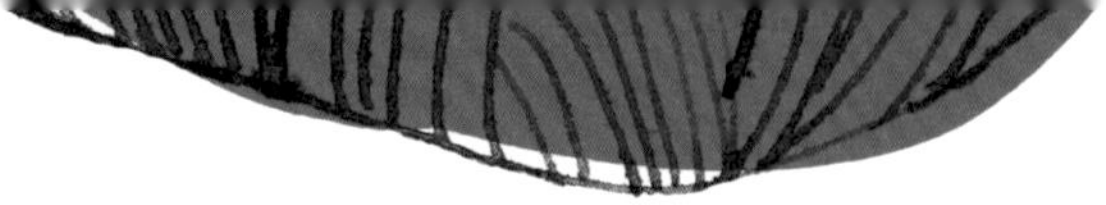

ないんです」みたいな相談を受けるんですけど、みんなオリジナルということをすごく特別に思ってるんじゃないかなと。そうではなくって身の周りにあるもの、自分の生活の中で培ってきたものがオリジナルの源泉だと思う。それを自分で気づいていく1つの方法が「ヨクミル」なんでしょうね。そしてもっと具体的なやり方として、渡辺さんの場合は絵を描くというやり方がある。もっと言ってしまうと、よく守破離《しゅはり》の話が出てくるじゃないですか。僕らが話してると。それで、守《しゅ》は大事だよって、渡辺さんはおっしゃる。守《しゅ》って、How toを学ぶっていうのももちろんあるかもしれないけど、結局その「ヨクミル」をした時の捉え方のやり方なんですよね。

渡辺　ああ、うん。そうなんだろうね。一番最初のきっかけを作るところは守《しゅ》というか、How toのところ。見る目を育てる第一歩を踏み出すのが、やっぱり型の部分なのかもしれないですね。でもその型は、型によってものを見ていくっていう足がかりであって、ちゃんと見ていくことによってその型を壊していけるようになる。それで、そこから離れてオリジナルになっていく、ということだと思うんですよね。だからその、型は「もの」を見るための第一歩のところだっていうことを意識しないで型をなぞることだけやってしまうと、それは型を活かすっていうことにはなっていかないだろうと思いますね。

横山　ああ、おっしゃる通りだと思うんですよ。

渡辺　でもなぜ型が必要かっていうと、型が無いとさっき言ったように、ものを見ていく時にどういう着眼点で見たらいいだろうか、どういうことに注意して聞いたらいいだろうかっていうのが分かりづらい。それから、結局自分の自己表現というか、自己満足、自己実現だけになってしまうと、それは美しくないんだよ。

横山　世界観が、閉じこもったものになりがちな気がしますね。

渡辺　殻を打ち破るっていうけど、一番打ち壊しにくいのはやっぱり自分の中にある殻だよね。小さい殻でさ。それを打ち破って、新しい方向に行くには、やっぱり最初に与えられた型通りやってみる。そこで学ぶっていうことをやらないとダメですね。

一番壊しにくいのは自分の中にある殻

制限があるからこそ工夫が生まれる

横山　最初の方で話に出てきたセイタカアワダチソウで染めた糸でカーディガンを編んだ話も、12ロットの染め色の違いという制限から出てきた編み方だったわけですよね。

渡辺　面白いのは、本当にデザインってある意味、何か既成の条件が固められちゃってる。まったくフリーよりも、何かこれをやらなきゃならないっていう規制条件があった方が面白いものができたりするんだよね。

横山　それ、わかるような気がします。フェアアイルの模様がなんでできたかという話もそうですよね。

渡辺　不正確なことを言うかもしれないんだけど。これ〈P.44右上〉、自分でもサンプルでやってみたやつなんですけど。その家に白い羊がいて、グレーと茶色と濃い茶色と黒い羊がいて…っていうのの、羊の毛をちょっとずつスピンドルで紡ぐと、いろんな色の羊の毛の糸ができますよね。それをきれいに見せるために、じゃあ、ちょっとずつある色を全部組み合わせてパターンにして編んでみたらどうだろうっていうことを、やったんじゃないかなって思うんですよね。

横山　つまり、先ほどの、このご自分で染められたのと同じように?

渡辺　セイタカアワダチソウで染めたカーディガンは、段ごとによって、色の組み合わせを変えていくっていうことで全体像を作った。フェアア

サンプルで作ったベスト。

イルはそれをパターンでやった。

横山　なるほど。模様を作ることによって、色の差を逆に活かしたってことですね。

渡辺　1つの作品として成り立つようにしたってことですね。

横山　本当は1色で編めるような状態だったらいいけれど、そうではなかったから、色違いの縞状のものができてしまうより、模様を編み込んでしまおうと。一説ではそんな風にして、この模様が出てきたんじゃないかと。

渡辺　あとは、裏糸がまわるのでそれだけ保温性が高くなるんですよね。実用性もあったんでしょうね。

横山　制限のある状況を打破するために何らかの新しいフォルムができあがっていくっていうのは、歴史をみてもたくさんあると思いますね。

渡辺　今日着てるカーディガンは、母と祖母が編み残したものを全部ほどいたんですよ。そしたら、紺色系の糸が4色あったのね。どれも1着分にはならないんだけど、4色合わせれば1着分くらいにはなりそうだと思ったわけ。大体太さは一緒だったから、重さで計って、2：2：3：1くらいの比があったわけです。それで、その比でできる柄で編もうっていう制約で編んでる。

横山　なるほど。

渡辺　1パターンの中に16段あるんだけど、16段の何パーセントくらいまではこの色を使うという、先にその段数の制限を作っておいて、それに入るように色を組んでみた。

横山　何かの制限がある時に、それで作品作りを諦める理由にしてしまうんではなくて、逆にその制限を利用して良いものができないかって、作った時に自分の世界観がさらに広がることがある。

渡辺　材料に制限があって、それを組み合わせて全体に散らして1つの作品にまとめ上げるなんていうのは、例えばアメリカやイギリスにあるパッチワークキルトもそうですよね。

横山　たしかに。

渡辺　例えば、これはジェイコブっていう羊の毛を使ったセーター〈P.57左上〉なんですよね。この羊は、黒と茶色と白のまだら毛なの。だからスカード（刈りとって洗っただけの状態）だといろんな色なんですよ。それをカードで解いて紡げる状態にして編むと、微妙なグラデーションが出てくるわけです。このセーターは普通に下から編んだだけなので、色合いはまったく偶然性。出たとこ勝負。でも、これはこれとしてすごく面白い深みがある。だけど、これは自然のなせる技だから、絶対にきれいになるはずなんです。そこには必ず、数学的な美しい比率が生物として必ずあるから。

横山　おっしゃってること、よくわかります。

渡辺　1つだけ、僕が作為的にやったのがここです。ずーっと左右は対称にきたのに、衿ぐりの左右だけ2つに分かれて編むことになるので、ここのところだけは左右対称を、そのまま引き継いだ方がきれいだろうということで。ここだけ自分でカードをかけたんじゃなくて、機械でカードをかけた均一な原毛を紡いだ糸で編んでいます。

ジェイコブ羊のセーター。

横山　そういうポイントは「ものづくり」の経験値が生かされるところだと思います。

渡辺　正直なところを言うと、実験しました。最初にまだらの方で左右違うやつでやってみて、どういう風に出るかっていうのを見たんだけれど、たまたまその時に片方が白っぽかったんです。明らかに左右が違って見えるので、まっすぐ立ってるように見えないかもしれない、っていう感じがしたのね。それは僕が着て歩いた時が完成形なわけだから、「この人、右肩が上がって見える」みたいなのはどうかなって。それは完成度としては低いなと思ったわけなんですよ。なので、ここはあえて規格化して、カードのかかったものでやった。でも、これは迷うところ。

横山　今日のお話だと制限って言葉になってるんですけど、編み物だったら編み物、そして持ってる素材も含めて、自分がいる場所というか…。

渡辺　立ち位置？

横山　そうです。その枠組みを自分でどうやって把握するのかっていうの、結構大事で。編み物の枠組み、

制限っていうのは、何かな?って考えた時に、四角四面に作れない。

渡辺　螺旋だったりね。

横山　フェアアイルの「筒」が本来の編み物の姿じゃないか、って渡辺さんが思われたのを僕が違う形で、キノコに感じたんですよ。どうしても歪んでしまう。もともと鎖編みしても糸が捻じれるから、何かその形として表現できないかなと思った時に、キノコが出てきた。

渡辺　自然界は螺旋なんですよね。だからキノコもおそらく螺旋なはずで。一連に繋がっている造形なわけでしょう。糸というより螺旋で、螺旋という制約のある編み物で、キノコはいいんだろうね。

横山　たぶんね。僕はそうだったたっていうことで。

殻を破るから 新しいものに出会える

横山　作品ができあがる時、必然もあるし、偶然もある。さらには偶然というか運命もあるじゃないですか。巡り合わせも。だからそういうのって面白いなって思うんです。だって、それまで考えていたことがひっくり返ることになるかもしれないじゃないですか。その時にね、「ものづくり」の渡辺さん的なコツみたいなものってあったりしますか?

渡辺　あまりに自然にやっていることなので、よく分かっていないんだよなあ。

横山　みんなそうだと思うんですよ。「制限が何かを生むんじゃないか」っていうトピック自体も、けっこう核心に迫れたと思っていて。

渡辺　それはそうですね。僕にとって自分じゃどうしようもできないような制限とか、自分とまったく違う物を突きつけられるというのは、絶対的な他者と出会うっていうことなんです。

横山　「絶対的な他者」っていうのは、日常的な言葉に替えてみるとどういうものですか?

渡辺　さっきの話の流れでいうと、ある意味「制約」っていうのも、自分じゃどうしようもできない部分なわけですよね。突きつけられている時点で「絶対的」で、自分のものではない。絶対的他者っていうものと出会った時に、そこで何を学んで何を表現していくかっていうことで脱皮はできていくっていう感じはしますね。

横山　自分ではどうしようもない出来事と出会うことが、逆にヒントなんだってことですね。

渡辺　人生の転機みたいなことが、逆境の時のほうが起こり得るっていうのは、結局、自分じゃ認めることのできない現実が突きつけられてる時なわけじゃないですか。その時に出会うものが絶対的他者なんだよね。それからまた、自己の限界がある。自分の限界っていうのは自分じゃどうしようもできないけど、それもまた、自分の中にありながら実は他者なんだよね。

横山　うんうん、分かります。

渡辺　そこに出会った時に、殻を打ち破って次に進めるっていうこと。

横山　オリジナルのものができるかどうか、ということに繋がるわけですね。普通はもうできないと諦めてしまうけれど、そこにぶつかるからこそ、次の展開があると。

渡辺　そうですね。そうして次に進んでも、変革が起ききれていないと、できあがったものが受け入れられないこともある。でも、たとえ自分の思い描いていたものと違ったとしても、それを良しとし、許容してみることから、次にいくチャンスが出てくると思うんです。ここも絶対的他者なんだよね。

横山　なるほど。そういう時に自分の作ったものが、自分で満足できない。だけどそれも受け入れてみる。

渡辺　そこから学んでみるっていうことをすると、次に進めるようになるんじゃないかな。僕はそれを陶芸で学びましたね。最終的には窯まかせなわけですよ。釉薬の垂れ方なんていうのは、自分である程度はこう垂れると良いなっていうのはあるけど、その通りにはならなかったりするわけでしょう。窯から出てきた時に、自分の思っていたことと違うものが出てくるんだよ。その時に自分が思い描いていたもののほうを否定してみて、こっちを受け入れてみる。それをすると、次の作品づくりに繋がっていくんですよね。

横山　僕はよくわかるような気がするな。全部自分の思い通りにして、いい作品っていうことはないって。

渡辺　今、金継ぎがブームでしょ。割れてしまったっていう衝撃的な、受け入れがたい絶対的他者。でもそれを寄せ集めてみて、金で継いでみた時に、全然違う景色が見えてくるっていう世界観じゃないかな。それ

を本当に愛でていくっていうこと。

横山　そうなった時に、「非日常」であったりとか、「なんでもいいんだ」とか、ファンタジックに見えている「ものづくり」の世界が、自分の生活であるとか人生であるとか、もしくは、ある種の挫折っぽいこととか、自分のしでかしてしまったこととか、そういう現実的なものにすべて影響されていくっていうのは興味深いですよね…。

渡辺　突きつけられて、受け入れがたいものと格闘している時は本当にただの格闘なんだけどさ。

横山　つらいですよね。でもそこから何かが生まれる。

渡辺　人生論みたいになっちゃった。

横山　いえいえ。渡辺さんの牧師の部分を出していただいてありがとうございます。

渡辺　さっきの金継ぎの話だけど。芸術みたいなものは、生活の外側にいっちゃってるんだけど、食器を落として割る、なんていうのは極めて現実の、実際の生活なわけでしょ。だからそこから、本当は文化も芸術も生まれてくるんですよね。人間がまともに生活する、生きていくっていうことは、いかに大事なことかっていうのは、その辺りですよね。

横山　身の周りから出てくるものと。なるほど。

対談場所／SHAELA

シェットランド島直輸入「ジェイミソンズ」の毛糸を扱う「シェーラ」。店主はニット作家の佐藤ちひろさん。全216色すべてを店頭で手にすることできる貴重なお店です。

【問い合わせ先】＞P.160

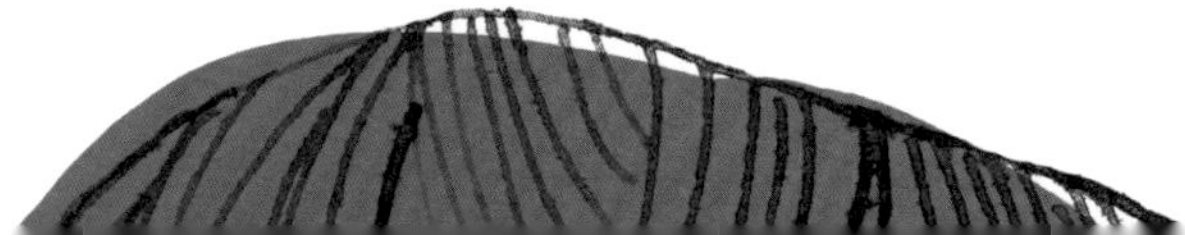

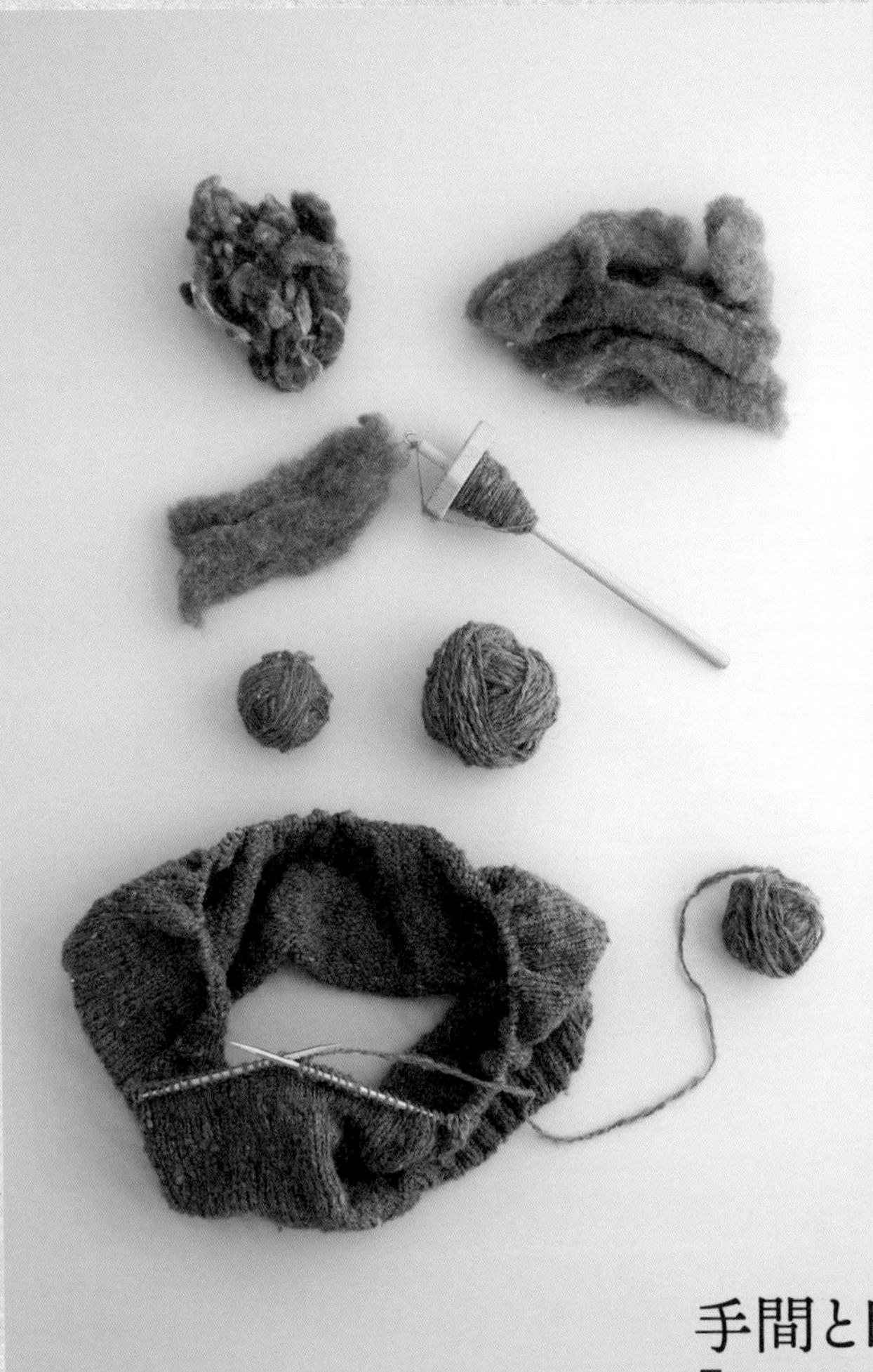

原毛を洗っただけのスカードからカーディングの工程を経て、スピンドルで糸を紡ぐ。単糸と双糸。1つの糸玉を作るには少なくともこれだけの手間ひまがかかるのだ。これを面倒と思うか、贅沢と捉えるかは人それぞれだろう。だけど、自分でこの体験をすると1枚のセーターが本当にかけがえのないものになる。

手間と時間で紡ぐ「ものづくり」の醍醐味

筒状の編み地をとじただけのニット帽は、フェアアイルに初めて挑戦したい人におすすめ。針の太さを上に向かって細く替えて編むことで台形のフォルムに仕上げる。

ジェイコブ羊の糸で編んだセーター。この羊は聖書の創世記にも登場するとされる古い品種。脇下にマチを作り、動きやすい形に。

著名な画家の色彩をお手本にしたテトラポーチとスワッチ。左からエミール・ノルデ、クロード・モネ、オディロン・ルドン。

イスラエル北部にあるガリラヤ湖のスケッチを基にした銅版画と作品。深淵なる青。
ここはイエス・キリストが伝道を始めた地でもある。

How to make

フェアアイルのTABANEマフラー

ワジ・ケルトの花ーGavotte

束ねてくるりと巻くから「TABANE」。渡辺さんがイスラエルの旅で見た野花の色彩がフェアアイルのマフラーとして蘇りました。

材料

Jamieson's Spindrift
144(Turf)30g、183(Sand)20g、768(Eggshell)15g、1140(Granny Smith)14g、764(Cloud)13g、153(Wild Violet) 10g、998(Autumn)8g
直径18㎜のボタン1個、力ボタン1個、木綿糸適量

※糸の分量は編んだ時の実測値。
ジェイミソンズの糸は1玉25g。

束ねるマフラーとは!

できあがりサイズ

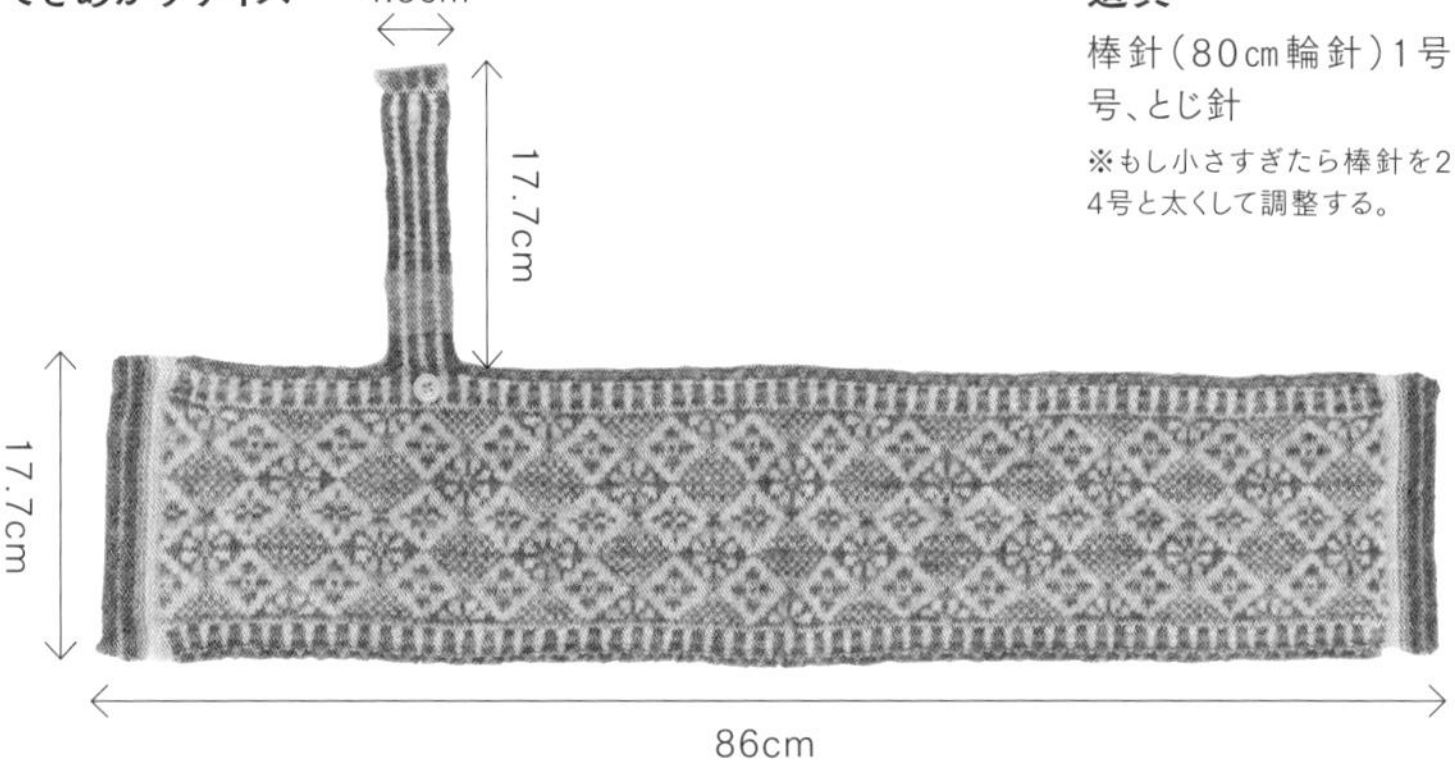

道具

棒針(80㎝輪針)1号、3号、とじ針

※もし小さすぎたら棒針を2号、4号と太くして調整する。

使用した糸

Jamieson's Spindrift
(1玉/25g玉巻)
色見本(数字は色番号)

水通しのこと

編み上がった編み地は水通しをして編み目や形を整えます。

before

after

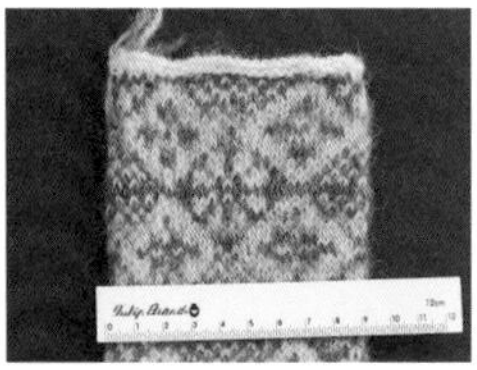

水通しの前はポコポコしていた編み地の目が整いました。

※毛糸が縮む一方で不揃いだった編み目のテンションが均一に伸びるため、小さな編み地や使用した糸の性質によってはあまり縮まない場合もあります。
※使用した定規(チューリップ)は現在販売されていません。

水通し

1 ウール用洗剤を規定量入れたぬるま湯につけ、横に引いて編み目を整える。

2 次に縦方向に引いて編み目を整える。すすいで軽く水を切り、形を整えて日陰で乾かす。

Step1

イスラエルで渡辺さんが描いたスケッチ。
ここから色を摘出する。

スケッチ　ピンクの小さな花をつけるフウロ草。草丈は低く、大地を覆うように群生していた。

Step2

色を摘出して並び替える

並び替え

色の摘出　明るさ別　色み別　**配色**（主人公と背景を考える）

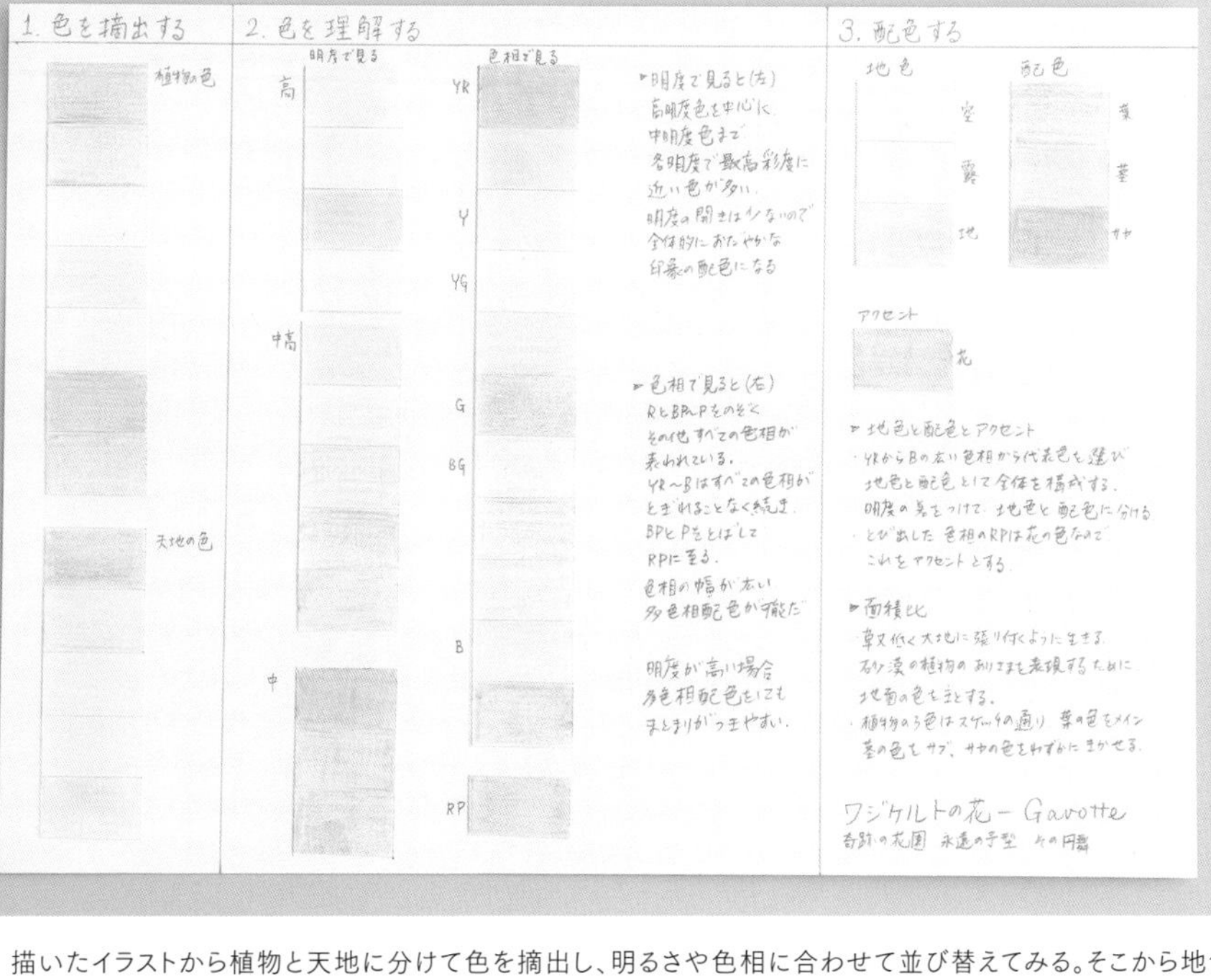

Step3

選んだ配色で編んだスワッチ

決定

◀ 中央の色を少し淡くしたら透明度がUP

◀ 中央の色が濃くて鈍い感じ

青を減らしたらぼんやりした印象に ▶

◀ 青の分量が多かった

スワッチ　刹那、植物に占領される砂漠の大地の色がメイン。そこに咲く花の色をアクセントに。

色分析　描いたイラストから植物と天地に分けて色を摘出し、明るさや色相に合わせて並び替えてみる。そこから地色と配色、アクセント色を選んで模様を構成。どれも自然の中で共存する色なのでバランスのよい色合わせになる。

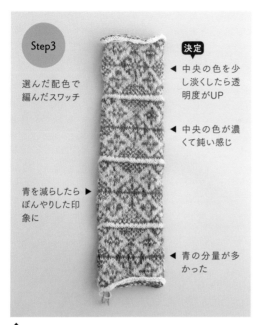

【作り方】

Ⅰ 下の縁(B)を編む

①1号針を使い、144番の糸で作り目を240目する。
②144番と153番の糸で2目ゴム編みを編む。ただし、最初と最後は3目とする。(こうすることで左右が対象になる。3目のうち、1番端は、Ⅳで横の縁(D、D')を編み出す際、目を拾うのに使うので、最終的にはすべて2目ゴム編み左右対称に見える)
③2段編んだら表目・裏目を反対にして格子状にし、6段編む(合計8段)。

Ⅱ 本体(A)を編む

①エクストラ・ステッチの作り目と、無地の1段を編む。3号の輪針を使い、764番の糸でエクストラ・ステッチ分の6目を巻き増し目する。続けて下の縁(B)右端の目からそのまま1色で編む。終わりにエクストラ・ステッチ分の6目を巻き増し目する。この段のほぼ中央(任意)で1目巻き増し目する(こうすることで次からの模様編みの目数が奇数になり、模様が左右対称になる)。
②輪にしてエクストラ・ステッチと模様編みの1段めを編む。
※輪にして、最初のエクストラ・ステッチ6目を配色から始め、1目づつ地色と交互に編む。
※図に従い、模様編みをする。
※最後のエクストラ・ステッチ6目は地色から編み始め、1目づつ配色と交互に編む(エクストラ・ステッチ合計12目の中央2目は共に配色となる。この中央で各段の色替えを行う)。
③模様編み2〜44段めを配色図に従って編む。フェアアイルは1段につき地色と配色の2色を使い、段ごとに組み合わせを指定して模様を作っていく。
④模様編みが終わったら、右から764番の糸で最初のエクストラ・ステッチ6目を伏せ止めし、そのまま1色で編み進め、最後のエクストラ・ステッチ6目を伏せ止めをする(輪編みの終了)。

Ⅲ 上の縁(B')とベルト(C)を編む

①764番と144番で2目ゴム編み部を編み始めるが、ほぼ中央(任意)で1目減目して偶数に戻し、最初と最後は3目とし、左右対称にする。また最初の1段は2色使ってすべて表編みとする。(こうすることで上下が対称に近い見た目となり、仕上がりが美しい)2段めからは2目ゴム編みをする。
②最初のすべて表目の段を含めて6段編んだら表目・裏目を反対にして格子状にし、2段編む(合計8段)。ただし、ベルトになる部分(186〜199目)は格子状にしない。
③このまま伏せ止めをすると、裏目が1段分だけ貧弱に見えるので、裏目のみ1段加えると(表目はすべり目)、仕上がりが美しい。
④144番の糸で右から184目、伏せ止めをする。次にベルト部分(C)の表目の部分のみ編み、裏目はすべり目とする(裏目はすでに編んでいるので、これで表裏の段数が揃う)。これがベルト部分の2目ゴム編みの準備となるが、左右は3目となり、合計16目が針に残る。そのまま144番の糸で残り40目を伏せ止めをする。
⑤新たに144番と183番の糸を使ってベルト部分を左から編み始め、1〜41段を編む(糸をつける時、144番の糸は少し長めにつけ、糸端を始末する際に伏せ止めとベルトを繋げる)。
⑥42段め(右から)で中央にボタンホールを作る。
※7目めで、144番の糸で左上減らし目をする。
※764番の糸で2目、巻き増し目をする。
※10目めで、の144番の糸で右上減らし目をする。
※残り6目を編む
⑦43段め(左から)から配色図に従って48段めまで2目ゴム編みを編む。49段めで表目・裏目を反対にして格子状にし、3段編む。153番の糸で伏せ止めをする。

Ⅳ エクストラ・ステッチを切り開き、横の縁(D、D')を編む

①エクストラ・ステッチの中央にたまっている糸端を静かに引っ張り、目のだぶつきがないようにしてから、エクストラ・ステッチの中心の目と目の間を切る。
②1号針を使い、183番の糸で右から、下の縁(B)の端の1目分からゴム編み部8目、本体(A)とエクストラ・ステッチの間の目(目の向きが上下反転してるところ)から、全段分(45目)拾う。上の縁(B')から下と同様にゴム編み部8目を拾う。合計61目。
③この部分は本体と編地の縦横が変わるので、2段めで分散減目し、44目にする(「2目3目」の要領で、数えながら2、5、7、0のつく目で減らし目をする)。
④配色に従ってガーター編みをし、最後は144番の糸で伏せ止めをする。
※左右同様に編む。

Ⅴ 仕上げ

①残っているエクストラ・ステッチ6目分の端の2目分をさらに切り取り、残り4目分とする。
②エクストラ・ステッチを半分に折りたたみ、本体から数えて2目めを183番の糸で1段づつ本体に、とじ針でかがりとめる。この時、本体の裏糸として渡っている糸を取らず、必ず編み地にかがりとめるよう注意する。
③糸端を始末する。→Ⅲ-⑤参照。
④ボタンホールを強化するために767番の糸でかがる。
⑤直径18㎜のボタンを力ボタンを使って木綿糸でつける。
⑥ぬるま湯でウール用洗剤を用いて洗う。この時、全体を左右、上下に軽く引き伸ばし、表面の凹凸をなくし平滑に仕上げる。表面を手でこすり、軽くフェルト化する(収縮するほどフェルト化してはいけない)。ぬるま湯で十分にすすぎ、形を整えて平干しする。

寸法図

※図内の数字の単位は cm
※指定以外は１号棒針で編む

配色

183	768	764	153	144	1140	998

記号

- □|表目
- —裏目
- 巻き増し目
- 右上２目一度
- 左上２目一度
- 右上２目一度(裏目)
- V すべり目
- ● 伏せ目

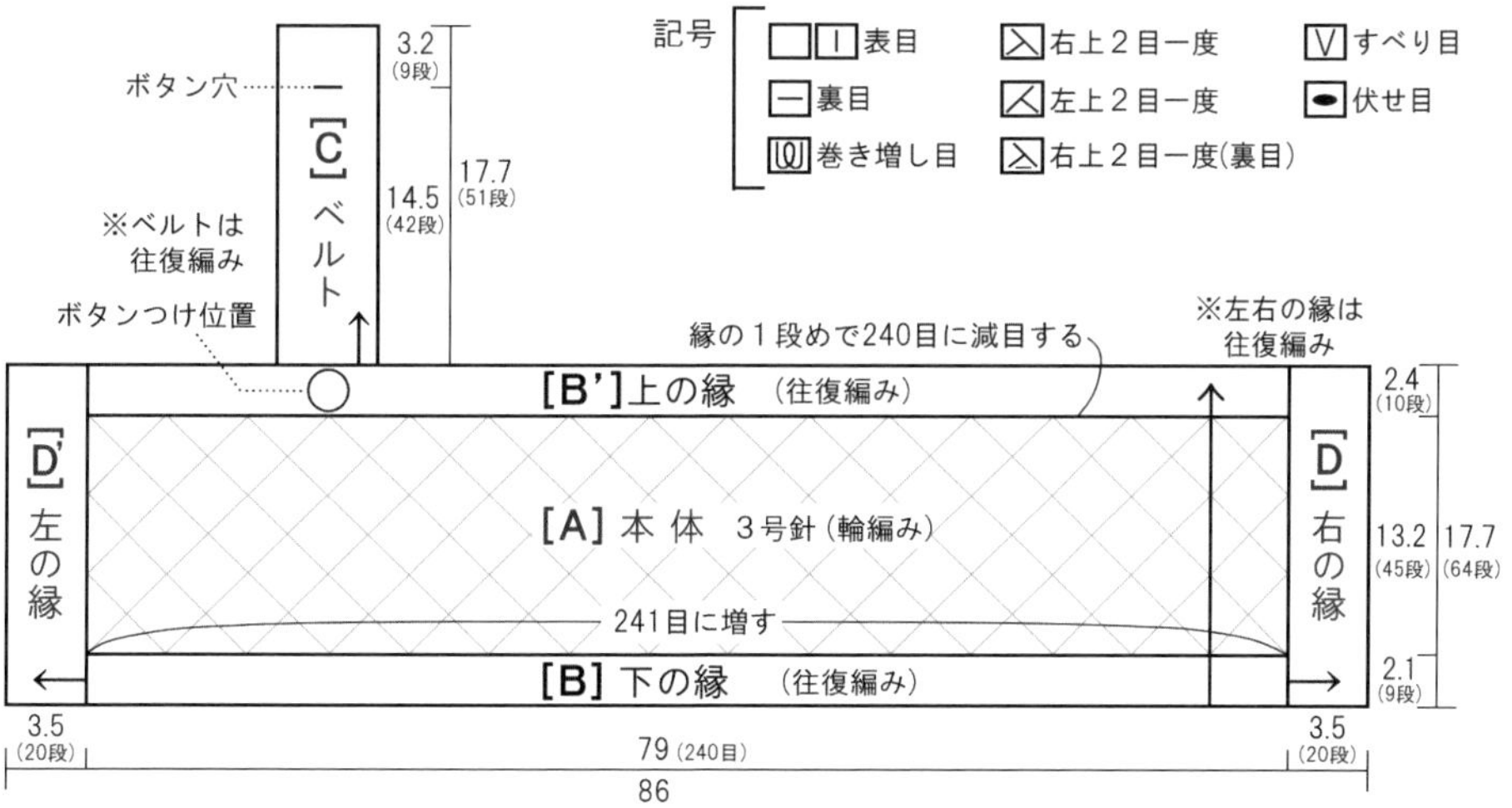

[B]下の縁

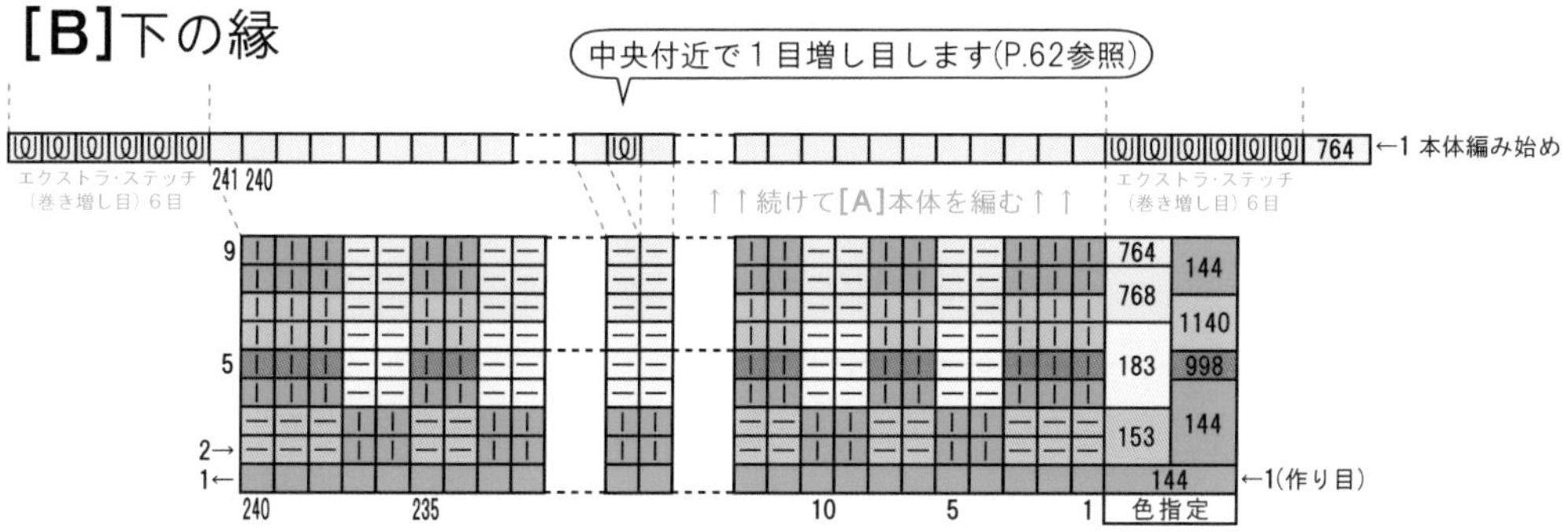

[C]ベルト

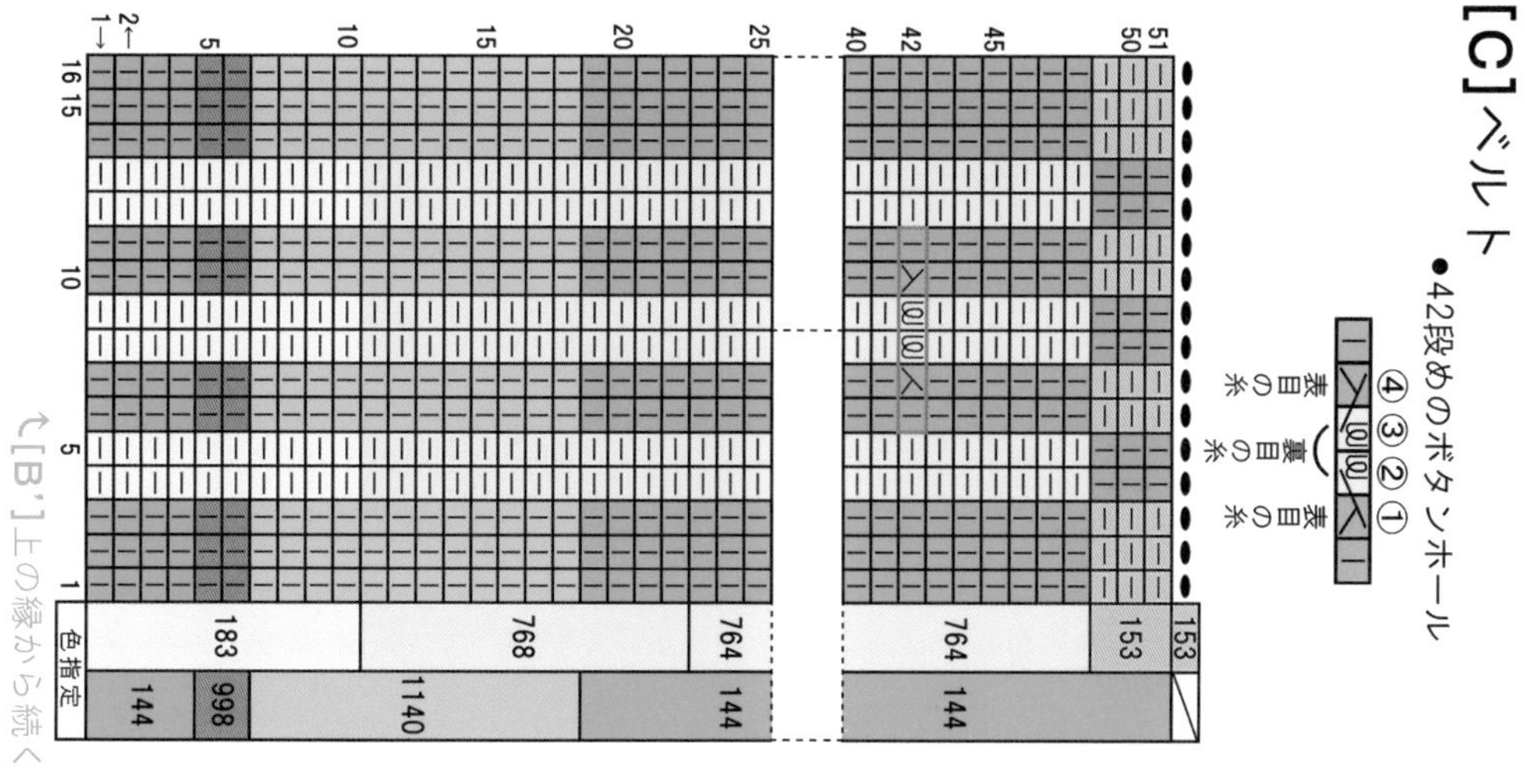

[A]本 体

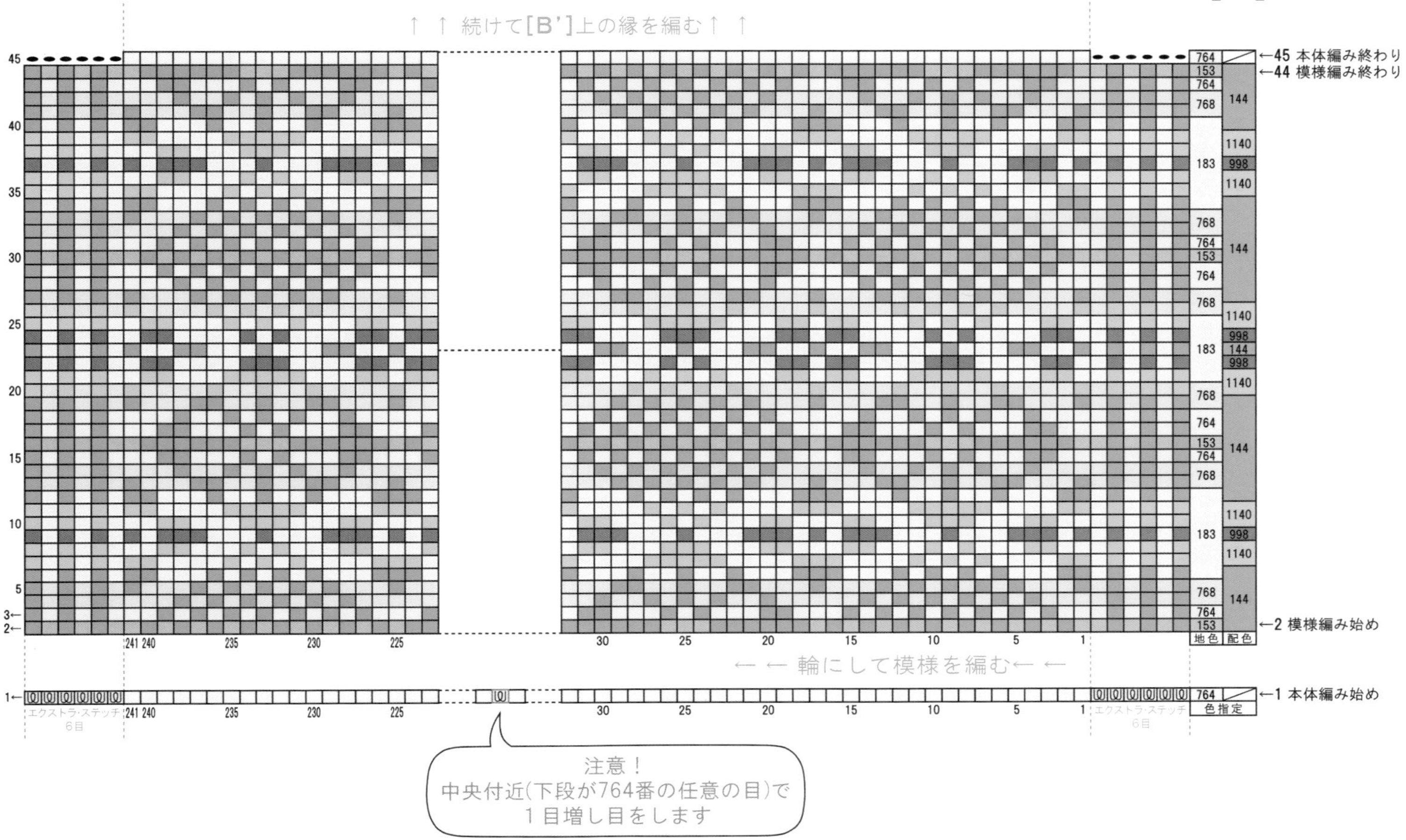
↑ ↑ 続けて[B']上の縁を編む↑ ↑
←45 本体編み終わり
←44 模様編み終わり
←2 模様編み始め
←← 輪にして模様を編む←←
←1 本体編み始め
エクストラ・ステッチ 6目
地色
配色
色指定
764
153
768
183
144
1140
998
注意！
中央付近(下段が764番の任意の目)で
１目増し目をします

[B']上の縁

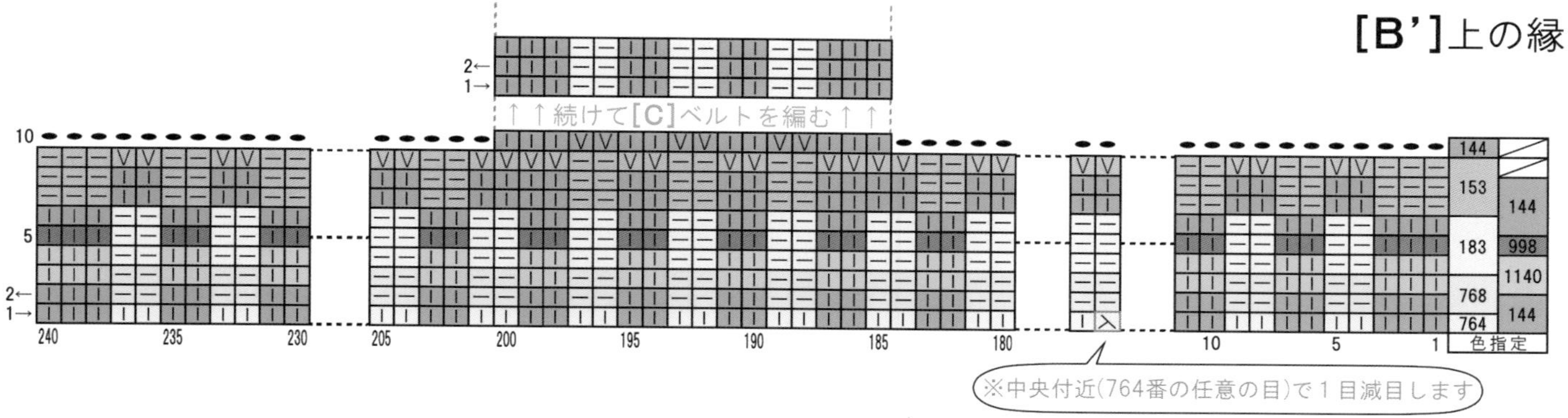

[D'/D]左右の縁

※図は右の縁で解説。
左の縁は[B][B']を
拾う位置が逆になります。

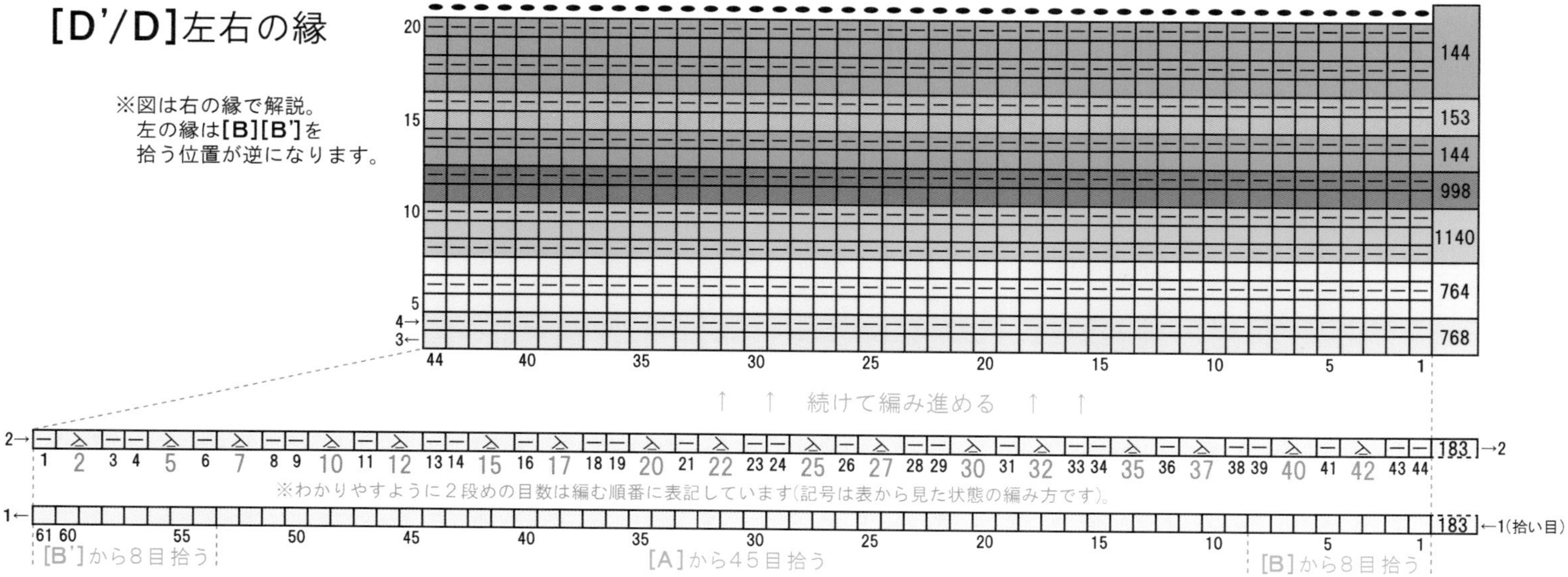

大丈夫、大丈夫。
切ってもほどけないよ。
安心して!

10 編み図の配色にしたがってガーター編みをし、最後は144番の糸で伏せ止めをする。

11 残っているエクストラ・ステッチ6目分の端の2目分をさらに切り取る。

12 エクストラ・ステッチが4目残っている。

13 エクストラ・ステッチを半分に折りたたむ。

14 エクストラ・ステッチを本体にまつりつける。とじ針に183番の糸を通し、エクストラ・ステッチ側は本体から数えて2目めの目をすくう。

NG

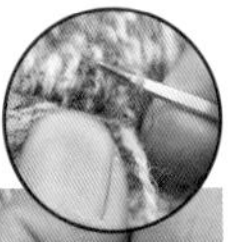

15 本体側は編み地の糸をすくってまつる。これを繰り返す。
上_本体側の編み込みの渡り糸を拾わないように注意する。

16 すべてまつり終わったら、糸端を編み地の裏に通して始末する。

17 エクストラ・ステッチの処理が終わったところ。

18 表から見たところ。反対側も同様に縁を編む。

エクストラ・ステッチ

〜カットと拾い目、仕上げ方〜

今回の作品では12目（左右6目ずつ）のエクストラ・ステッチを編み、中央を切り開いてマフラーにします。ステッチ部分は洋裁での縫い代のように内側に倒し、まつりつけます。

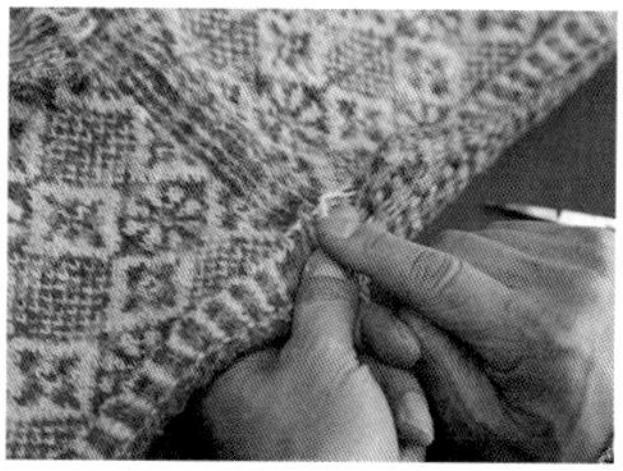

1 編み始めと編み終わりに6目ずつ巻き増し目をして作ったエクストラ・ステッチ部分。合計12目。

2 エクストラ・ステッチの中心の目と目の間を切る。

3 切り終えたところ。

4 切ることで、筒状からフラットな編み地になる。

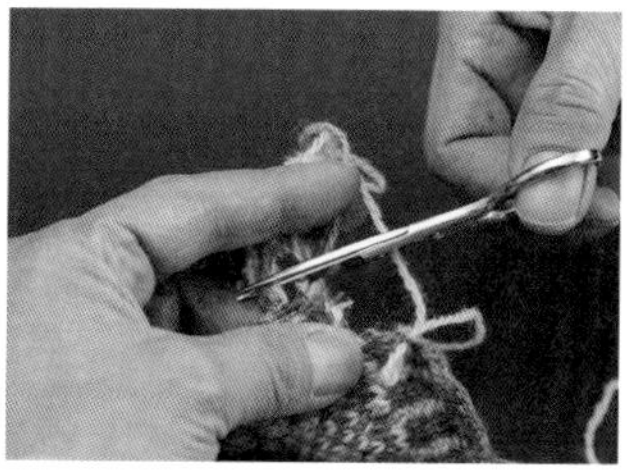

5 エクストラ・ステッチ部分の不要な糸端を切り揃える。

6 1号針で縁を編む。1段めは拾い目の段になる。まず下の縁のゴム編み部分から8目拾う。

7 続けてエクストラ・ステッチの間の目（目の向きが上下反転してるところ）から45目（全段分）拾う。

8 最後に上の縁のゴム編み部分から8目拾う。合計61目。

9 2段めで分散減目し、44目にする（「2目3目」の要領で、数えながら2、5、7、0のつく目で減らし目をする）。

Column

編み物ないしょ話

「受験教育の専門家」が編み物入門書に物申す

Text
有賀隆夫さん
（中学入試専門家庭教師）

ありが・たかお　家庭教師センター髭之教育会代表。30年あまり教育産業にたずさわる。現在はプロ家庭教師という立場から子どもと保護者を両面からサポートしている。趣味の編み物を子どもたちの知育発達教材にできないか考え中。

ボクには1年に1つ自分ができないことに挑戦するというルールがある。最初の基本から始めて新しい知識や技術を身につけていくことの気持ちよさを味わうためだ。その時まで自分になかったものが、自分の中に生まれることはいくつになっても楽しい。それと同時にボクの本業は家庭教師だが、学ぶ側の思考と感情を忘れないためにも常に自分ができないことを学ぶよう努めている。新しいスキルを獲得する時、何に苦しみ、何に喜びを覚えるのか。伝える側がそこに焦点を当てなければ学ぶ側はあっという間に逃げていく。

手に取ったテキストの表紙には「誰でも簡単に編めるかぎ針編み」という主旨の題名が大きく印刷されている。新品のテキストを開く時の高揚感はたまらない。表紙、そして最初の方のページに掲載されているような作品が編めるようになるとワクワクしながらページをめくり、いよいよ編み方の技術のページに入る。そこにあったのは華やかな毛糸の作品とは程遠い暗号だった。O、X、V、T、様々なアルファベットがビッシリと描かれた模様。なんじゃこりゃという感想しか出てこない。初めの方のページに戻る。O＝鎖編み、X＝細編みとそれぞれの記号の意味が書かれていた。今度は言葉の意味がわからない。ページをめくるとキレイなイラストで説明された鎖編みの編み方を見つける。図を見ながらなんとか左手に毛糸をからめた。右手にかぎ針を持ち、いざ編もうとすると、生きたウナギのように毛糸が逃げていく。やっと毛糸に針をかけて引き抜こうとすればスルリとはずれる。地球には重力がある。そもそもイラストのように糸が都合よく浮いている状況なんて存在しない。そのオカルトな状態の場所にかぎ針を通すことはできるはずがなかった。もう1つ手がないと、こんなことできるわけない。ここで普通はインターネットで編み方の映像を探すだろう。親切な編み物の先生たちが惜しみなく技術を披露してくれている。実物の手の動きを真似すれば、比較的簡単に編めそうな気はした。けれど、それでは編めるだけで編み物を理解したことにはならないような気がする。ボクがやりたいことは編み物の理屈を理解し、自由に作品を作れるようになることだ。門前の小僧習わぬ経を読むと言うが、形だけを真似てもボクが目指すところには遠回りに感じた。

理解できないものは少しでも形が変わってしまったらまったく通用しない。それは編み物に限ったことではない。「できる」と「わかる」は別のものである。トライ&エラーは学習においてとても重要だ。自分で仮説を立て、実験し、結果を検証する。そこで間違いを見つけ、修正。これを効率よくやることで本質を理解できるようになる。ただし仮説を立てるためには最低限の知識が必要だ。5までの数は数えられるが、足し算を知らない幼児に「2個のみかんと3個のみかんを足したらいくつ?」と聞いてもわからない。しかし「2個のみかんと3個のみかん全部で何個?」と聞いて2個のみかんと3個のみかんの絵を描いてあげれば喜んで5個と答える。相手の持つ知識を推し量ったうえで、初めて指導が成り立つのは当然のことだ。この時のボクは数しか数えられない幼児だった。自分の知る世界の知識は豊富にあっても、編み物に関しては真っ暗な中に1人いるようなものだった。そんなボクを編み物本は冷たく突き放した。

鎖編みのページを開きながら毛糸だけを手に取ってみる。イラストにあるような状態にするにはどうすればよいのだろうか。糸は都合のよい形にはならない。そもそもこれはこの形にはならないものなんだということに気がついた。ここまでで、すでにかなりの時間を費やしている。ふにゃふにゃの糸が、針金みたいに自由な形になるわけないじゃないか。当然、念力よろしく見ていても形が変わるはずはない。つまりこれは「最終的にこれを引っ張った時に鎖編みができあがる」ということを言っているだけだ。このイラスト通りやるという考え方から、このイラストと同じ糸の絡み方を最終的に作るという考え方に変えることにした。幼児の知育テストや中学入試の問題でもよく出る、紐を引っ張ると結ばれるものはどれかという問題だ。ボクが始めたことは鎖編みのイラストの糸を1本の糸としてとらえ、一筆書きをしてみることだった。どこにどの糸がかかり、鎖ができあがっているのかを徹底的に考えた。そのうえで、かぎ針で実行するにはどの穴に針を入れて引き抜けばいいのか。この作業を始めてやっと糸が絡み合い、1つの形をなすということの意味が少し理解され始めた。ここからは速かった。イラストの真似をしようとしなければ糸を捕まえるのは容易なことだ。そのために糸をかける左手がある。左手の指の向きを変えれば、糸はいくらでも自由なテンションをかけられる。数時間前の糸の無法な動きはなんだったのだろう。たったこれだけのことを理解するまでに数時間を使ったことが馬鹿らしく、それでいてちょっと楽しく思った。

〝受験の参考書と同じ目で見ると、日本の編み物の本は下の下です〟

　ボクの編み物の習得方法はめずらしいと思っている。そもそも苦しむことを楽しむために始めているのが普通ではない。だからこそ人にものを教えることを常としている人間として思うことがある。編み物の本、テキストは本当に初めて毛糸に触る人間を見ていない。一定に知識を持った人間でなければ言葉の一つひとつすら理解できない。まるで九九を知らない子どもに割り算をやらせるようなものだ。対象を無視したテキストをはたしてテキストと呼べるのだろうか。相手の理解力と器用さに依存したテキストは、少なくとも入門書としては失格だ。学習参考書のように低学年には低学年用の参考書が欲しい。初めて編み物を始める人は期待に胸をふくらませる1年生。そんな人に不親切で独りよがりの解説をすることは編み物虐待と言っても過言ではないように感じる。

　編み物は本当に楽しい。好きな色で好きなものが作れる。失敗してもいくらでもやり直せる。こんなに自由なものはそうそう見つからない。だからこそ興味を持った人が少しでも編み物を理解し、自由に編める技術を学べるような入門書が生まれることを心待ちにしている。やってみたいという心を折らない。そんな入門書で学び、多くの人が気軽に編み物を楽しめる世の中になることを願っている。

有賀さんの編み姿。毛糸と編み針があればそこがアトリエ。

有賀さんが編まれたストール。縁にフェイクファーを編み足したひと手間にセンスが光る。

糸は人と人をつなぐもの
そして自分の心をほどくもの

Guest **ソウマノリコさん**（糸作家）

ソウマさんは糸作家だ。

スピンドルを回して糸を紡いだり、
その糸で手仕事をしたりするソウマさんのまわりには
常に豊かな空気感が漂っている。

なぜ、この本でソウマさんとお話ししたかというと、
「手仕事、手芸は『伝わる』もの」という考え方をお持ちだからだ。
現代において、編み物をはじめとする手芸は
「技法」に焦点を当てられることが多い。
それは当然のことでもあるし、
そのやり方が性に合う人も少なくないだろう。

しかし、それだけがすべてではない。

「技法」には、本来さまざまなものがついてくるのだ。

ここまで読んで、それでも「まずは技法ありき」と
思われる方に申し上げたい。

その考え方は正解である。
しかし、あくまでひとつの正解に過ぎない。
なぜなら、糸を使った手仕事は人が集い、
みんなでやっているうちに「伝わる」、
暮らしの中のものだったはずなのだから。

糸は人と人とをつなぐものでもある。
そして自分の心をほどくものでもある。
本来的に考えれば「技法」だけでは成り立たないのである。
ソウマさんはそのようなことを良くご存知で、
とても大切にされている。

ソウマノリコ

Noriko Soma

糸作家。子ども服、スポーツウェアの企画デザイン、高機能繊維・テキスタイル開発のかたわら糸紡ぎを始める。糸紡ぎを体験して糸のことを知ってもらうワークショップ「糸を紡ぐってこんなこと」を展開中。

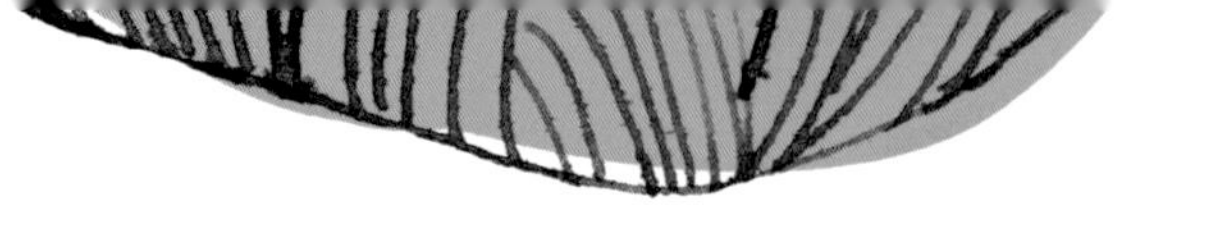

「荒物」とは、ほうきやざるのような家で使う日用雑貨のこと。今回の対談場所、「谷中 松野屋」には職人たちが端正込めて仕上げた荒物がところ狭しと並んでいる。その中にいてなお存在感を放つ糸作家のソウマノリコさん。自然体の言葉は不思議なほど心の奥に響いてくる。

切れない糸を作ることが大切

横山　ソウマノリコさんは糸作家さんですけれど、手紡ぎの糸はきちんと作らなくていいとおっしゃっていますよね。でも、それって結構、技術力がいるように思えたりするんですが…。

ソウマ　回数を重ねていけば、だんだん整ってくるので、はじめはそれなりでいいと思います。最初から割烹料理が難しいというのと一緒です。

横山　実際、紡ぎをワークショップなどでされる時、色々な人と一緒に紡がれていると思いますが、ソウマさんはどんなことをメインにされているんですか？

ソウマ　そうですね、完成を目指さないこと。未完成。

横山　完成を目指さないというのは？

ソウマ　紡いでできる糸は完成品じゃなくて、どちらかというと材料ですよね。

横山　材料ですね。

ソウマ　作ることのまだ途中。

横山　はい。

ソウマ　そういうものなので、糸としての機能があるものを作ることをメインにしています。

横山　それはどういうことなんですか？

ソウマ　要するに、切れなければもうそれで良いと。

横山　なるほど。

ソウマ　はじめてのワークショップに参加する方は特に。それで、だんだん自分の作りたいものが分かってきたら、「こんな風にして羊の毛を紡げばいいのかな」っていうのも分かってくると思います。糸を紡ぐのは楽しいんだなっていうのを知ってほしいので。最初からあれこれ言ってしまって、紡ぐことがつまらなくならないように。

横山　ありますね。なるほど。

ソウマ　メインにしているのは、そんな感じのことですね。

ワークショップは共に考える場所

横山　〝これが正解〟みたいなことっていうのは、なんらかの技法につきものではあるんですけれど。僕も自分で編んでいて、確かにこうやるといいよねっていう方法はあるし、色々なやり方があってそれが洗練されて今の形になったんだろうな、とは思うんですけれど、人に伝えるときに正解、不正解って言って伝えた時のデメリットは多いなと思いますね。

ソウマ　そうですね。ワークショップの場で〝正解〟は重要ではありません。

横山　なるほど。

ソウマ　ワークショップはやり方をみんなで考えながら進めていく場だと思っています。

横山　やり方をみんなで考えながら進めていくというのは、どんな風にですか？

ソウマ　そうですね。道具と羊毛があって、糸にするって思った時に、まず直感で、みんなはどういう構造を考えるかというところから始めます。

横山　構造。つまり〝紡ぎ〟っていう技法の体系があって、それをやりましょうっていうのじゃなくて…。

ソウマ　紡ぐことの手法はすでに世界中に色々な紡ぎ方があって、材料も違えば、道具も違う。使い道も違うだろうけれども、そのうちのひとつの方法を、見つけながらやっていく、ということです。

横山　見つけながらやっていく…なるほど。

ソウマ　例えば「じゃあ羊毛を糸にしましょう」って考える時に、こんなふわふわしたままじゃとっても途方にくれますよね。でも、糸のイメージってまず、長い。

横山　長いです。

ソウマ　だから、引っ張って長くしてみる。長くしてみるけれど、これは糸じゃないですよね。

横山　そうですね。細長いわた。

ソウマ　か細くて切れそうって思いますよね。でも、ここでねじってみたりすると、少し糸みたいな形状になる。

横山　はい。

ソウマ　ここで、回るものがあるといいなと…そう思ったら、身近な道具に巻いてみたりする。必要に迫ら

れた人たちは、そんな風に工夫して考えると思うんですよ。

横山　分かります。

ソウマ　ワークショップに参加する人は、そういうことを知りたい気持ちが50%以上で来ていると思います。あとの数%を、みんなでちょっと手を動かしながら考えていけば、糸ってこういう風になっているのかって納得できるんです。来た人に「はい、それではこれを左手に持って、これは右手に持って、3回、回して…」と始めたら慌てて3回数えるっていう感じになりますよね。だから、自分の手の中でゆっくり動かして、それが、「ああ、こういうことになるんだな」って。自分の手で理解した人ほど、次へ進みやすい。次というのは、自分が何を作りたいのかとか、こうしたら、ああなるんじゃないかという工夫。そういう気づきが拾えると思うんです。何もしないうちに「あれ、これ」と言うと、もうそれしか見えない。けれども、こんなものがあるし、あんなものもあるし、そうしたらここにネップを入れたらどうなるんだろうとか、シルクだったらどうなるとか、コットンだったらどうなの？っていう振り幅が自分の中で育っていきます。

横山　今、おっしゃった自由な振り幅みたいなものがあるのはいいですね。みんながオリジナルのものを作れればいいって思うところもあるし、逆にそれぞれ型にはまって、見本通り作ってもいいと思うんですよ。自分の好きなように。でも、振り幅っていうのが、独自性とかオリジナリティとか、その人らしさみたいなものをすごく表現しているんじゃないかなって思うんです。

ソウマ　そうですね。その人の作った糸を見ると、個性が表れていますね。

横山　わかります。僕もキノコ占いできますからね。どんな性格かなって、編みキノコ編んでもらって。

ソウマ　どこから編むかとか。そこで、そう来るか、みたいなことが。でも、そういうことなんだと思います。そこであれこれ言ってしまうよりは、その人が、次どういうことをしたいのかっていうのを見守る。その時に困ってるとか、どうしたいのかなって迷っている時には、一緒に考えてみます。例えば、こんな特長の羊の毛は、こうやったら良いんじゃないかとか、まあちょっとしたアドバイスというか…手を動かして一緒に考える。

横山　分野を問わず、技法っていうのはそうやってできてきたりとか、身についていったりするものなのかもしれませんね。

ソウマ　野原に出て、収穫したものを持って帰る時に、丸腰だと運べないですよね。でも、わらくずみたいなものとか木の枝があったら、それを使って、持って帰りたいって思いますよね。多分そういうことが最初の発想でしょう。縛る、まとめる、束ねるための糸をその場で作るということが。

横山　必要性に応じてってことですよね。

ソウマ　その生活の中で必要なものを作る。装飾はいらなくても、切れない、ほどけないっていうのが大事なんです。

横山　頑丈で使いやすい、実用的な使えるものを。

ソウマ　私はワークショップの中では、切れない糸を作ることが一番大事だと伝えます。

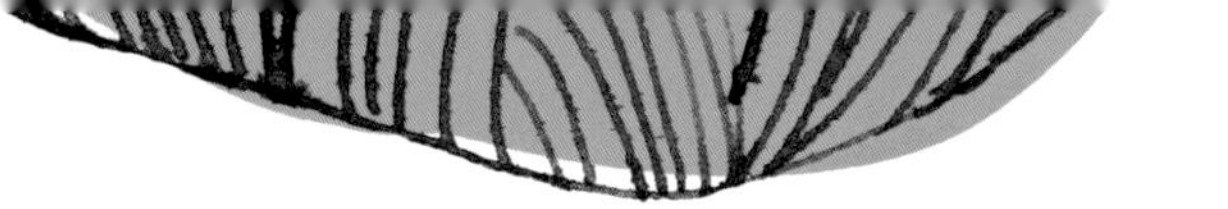

横山　切れたら糸としては意味がないと…。

ソウマ　そうです。きれいな糸にしたいって気持ちはすごくわかる。それはまた、次のステップでやればいい。

横山　ある「技法」があって、それが伝わってくるんじゃなくて、「色々そういう技法が世の中にあるんだけれど、結果的にそういうものになる」過程を自分の中で作り出していって見つけていくっていうのは、僕としてはすごく納得できるところがありまして。…でも、こういう話をすると、「それは糸紡ぎの話だから私には関係ない」とか言う人が出てくる。それってすごくもったいない。僕はそれ、すべてに共通してるんじゃないかって思うので。

ソウマ　そう、全部そうかもしれませんね。

横山　ある分野にすごく複雑な技術体系があるとして、一番最初の、一番大事な技法って、絶対にひとつのシンプルなもののはずなんです。「それがどういう風にできてきたのか」という過程で色々培われるものがあると思うんです。それをソウマさんはワークショップの参加者と一緒に、毎回体験してるってことですよね。

ソウマ　そうですね。いつも一緒にやっています。「へえ、そういう風に考えるのか、すごいな」という発見が毎日ありますよ。

横山　これ、最初からすごい話になりましたね。

個性を表す手作りのスピンドル

ソウマ　私が開催したワークショップの中でスピンドル＊を作る回があったのですが、すばらしいものが色々できてくるわけですよ。その人の生活の中にある道具とか、部品とか、不要になったものなどを組み合わせて、それで糸を紡げるっていうものを披露してもらって、ちょっと感動しました。

横山　ここで「あれ、スピンドルって売ってるものじゃないの？」って疑問が出ると思うので、まず、そのお話から伺えますか？　ソウマさんご自身は、例えばどんなものでスピンドルを作るのですか？

ソウマ　台所で使う道具が一番多いですね。まさに暮らしの道具、生活の中にあるものです。

横山　台所道具を、そのままスピンドルにしてしまう？

ソウマ　そうですね。これはどちらも台所で使うものです。

横山　これはおたまというか、ヘラというか、注いだりすくったりするものですよね。

ソウマ　これもそうです。ちょっとソースを混ぜるもの。…これは作家さんのもの。どれも、本当の実用品。でも、握る部分のシェイプとかが素敵なんですよね。ちょっと持っていただくとわかるんですけど。

横山　あ、良いですね。なじみが良いです。

ソウマ　やっぱり、身の周りにあるものがいいんですよ。気軽で色々な使い方ができるし、なんていうか手になじみます。

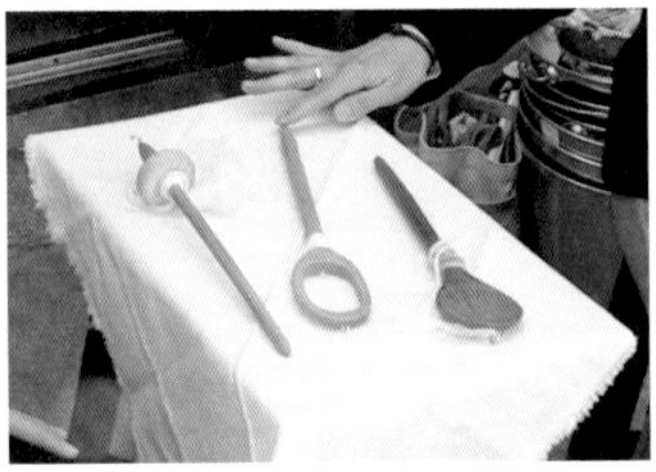

右から2つが台所の道具で作ったスピンドル。一番左はソウマさんが市販のスピンドルに手を加えたもの。

横山　いいですね。そういった台所用品の…ソウマさんがよく回りそうだなと思ったものに、金具をつけて。

ソウマ　そうですね。

横山　なるほど。それを普段からスピンドルにしているわけですか？

ソウマ　そうですね。売られているスピンドルは丸いものが多く、転がってしまうことが多いんですけど、これは平面で転がらないし、ポケットにも入れられます。

横山　確かにそうですね。スピンドルという道具がもともとあるというよりも、どれがスピンドルに使えるかなと。紡ぎに使えるかなという視点ですよね。

ソウマ　そうですね。スピンドルにはコマのような形や羽根のような形、1mくらいの長いものもありますし、使い方も紡ぐ材料の違いによってさまざまです。スピンドルの名前もその土地の名前や形に由来していたりします。

横山　へえ。

ソウマ　かなりシンプルな形、1本の棒という場合もあります。なのに、とても使いやすいです。

横山　なるほど。

ソウマ　回ってくれれば糸は紡げる

＊スピンドル
糸を手で紡ぐための道具。くるくる回す。

回ってくれれば糸は紡げる

ので。これはインドネシアで使われているわたを紡ぐための道具〈P.76〉です。握る部分の細さと感触、重さのバランスが取れていて、使っていても道具というより手の延長のようです。

横山　これはシンプルですね。

ソウマ　少し練習が必要ですけれど。

横山　それでこういう前提…。

ソウマ　そうですね、紡げそうなものを見るとつい、手で持って回したりして試したくなります。

横山　それを、ワークショップの参加者の人に、1回めと2回めの間などに考えてもらうわけですね。どんなのができてきたんですか？

ソウマ　楽器の一部だったり、食べ物の容器の栓をするものだったり、掃除する道具とか。色々なものを工夫した作品ができてきました。

横山　へー。

ソウマ　みんながそれを作ってる姿を想像してるだけで感動しました。

横山　確かに、それは自分ひとりだと思いつかなかったり、特にソウマさんみたいに糸作家として活動すればするほど、人のアイデアっていうのは仰天するようなことがあるのでしょうね。

ソウマ　仰天というか、もう驚きと感動です。

横山　面白いですね。本来の道具との関係にしろ、紡ぐという行為にしろ、本来の姿はどうだったのかっていうところから、もう1回追体験するというようなことですよね？

ソウマ　そうですね。回るものを作る。自分の身の周りにあって、なじみもあって、自分の手のサイズに合ったものを作る。自分にとって一番大事な自己原因性というか。「自分は何だろう？」って。自分がすごくここに出るんですよ。

横山　そうですね。

ソウマ　すごくお酒が好きな人が持ってきたものは、なるほどっていうものが、そこに道具として登場していました。

横山　表れました？

ソウマ　やっぱり、表れていました。それが面白いですね。この人は楽器を弾く人だったんだとわかったりして。そういうことが、ワークショップに来た人の中で、色々混ざっていきながらともに楽しめる。ワークショップには様々な要素があって。その場で起こるハプニングとか、その日の材料、その日の道具。その日すごい春の嵐の日だったとか。そういう要素が集まった「その場」を、ワークショップを進める上でとても大事にしています。

ワークショップに正解は無い

横山　私が編み物の業界で活動してよく聞くのは、色々な愛好者の方から、「オリジナリティのある自分の作品というものが作れない」と。僕の考えからしたら、もしどなたかのお手本、どなたかの編み図で作ったとしても、本当は、それはもうあなたの作品ですよと思うんですが、でもそういう細かい話ではなくて、その方たちは、自分がアイデアを出して、何か工夫をして、そこに何かアレンジしたりとか、ゼロから作品をきちんと作ることができないっていう声がたくさん聞こえてくるんですね。それを解く鍵が、今のソウマさんの話にあるんじゃないかなと思っているんです。他人から有り物の技術を与えられて、それでやりなさいってなると、この話になるんですよね。

ソウマ　そうですね。ワークショップの中でも、指定の糸を使って、これを作りましょうっていう内容は自分がもし参加するとしたら、辛い時間になってしまうと思うんです。自分らしさを出すことができない。

横山　そうですね。

ソウマ　サイズが違っちゃったらどうしようとか、その時間内に仕上がらなかったらどうしよう、とか。すごいプレッシャーになってしまう。

横山　ソウマさんがワークショップに参加する側だったら、どんなワークショップに参加してみたいですか？

ソウマ　「ものづくり」のワークショップというものをあまり知らない頃に参加したことがあります。その時、隣に座っていたのが松野屋〈P.83〉の松野きぬ子さんでした。その時、並太の毛糸をお持ちください、という内容だったと思うんです

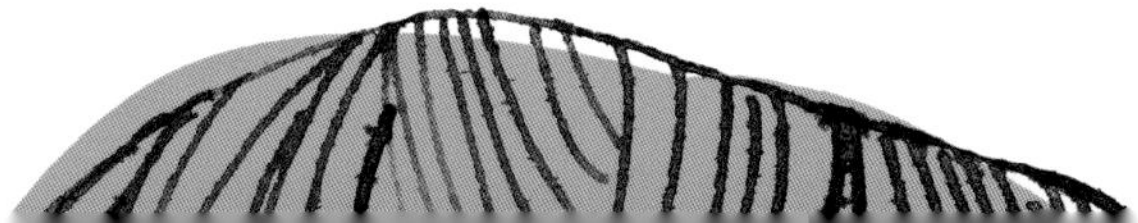

けど、彼女は手紡ぎの糸でいきなり編み始めたんです。編み込み模様とか、できあがりサイズとかをあまり気にせず。自分の作りたいイメージがあって、それを作るための知りたいポイントを学んでいるように見えました。そういう方法もあるということを、その時に知りました。それからは、どんなワークショップに参加するのにも、すごく敷居が下ったんです。だから、ワークショップはできるだけ敷居が無いことが大切だと思います。例えば、メリヤス編みができる人とか、細編みができる人とかの敷居。そういう条件を取り払う工夫のあるワークショップがあったら参加したいですね。

横山　本当に、それってすごく大事なことで。有り物を使ってこれでやりなさい、となるとみんな自分を出せないですよね。それが技法的なことであれ、結果的にできる作品であれ、枠があると、そこに正解、間違いが出てきやすいんですよね。

ソウマ　そうですね。

横山　参加者次第ですが、「私はこれで良いのよ」って思える人はいいんですけど。でも、その枠があること自体が、正解、間違いが出てくる上に、今度は上手い、下手とか、良い、悪いの定義みたいなものがつけやすくなっちゃう。それって必要なのかな？　って僕は思う。

ソウマ　横山さんがワークショップをする時に一番大事にしてることはなんですか？

横山　技法の面でいったら、編み物は輪っかに針入れて糸引っ張ってきたら全部編み物になりますよと。だから、「私、下手で」と言われた時は、「いや、下手じゃないです。上手いとかもあまり無いです」と伝えます。もうひとつは、ワークショップの空気感をどういう風に作り出すか。鎖編みもできない人がいて、師範の資格などを持っている人も同時に隣に座っていて、そういう人たちがみんなで面白かったって言えるような雰囲気を作りたいなと思ってますね。

出会いを大切に、共有できる場に

ソウマ　私はワークショップで隣に来た人がその日初めて会って、もう会わないかもしれない人なのに、なんの情報もなく1時間、2時間過ぎてさようならって別れちゃうのがとても残念なことだなっていつも思うんです。必ず最初にちょっとでもいいから自己紹介をしてもらっています。それをきっかけに敷居が少し下がって、楽しい時間が2時間続くといいなと。

横山　僕、ソウマさんのワークショップを受けさせていただいたこともありますし、このお話を何度も伺っていて…このお話はね、毎回凄いなって思うんですよ。それがね、僕できていないんですよね…。

ソウマ　その場にね。せっかくご縁があった人たちなので、と思うんです。

横山　ほんと、そうですよね。僕ができるのはせいぜい、ネーム用紙を渡して、今日あなたが呼んでほしい名前を書いてくださいと。あだ名でもいいと言うと中には、ハンドルネーム（パソコンの）を書いちゃう人もいて。それで僕は呼ぶんですけど、僕はまだソウマさんほどワークショップをそういう形にできていないなって思うせいか、どうしても、まだ自己紹介の時間が生み出せてないんですよ。

ソウマ　そうなんですね。

横山　それをね、ちょっと今度…自己紹介も込みで、やってみないといけないなあ。

ソウマ　楽しいと思いますよ。自己紹介に合わせて私はよく、好きなものを聞くんです。好きなものって、それこそ正解がないものなので。だから、寒い時期だったら…おでんの好きなタネ2つくらい教えてくださいって聞きます。そこでみんなの当たり前がちょっと違うのもわかったりするんです。

横山　すごいな。

ソウマ　例えば、3日めのこんにゃくが美味しいと言う人がいる。だけど、コンビニでおでんを買う人にそれは分からない。「どんな味ですか?」とつながっていく。そこで、ぐっと距離が近くなってからの糸紡ぎ。そんなしかけを大事にしたいなと思うんです。何回も来てる人は「またやるのね」って感じですけど。

横山　そのお話もね、僕伺っているはずなんですけど、改めてすごいお話だなって思いますね。今、全然関係ないのに、好きなおでんのタネ言いたいですもん。「僕はちくわぶ」。

ソウマ　ちくわぶなんですね。そこからもその人のことが少し分かるんですよ。ちくわぶが無い地方があって。「それなんですか?」ってつながるし、こんにゃくの色が違ったり、つけるものが違ったり…。そこで一気に打ち解けますし、和ませてくれる人もいるんですよ。私もやっていて楽しいし、緊張がほぐれるスタートになります。

横山　いやあ、話の破壊力がすごい。僕はソウマさんから前にも伺っているお話なんですけど、それでもすごい。でも、そうだ、そうでないといけないなって思いますね。それで、その後で、自分の中で技法を見つけていく時間を過ごすという。

ソウマ　そうですね。

「ものづくり」の順番とは

横山　実際、こういう「ものづくり」って、絶対にそういうものののはずなんですよ。ベースに世界というか、世界の理《ことわり》みたいなものがあって、太陽があって、宇宙が回っているとか。木が生えるとか。冬になったら枯れて、みたいな。その中で生きて、生きてきて色々なものを作って、その末に自分が生まれて、自分の地域の、その先の話じゃないですけど…地域と時代性を持って、自分の中に染み込んでいって、その上で本当は「ものづくり」ってあるはずなんですが、技術を先に伝えられてしまうと、「ものづくり」の技法自体がいきなりドンとベースになってしまう。その上で何か作るというのは、オリジナリティのあるものが出にくいなあと思うんですよね。

ソウマ　地のものとか、地の人などがあって、そこから「ものづくり」が始まるという。順番がちょっと違いますよね。

横山　ああ、私もそう思います。

ソウマ　例えば服を作ることを考える時に、全体に服があって、一部に装飾がありますよね。でも一部だけが一人走りしちゃって、全体が置き去りになっているから、バランスが崩れたものになってしまう。それでも魅力のある装飾や技法は、形を変えて伝わっていくものなんだろうなって思います。色々な技法がその人なりに工夫されたり、創作されて。味付けが変わっていって、ボタンのつけ方ひとつでも色々な方法があるっていうのも、面白いことなんだと思います。糸の紡ぎ方も、色々な工夫が重ねられています。

横山　どうしても最初から、これが洗練された技法ですって決められていると、その多様性みたいなものが失われていってしまいますよね。一方で、こうした方が要領がいいよねとか、こうした方が持ちがいいよとか、それはそれであるけれど、それも要領がいいものを探していく中でそういう技法に出会って見つけて、という順番が大切で、最初から「よくわからないけど要領が良いのね」とやってしまうよりも、意味が分かると良いですよね。

ソウマ　そうですね。「ものづくり」の勢いを例える時に、ここからスタートしてここへゴールするのに、情熱だけで走って技術は後の人と、技術をコツコツいってから楽しむ人と、ふた通りありますね。

横山　分かります。

ソウマ　小さな木枠で織りを始めたばかりの人が、「大きな木枠に糸を枠いっぱいに張って織れば、服地ができるのね」って突っ走った人がいるんです。それもひとつの方法ですね。「木枠っていうのもあるけど、織り機というのもあるのね」と、後から知る人もいるし。コツコツと織りのことを勉強してから服地を作る人もいるし。その真ん中に行く人も

いるだろうし。ワークショップで出会った人は発想が豊かですね。

横山　それぞれの人のスタイルがあってすごいです。僕がこの書籍でテーマにしたいことのひとつが技法についてどう考えるか、なので。あと、これはまた別ページの西村さんとの対談〈P.118〉で話題に上がったんですが、「辛くない」っていうことも大事なんじゃないかと。

ソウマ　楽しめるってことですね。

横山　そうですよね。そこに何かあるんじゃないかと。それで、その話に添って…というかいつも伺っているお話なのに、やっぱりすごいと改めて感じました。「ものづくり」をワークショップという短時間の中で、自然に、本来の順番でされているなあ。…すごい破壊力のあるお話ですよ。大体、その順番って本当に逆になっちゃいますから。

ソウマ　そうですね。大事にするんだったら、その人がやるのを待つ。手を出さずに待つ。だから、なんて手抜きなんでしょうと思う人もいるかもしれませんが。でも、どうしたいのかな？って待つことを大切にしています。学校の学びに慣れていると、画用紙広げて、クレヨンを出して、「はい、じゃあ今日は何を描きます」って感じで始まりますよね。でもそうじゃなくて、白い紙を広げて、それを前にして、一緒に座ってみる。そのうち「そういえば昨日ね…」なんて言葉が出て来る。続けておしゃべりしていると、その子がクレヨンを出して、「じゃあ僕、描く」って言ったら、やったーって感じですね。そうして、その子が「描きたい」っていう能動の塊になって、描き始める。嫌々やるのでなく、自分から描く。これは子どものワークショップの例ですが、「ものづくり」のワークショップに来る人は、50%以上作りたくてすでに能動的です。

横山　まあ、そうですよね。

ソウマ　お金を払って時間を作って来る人は、そこでもう半分まできていて、あとは自分で少し努力すれば紡げるようになるのです。ご飯が炊けるようになるのと一緒で、毎日のようにやっていればできます、と。

横山　なるほど。これはもういきなり核心をついた内容で、私としては、心が洗われるようでした。

毎日続けていればできます

条件があるからこそ、自由に作れる

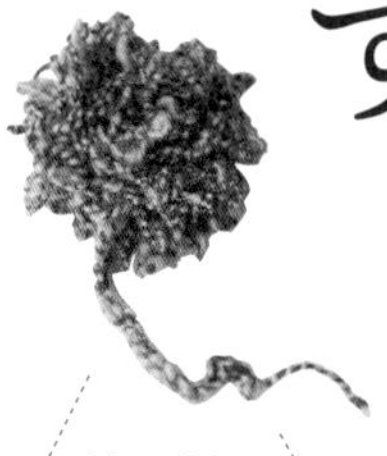

紡いだ糸のブローチ。ソウマさん作

横山　次にソウマさんが作られたものを見せていただけますか？　これは、ブローチですか？

ソウマ　ブローチです。何もつけないとあまりにも殺風景かなと思って。

横山　かわいい。

ソウマ　先ほどのインドネシアのわたを紡ぐ道具も、こういう受けがあるとすごく回しやすいですよね。

横山　おお。良いですね。絵として、そういう皿で回しているとか、受けがあるのすごく良いですね。

ソウマ　本当はこれとセットになっているものがあったのですが、ヤシの実をくりぬいたものだったので。それよりもやっぱり、摩擦が少ないこういうものの方がよく回るので。

横山　なるほど。面白いな。先ほどの「技法を自分で『発見』する」というようなお話しと「これはスピンドルに使える」という発見と似ていますね。…あと、実際の紡ぎもまったく制限が無くて、なんでもして良いよっていうものよりも、なんらかの目的や制限が「条件」になっていった方が見つけやすい、もしくは作りやすい、みたいなことがあるんじゃないかなあと思うんですけれど。

ソウマ　機能とか役割が明確だったら作りやすいと思います。

横山　要素が決まっていて、そこだ

インドネシアのわたを紡ぐ道具も、下に受けを置くと使いやすくなる。受けに使っているのは「松野屋」さんの木皿。

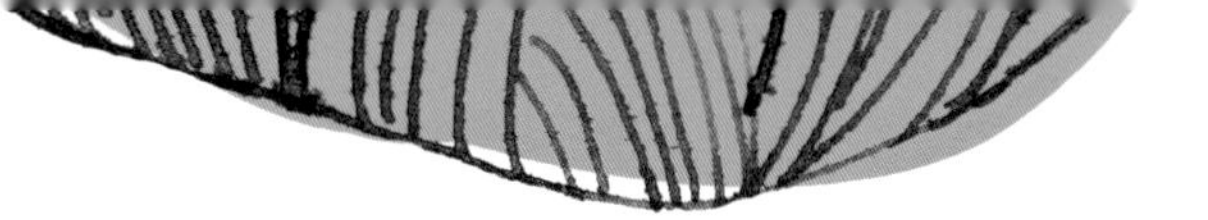

けは押さえて、あとは自由っていう方が、人間自由にできるんじゃないかなと思うんですけど。

ソウマ　そうですね。好きなもの作って良いよって言っても、例えばそれが朝ごはんなのか、お弁当なのか、そういうことじゃないでしょうか？

横山　本当にそうだと思います。その条件みたいなものが、糸の場合は「切れない」。

ソウマ　そう。「切れない」、それだけ。

横山　それだけですよね。それで、糸って、糸状のもの、紐状のものって、人の最古の材料でもあり、道具でもあると思うんですよ。それで、糸の条件って、切れない、だけなんですか？　考えられることとしては。他にもなにか、こういう風な使い方、とかはありますか？

ソウマ　糸偏がつく字を調べるとわかるんですけれど、切れてはいけない言葉に多く使われているんです。

横山　ほう、なるほど。

ソウマ　切れない言葉。調《ととの》っているとか、均一というよりは、切れないっていうこと。それで、さっき言ったように束ねるために、最初に糸を作って、それを強くするために、さらに太くしていくんです。

シンプルなのに役に立つ紐の魅力

横山　紐をお作りになると伺ったんですけど。ちょっと、見せていただいても良いですか？

ソウマ　紐はこれ〈P.80〉ですね。ちょっと短めですけど。

横山　これは紡いだものですか？

ソウマ　はい。紡いだ糸をさらにまとめたもので、繊維の束がどんどん太く、強くなっています。

横山　なるほど。これは、組み合わせるみたいなことですか？

ソウマ　組み紐は道具を使うのでちょっと違うと思うんですけれど。私はできるだけ道具を使わずに、ものを作りたいんです。これも自分の指だけで作ります。組む時は糸をフックや柱に引っかける、または、もう一方を誰かに持っていてもらいます。自分の足でもいいんですよ。

横山　なるほど。

ソウマ　指だけで、操作して作る紐です。

横山　なるほど。これは何かを束ねるためのものですか？

ソウマ　そうですね。縛ったり、結んだり。包んだ後にくるって巻いて留めるとか。

「こんな風に糸を足にかけて紐を組んでもいい」とソウマさん。

横山　まあ、紐というのはそういうまとめるという目的のためのものですよね。これも切れちゃいけないですよね？

ソウマ　もちろんです。

横山　もちろん切れないように作るんですけど、同時に、紐として役に立つためには、切らないとこの長さにはならないわけですよね？

ソウマ　切らないというのは、揃えて切るということですか？

横山　揃えて切ったり、本来はもっと長い糸を組んだ後に切るという…。だから、この長さが適当な時とこの長さが適当な時ってやっぱり違うじゃないですか。

ソウマ　違いますね。

横山　これは、ここの長さで切れているわけですよね。非常にお話が示唆的で面白いなって思うのが、紐は切れちゃいけないけれど、切らないと使えないって思ったんですよ。ほかにも紐はたくさん作られているんですか？

ソウマ　いつも糸が身の周りにあるので、指を使ってキュキュっと作ります。慣れるまでは時間がいるんだと思うんですけど、覚えてしまえば、簡単なこと。

横山　なるほど。

ソウマ　手を動かして役に立つものができるっていうのがすごく良いかなと。装飾も若干はあるんですけど、物を包んでまとめる機能があるし、そういう役目があるものを作るのがやっぱり良いかなって思います。ブローチなどは可愛いけど装飾が目的。それよりも役に立つものができる方が、なんとなく自分の性に合っていますね。

紐を手作りすることから見える未来

横山　先ほどもお話ししましたけど、紐って本当に最古の道具だと思うんですよね。今の時代、紐に変わ

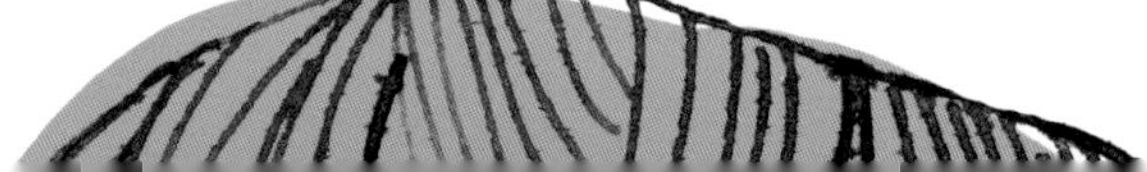

結んだり、縛ったり。そういう役目があるものを作るのがいいかな、と

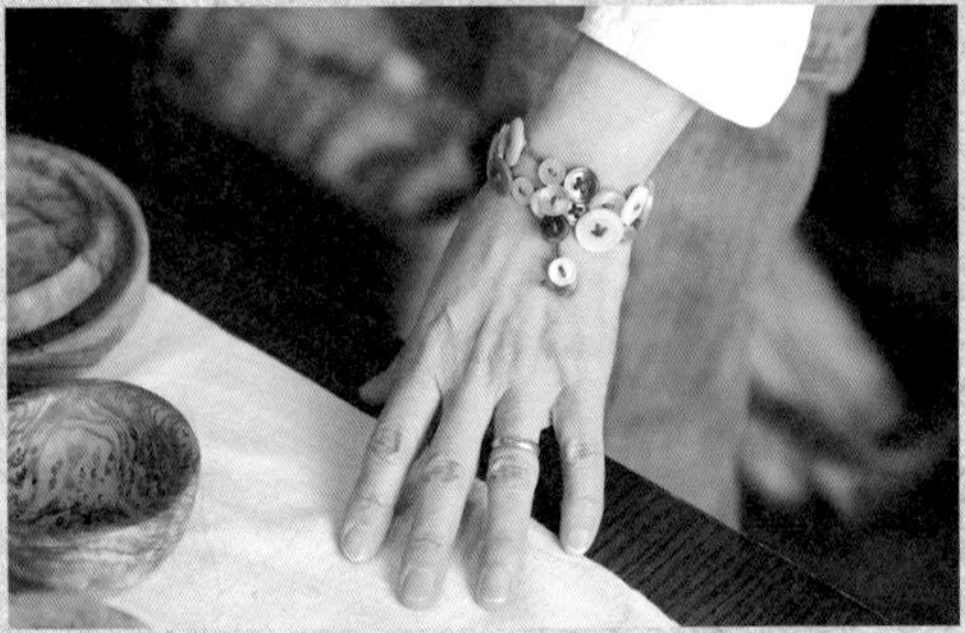

ソウマさんは言う。布の包みは使っている時にカサカサパリパリ音がしなくていい。紡いだ糸で縫い取りした布は包みにも敷物にも姿を変える。ウッドボールをくるめばダーニングの土台にも。昔のボタンを糸でつないだブレスレットや紡いだ糸のブローチ、紡いだ糸を組んだ紐、やがて糸になるであろう原毛たち。出番を待つソウマさんの持ち物たちは、静かだけれどとても雄弁だった。

糸は最古の材料であり、道具。包む、束ねる、吊るす、結ぶ。身近過ぎて忘れがちだけれど、実はすごく役に立つ存在だ。1本ではすぐ切れてしまうこともある。だから先人たちは撚ったり組んだりして、丈夫な紐を作ったのだろう。長さも太さもそれぞれ。使い道はいろいろあるし、足りなかったら結んで長くしてもいい。暮らしの中の「ものづくり」とは、元々そんなものなんだと思う。

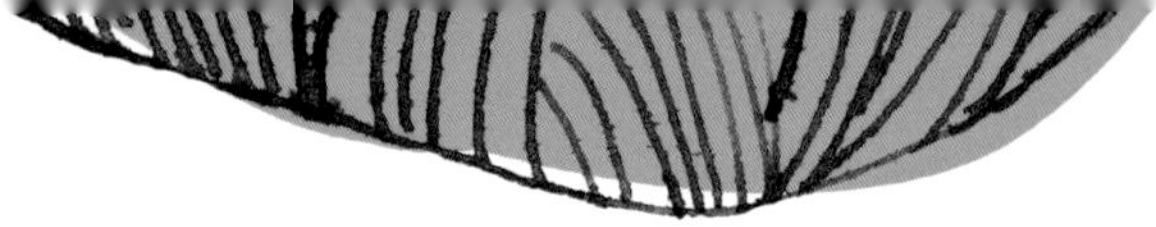

るものってたくさんあるじゃないですか。

ソウマ　そうですね。レジ袋とか。

横山　そうですね。無数にある。それで、その中でこの紐を手作りしていく意味っていうのは、ソウマさんとしては何かありますか?

ソウマ　そうですね。

横山　意味とか考えちゃいけないのかもしれないですけどね。

ソウマ　一番は、作っていて楽しい。

横山　ああ、いいですね。

ソウマ　楽しいっていうのと…。なんだろう。やっぱり自分のものっていう思いかな。もちろん大事なものも入っているし、これには何が入っているっていう目印にもなりますよね。

横山　なるほど。やっぱり一本一本違うものができるんですね。

ソウマ　逆に、二つとして同じものを作ることが難しい。

横山　ああ、決して同じものができない。

ソウマ　そうです。

横山　なるほど。

ソウマ　作る時に、長めの紐とか、短めの紐、くらいの計算しかしていないんですよね。できたら思ったより短かったとか。

横山　何センチの紐を作ろうとかではなくて。結果としてなんですね。確かにさっき仰ってたような、実用的な、必要なっていう観点から考えたら、このままの感じで近代的な生活を続けていくと、地球がうまくいかなくなっちゃうっていうのを、流石にみんなが分かってきましたよね。持続可能性であるとか、永遠のための17項目のやらなきゃいけないこととか。それに当てはめる必要は無いと思うし、逆にそういうことを無理やり当てはめるのってかっこよくないと僕は思うんですけど。でも、今必要なこととして、こういう紐で結べるじゃない、と。ビニール紐とかだと使い捨てになってしまう。紐でさえ使い捨てになってしまうわけですよ。自分で作った紐だったら、使い捨てにはならないですよね。

ソウマ　そう願いたいですね。

横山　そうですよね。そういう意味では突破口みたいなものなんじゃないかと。非常に今、実用的、必要的、みたいな手作りのものとしては、紐は良いんじゃないかなと思うんですよね。

ソウマ　そうですね。そして紡ぎにしても紐にしても、本当にちょっとした生活の中にあった手仕事ですから。

横山　そうですね。

ソウマ　この紐の作り方はもちろん紐を作るために使えるけれど、もっと全然違うことにも応用していけると思うんですよ。考え方の仕組みが、どこか記憶に残ると思うんですよね。材料や環境が変わっても、目的が変わっても、こんな風にすると材料って絡んで長くなって繋がって丈夫になるんだというのが。違う考え方に置き換えられると思います。何でも入るレジ袋が便利って言われても、その袋は、あなたが作っていないし、どこかに行って買わなきゃいけない。だからこの技法を知っているというか、自分が理解しているっていうことは、すごく大事なことだと思う。

横山　どこかで繋がったり応用できたりするような機会というのはあると僕も思うことありますけど、まさにそういうところですね。

ソウマ　この紐の技法もいろいろあるんですよ。昔から日本にも、ヨーロッパにも、アジアにもあったんです。名前が違うけれど、同じものもあります。そして色々な地方で必要と思った人が考えた技法は人に伝わっていくうちに間違えて変化していくんですよ。

紡いだ糸で作った紐いろいろ。

横山　ほう。

ソウマ　間違えるって言ったらおかしいけれど、例えば、これの作り方を誰かから習う。でも自分なりに理解して、ちょっと違う作り方で、間違えたまま続けていっても別の柄の紐ができあがる。そういうのも含めて面白いなと。

横山　なるほど。

ソウマ　これは木綿の細い糸ですね。絹でやれば、もっともっと変わるでしょう。

横山　途中から組み方が変わってるのが可愛いですね。

ソウマ　これ、途中で間違えちゃっ

間違えたまま組んでも紐になっていればいい

たんです。

横山　間違えてるっていうのが、そのまま可愛いというのは良いですね。でも、さっきおっしゃっていたのはこういうことですよね。

ソウマ　ええ。間違えましたって言わないで目印にしました、と。

横山　なるほど。この「間違えました」っていうのもまさにあるんですけど、書いてある通りに組んでいなくても、ある一定のその人の組み方でいけばちゃんと組めてしまうんですか？

ソウマ　そうですね。できます。それとは違うけど、紐になっていれば、まあ良いかって。

横山　紐になっていれば良し、みたいな考え方って、救われる人もいるだろうなって思いますね。

ソウマ　そうですね。紐っていう機能を果たせばそれでいいんじゃないかなって。

横山　僕はその考え方に心から賛成したいですね。逆にその方が自由であり、実用的ですよね。多様性もあって、良いことづくめだと思いますね。

ソウマ　その人の手の動かし方の癖というか個性ですね。

横山　何かのそういう必要性、実用性を元に。紐として使えるんだったら、もうそれで良いという目で作品を見ていく。そして、それ以外のところは全部良しにしてしまう。この考え方は、意外に言葉でこうやって話していると、それは良いよねという話になるし、みんなもそれは良いっていうことは分かるんだけれど、実際にそれを、じゃあどこどこでワークショップしますとか、どこどこの資格をとった先生が教えます、とかいう話の時に、それがスポっと抜けちゃうことになることが多いんです。だから、それを忘れないように、みんなで感じていくことが大事だったりするんじゃないかなあと思ってます。こういったものを人に伝えていく時に、必要な場っていうのは、どんどん少なくなっていっているんじゃないかなって思っているんですが。

ソウマ　そうですね。本来は生活の中で必要だから伝わっていったのですけど、今はこれを本当に作りたいって思っている人にしか伝わっていかないですよね。その点では、必需品ではないと思います。

横山　必需品ではない。先ほどお話したように、代替可能な感じになっているっていうことですよね。

ソウマ　絹の糸を組む、組み紐というのは、着物の文化があってこその一部の必需品ですから、たぶん今後も続いて行くと思うんです。でも私の作る紐はちょこちょこっと作るようなものなので…。

多様性のある手作りが生まれる場

横山　逆に僕が見ると、これがあることがすごいと、実際はむしろ必要になってくるものなんじゃないかなって思うんですよね。自分で作るということでそのものを大事にする気持が生まれたり…。それがもっと伝わっていく、自然に伝わっていく場がどのようになったらできていくかなということも考えますよ。先ほども少しお話ししましたけど、オンラインでは伝わりづらいようなところがあるじゃないですか。オンラインってどうしても必要なことを、情報を伝えるという感じになっていってしまう…。

ソウマ　正解を求める道筋にどうしても陥りそうな気がします。

横山　インターネットの動画文化などがもたらしたものって大きいとは思うんですけれど。色々な人が色々な技法の動画をあげたらみんなで見られるわけですからね。それによって、他の国にはこんな技法があって、これでも良いんだって思えたり、文化が広がる可能性も増しますし、それによって生まれたこともあると思っています。でも、それはそうかもしれないけれど、今日、ソウマさんにお話しを伺ったような、「じゃあおでんの好きなタネを2つ言ってってください」、みたいなところで、ああ、この人はこうなんだ、とか、

自分と全然違う人がいるんだ、とか。ああ、自分は普通だと思っていたけど、そうかこんなにみんなそれぞれの生活があるんだって思い知るとか。そういう体験はしづらいとは思うんですよね。

ソウマ　そうですね。

横山　本来はそういう体験を自分ですることによって、その「自分らしさ」が、その上で出てくる自分の「ものづくり」に反映されるものなのに、それに気づける「場」がちょっと少なくなっていってるというのは、残念な話だなあと思います。技法を中心にした講座やワークショップが多い中で、独自のワークショップの場を作り上げているソウマさんにさらに伺いたいんですけれど、どのようなことを気にして、生活に何を取り入れていったら「ものづくり」が自然にできるようになるのでしょうか？

ソウマ　すごく難しいですね。

横山　難しい話だと思うんですけど。

ソウマ　糸紡ぎのワークショップに関していうと、決して、糸を紡ごうとは言っていないんですよ。「糸を紡ぐってこんなこと」って題名でワ

ークショップを続けているので、それが分かってもらえる人に来てほしいと思います。紡ぐってこういうことなんだよっていうのを知ってほしいというスタンスでやっています。糸屋さんとか、編み物をする人が多い場でやることが多いんですけど。糸に対してすでに興味や知識のある人たちです。そうではなくて、糸から離れた暮らしに近いお店、例えばここ、荒物を扱っている「松野屋」さんのような場。

横山　ああ、松野屋さん。

ソウマ　松野屋さんとか、本屋さん、自転車屋さんとか。そういうところに意外と糸が好きという人や「ものってどうやってできるんだろう」って、全然違う思考回路から糸紡ぎに向かって来る人がいるんです。全然違う「ものづくり」の世界の職人さん、勉強熱心な人。なんでも自分は素材から作りたい人など。色々な方角に向いている、そういう人が参加しやすい、いわゆる平場《ひらば》のワークショップの場を大切にしています。

横山　はい。

ソウマ　そんな平場に集まる人の中から糸紡ぎとか、紐を作る人というのが、実は生まれて来るような気がします。

横山　おっしゃるところは、本当に私、共感します。糸界隈、羊毛界隈、編み物界隈の中だけで話を済まそうと思っているからこそ、技法の話になるんじゃないかなって思っているところもあります。でも、つなげようとしたらたくさんつながる。例えば本屋さんでも、本を持ち歩く時に、何冊かまとめるブックバンドみたいなのあるじゃないですか。あれも紐といえば紐ですよね。そして、自転車屋さんでも…自転車の文化を私よく知らないんですけど、でも、何かをまとめるのに紐は便利。

ソウマ　自転車と糸って結構近いんですよ。インドへ行くと分かるんですけど。糸紡ぎの部品に自転車がすごく活躍するんですよ。車輪とかね。

横山　はい、骨董品屋さんなどで見ます。

ソウマ　この車輪で糸紡げるよねって意気投合した時があって。

横山　私も骨董品屋さんのサイトで見ました。昔の女学校に置いてあった、自転車を利用した糸紡ぎの機械…糸巻き機みたいな…。

ソウマ　回せるタイプですね。

横山　回せるタイプです。

ソウマ　見たことあります。

横山　これが糸紡ぎでできるものだから、羊毛でできてるから、編み物に使うものだから、手芸の分野だから…ということで、その分野の中に納めるのではなくて、何か他の分野との共通点を見つける。それも、他の分野でも使う、もしくは、そっちの分野のものをこっちで道具として使っているんだよねと、どんどんつなげていく。昔はみんなが自然に集まって、暮らしの中で必要性があって作っていったから、そういうことが伝わっていたんですね。でも今は、暮らしに必要だからみんなで集まろう…とはならないわけで、疑似的にそういう色んな要素を入れ込むようなことを、コラボレーションで起きるような場にしていこうということですね。コラボレーションって、いろんな意味があるとは思っていたんですけど、やはり大事ですね。

ソウマ　異文化交流っていうかね。

横山　異文化交流、まさにそうですね。コラボレーションってやっぱり必要ですね。それで、実際に、自転車屋さんでワークショップをされているんですか?

ソウマ　していますよ。

横山　むう…、意外とも思える組み合わせ、私ももっと進めたいなあ。

対談場所／谷中 松野屋

下町、谷中にある荒物問屋。扱うのは愛着を持って長く使える、自然素材を中心とした生活道具たち。店主・松野弘さんが吟味した品々はしっくり手に馴染むものばかり。

【問い合わせ先】＞P.160

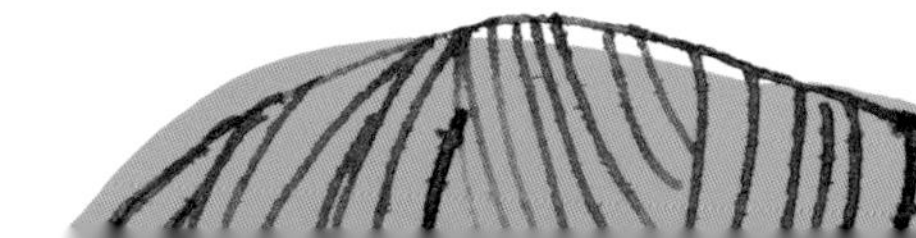

How to make

指で組む紐

中央にハートのような模様が並ぶ紐です。作品は並太タイプの糸を使い、青2本(A色)、白1本(B色)、赤1本(C色)で組んでいます。完成した紐の太さは約7㎜です。

材料

好みの糸や毛糸(A色_2本、B色_1本、C色_1本)。
1本の長さは、長くても2m前後まで。
※紐を組む時、両手で広げて引き締める作業ができる長さを目安にしてください。

組み方

組み始める前に

◉糸はそれぞれ2つ折りし、1束にまとめて糸端側をひと結びする。
◉ひと結び側をフックなどにひっかけ、糸束を固定する。

←紐の組み方はこちら

1　4本の糸のループを写真のように指にかけて構える。

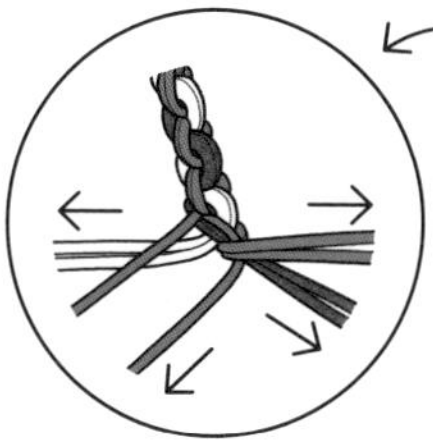

左右に広げたところ。

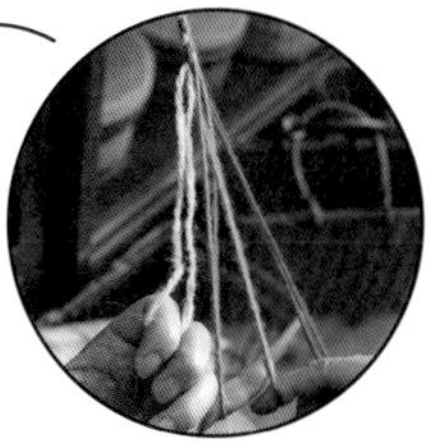

交差がすんだところ。

2　右の青のループ(☆)を左の青のループ(★)の中にくぐらせ、糸をかけていた指を持ち変える。
※糸を持ち替えたら1のように糸を左右に広げて交差を引きしめる。

交差がすんだところ。

3　続いて、右の赤のループを左の白のループの中にくぐらせ、糸をかけていた指を持ち変える。

4　糸を左右に広げて交差を引きしめる。続けて、2と同じ要領で、青のループ同士を交差させて引きしめ、次に右の白のループを左の赤のループの中にくぐらせ、交差を引きしめる。これを繰り返す。

Column

編み物ないしょ話

往復書簡 東京ー京都 今日も編み物日和です

Letter

森國文佳さん
（京都芸術大学大学院修士課程在学中）

もりくに・ふみか
Instagram：@fumi.ponpon

○月×日
森國様

「往復書簡」を受けてくださりありがとうございます。改めまして自己紹介します。私は横山起也といいます。手芸業界で様々な活動をしています。その活動のひとつに「編みキノコ」があります。編みキノコは「菌糸」ではなく「毛糸」から生えてくるのですが、その時間はとても自由で楽しく、自分でも気に入っております。他にも、様々なイベントやコラボレーションを企画しております。森國さんも自己紹介してくださると嬉しいです。よろしくお願いいたします。

横山

○月△日
横山様

こちらこそお声がけいただきありがとうございます。私も自己紹介をさせていただきます。森國文佳と申します。私は現在、京都芸術大学大学院で染織テキスタイルを専攻していて、「コミュニケーションツールとしての手芸」をキーワードに編み作品の研究・制作活動をしています。編みキノコはインスタグラムからも拝見していました。写真を見るだけでなんだかキノコたちの声が聴こえてくるような気がします！

これは大学の藝術学舎という冊子の表紙を担当しているのですが、最近、流れ出す水を編むという新しい挑戦をしたものです。

森國

○月十日
森國様

森國さんはアーティストであり、大学院生であるのですね。そして「流れ出す水を編む」!! 「流れ出す水」と「編み物」のそれぞれが持つ「時間性」が1つの作品で表現されていてシャッポを脱ぎました。脱帽。もしよろしければ森國さんの他の作品も拝見したいです。ちなみに写真は私の作品で、大阪にある某塔に憧れた編みキノコです。編みキノコは「自分ではない存在」に憧れる過程を経て、自分がキノコであることを知っていきます。

台所で鍋が吹いているようなので短く失礼いたします。

横山

○月□日

横山様

お褒めの言葉、嬉しい限りです！　自分でも糸で水を編んでいる時は不思議な気持ちでした。では、他の作品もということで、大学の卒業作品をご紹介します。我が家は祖母と母も編み物をするのですが、この「Beyond the frame of shugei」は、3世代で編んだ作品です。約400個のモチーフを繋ぎ、直径1・5mの大きな作品になりました。形は屋根をイメージし、下には人が入れます。写真〈P.88〉は左から祖母、母、私が編んでいる手元です。普段は服や小物を作っていた2人も、この完成形に驚いていました！

私は編み物や手芸は、編んで終わりではなく、人と繋がるコミュニケーションツールだと考えています。編んでいる時には、祖母の昔話を聞きながら、手を動かしながら制作して、改めて編み物の可能性を感じました。編みキノコの小さくもどっしりと立っている感じが、あの塔を思い出させてくれますね。

森國

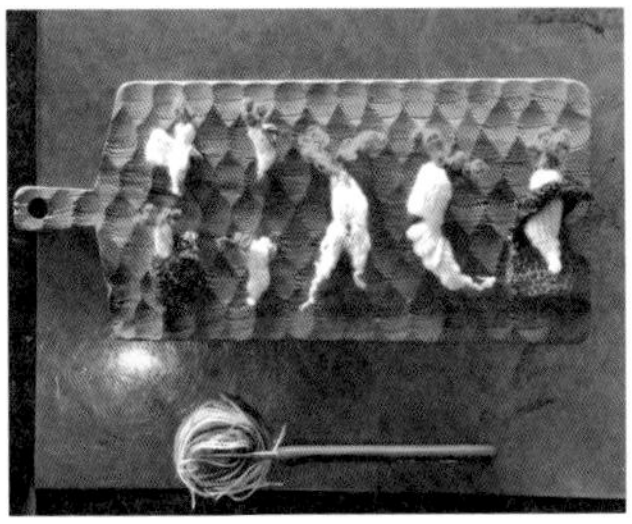

〇月★日
森國様

卒業制作！　しかも3世代で作った作品。なんて素敵なんでしょう！　「編み物はコミュニケーションツール」。そのお考えに私も共感です。編み物はコミュニケーション「場」を作ってくれると思います。コロナ前に各地で開催された「編み会」はもちろん、昔ながらの「編み物教室」もその要素を持っていたと思います。

森國さんの大学の卒業作品全体のテーマをもっと詳しく教えていただけますか？　興味津々で耳がダンボのようになっています。編み大根たちも聞きたがっているようです。

横山

〇月★日
横山様

なんと！　土から頭を出している編み大根！　愛らしいことこの上ないです！　二股大根さんもなんだか歩き出しそう。

少々長いのですが、この作品〈P.87〉のコンセプトをご紹介させていただきます。かつてより、手芸は生活の中に存在していた。しかし時代によってその目的や用途は違う。祖母は家族のため。母は趣味として。私はコミュニケーションツールとして。3世代の生きた時代と価値観は大きく違う。今回は、それぞれ違う「手芸時代」を歩んだ3人で編んだモチーフ編み作品である。時間をかけて丁寧に作ること、共同作業をすること、結果だけではなく過程を楽しむこと、を念頭に置いて進めた。これらの条件は、もしかしたら「創作」の定義を逸脱しているかもしれない。しかし、枠を超えたことで得られた達成感は小さくない。手芸の未来形を探していきたい。作品タイトルの「Beyond the frame of shugei」は、手芸の枠を超えてという意味です。作品のピースとしてモチーフ編みを選んでから、よく見るモチーフ編みは同じサイズのものをたくさん編んで、繋げてというものが多く、私も試作（帽子ぐらいのサイズ）まではきっちりと繋げていました。しかし、四角いモチーフだとどうしても隙間が生まれました。いつものようなきっちりA型の私だったら、その隙間をどうにか塞ぎたくなるのですが、この隙間がある、完璧ではない所が良いなと思えたのです。

帽子くらいのサイズの試作。

そうして、糸ではなく、金属で鎖状にモチーフを繋いだりして、決まりごとのような常識になっていることを視点を変えて自由に手の動くままにやってみたら新しいものが生まれました。これが作品のテーマになりました。

森國

親子3世代が編み物をしている手元。

○月◇日
森國様

なんと！　時代や世代で編み物の意義が変わっていくのは仰るとおりで、私もまったく同感ですが、それを1つの作品にまとめられているところがアーティスト・森國さんの素敵さだと感じております。「手芸の未来形」、ぜひまた別の機会にお話うかがいたいです！

このようなコンセプトを導き出し、作品を創作される森國さんにもう1つ伺いたいことがあります。「芸術」「アート」分野での編み物の可能性についてはどうお考えでしょうか？

ちなみにこちらは昨日生えてきた編みキノコです。　横山

○月◇日
横山様

「手芸の未来形」というワードが私の大学院研究テーマにもなったので、ぜひまたお話しできると嬉しいです！

まだまだアートも編み物も日々勉強途中の身ですが、「芸術」「アート」分野での編み物の可能性は無限大で大きなパワーがあると考えています。なんといってもまず技法の面で、編み物の良いところは編み針と糸さえあれば、どこでも場所を選ばずできるところ。また、染めた糸を絵の具に、編み針を筆に、絵を描くように平面から立体まで自由に描くこともできる最高のツールだと思います。編んで納得いかなければほどけるところも魅力です。私は編み物は、技法としてだけではなく、人が集まる場所や対話する時間を作ることができると考えていて、それは私がアートの世界で編み物を選んだ一番の理由である「人と繋がることができる」とも関係しています。

私の体験談からお話すると、祖母と一緒に編み物をしていた時に普段の日常会話では出てこないような話を聴くことができました。「ふみちゃんが生まれた時、ばあちゃんがかぎ針でおくるみ編んだんよ」「これは昔、私の亡くなったお姉さんが編んだ草履なんよ」そういった初耳話が聴けたりして、これってただインタビューするよりすごく自然で良いなと直感的に思いました。その時、私が聴かなかったら埋もれていた話や物を形として遺すことが編み物とアートをしている私が遺していけることではないかと思ったんです。

今、世の中は大量生産大量消費の時代から持続可能な生産消費の時代へと移行してきていると思います。編み物は家や家庭などこれまでの居場所を離れて鑑賞されることで、手仕事としての価値を再認識するきっかけ作りもできると考えています。だから、私は制作することを通して人と対話しながら自然にコミュニケーションが取れる空間を編み物で作っていきたいです。

実は秋に向けて、私も最近キノコを編みました。色から想像するにおそらく、毒キノコです。友人の手から生えています。卒業制作作品の手染め糸を使っているので、あの作品の分身ともいえるかもしれません。京都も30度を超える暑さと雨が交代でやってきて、京都の夏らしくなってきました。　森國

○月～日
森國様

「編み物の可能性は無限大」、素敵です。同感です。そして森國さんの編みキノコ。私の編みキノコたちが会いたがってざわざわしております。京都に伺う際には一緒に編みたく存じます。その時は何卒よろしくお願いいたします。　横山

ものを作る行為には技法や作る人の
精神面についてのことがつきまとうから、
それらについてはたくさん語られる。
しかし、時に光恵さんのいう
「余白」のような
「作品世界をまとめるコツ」
みたいなものが必要になってくるのだ。

オラン君が生きているのは
光恵さんが「うまいから」だけではないことを
感じていただきたいな、
と私は思っている。

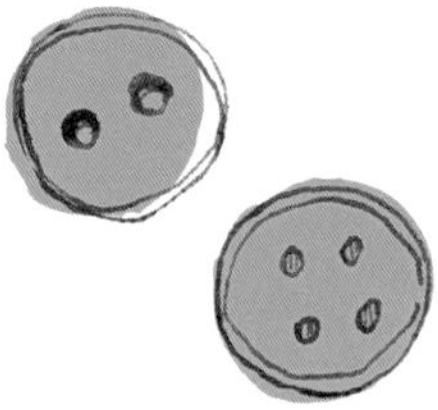

光恵

Mitsue

幼少の頃より、母と祖母の親子三世代で編み物に親しむ。2006年よりあみぐるみの制作を開始。編み図やレシピはなく、その時々のインスピレーションを大切に、鼓動と体温が感じられる作品を目指している。毛糸等の素材にもこだわり、廃番糸や海外の糸、母がストックしている昭和時代の糸など珍しい糸を使用。あみぐるみが日本発祥の文化、「AMIGURUMI」は世界共通語と知って以来、国内はもちろん海外にも活動の場を広げている。

「余白」を残す

「まるで生きているみたい」ではなく、
生きているのだ。
あなたもオラン君を抱っこする光恵さんと
話をすればわかるはずである。

では、どうしてオラン君は
「生命」を得られたのだろうか。

もちろん、そこには「ものづくり」の
秘密と力が働いているから、
私の言葉が追いつくことではないけれど、
光恵さんと何回もお話しさせていただいて
わかったことがある。

それは作品の「余白」だ。

光恵さんは作品を「作者の世界」ばかりで
埋めてしまうのではなく、
見る人が入り込めるように
「余白」を作るのだという。

このことは実際に、
会話から芸術作品まで人と人とが関わる
すべてのことに共通のコツであるが、
編み物の世界でそれを言葉にしている例は
私の知るかぎり少ない。

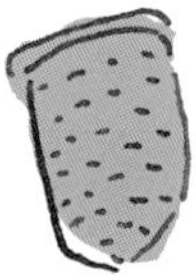

作品には見る人が入り込める

Guest **光恵さん**（あみぐるみ作家／編み造形師）

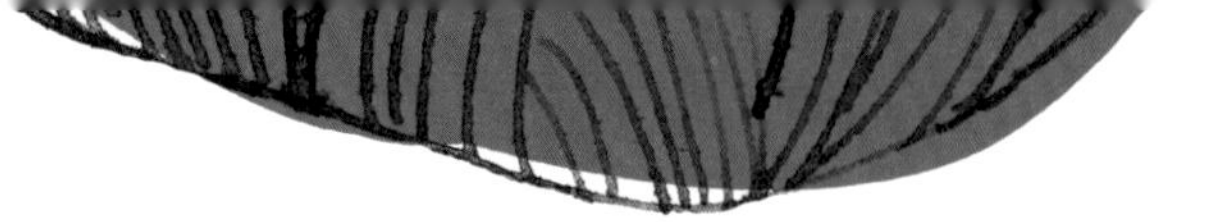

あみぐるみ作家であり、編み造形師の光恵さんは動物たちを編むパイオニア。今回は彼女が編んだ最愛のオランウータン「オラン君」〈P.93〉も参加した3者対談になりました。ZOOMで繰り広げられたLOVE & PEACEそしてCHALLENGEの話。

オラン君の誕生の話を聞かせて

横山　早速ですけど、オラン君は今日も元気ですか？

光恵　元気ですよ。

横山　オラン君はお子さんくらいの大きさがあって、光恵さんが抱っこしてあやしていると、なんだか生きてるみたいに見えますね。

光恵　そうですね。オランはあみぐるみではありますけど、私にとってはそれだけではないというか…。やっぱり日々の調子っていうのがあるんですよ。外に出た時は、すごく嬉しそうな顔に見えますから。

横山　お外が好きなんですね。しょんぼりする時もあるんですか？

光恵　しょんぼりする時？　しょんぼりする時は、多分、私がしょんぼりしている時かな。

横山　なるほど、なるほど。今もね、オラン君、光恵さんの顔を見て何か…。

光恵　ちょっと緊張してるみたい。

横山　うん、不思議だけどそう見えますね。あの、光恵さんには、まず最初にお聞きしたいことがあったんです。オラン君は光恵さんと編み物の話をするうえで欠かせない存在だと思うのですが、作ろうと思ったきっかけは何だったんでしょうか？。

光恵　少し遡るんですが、ちょうど翌年の干支が申という年に、私が編んだいろんな種類のお猿さんと、私のあみぐるみ講座の生徒さんの作品を展示した「猿展」という展示会を開催しました。その時、日本猿やメガネ猿、キンシコウなどを編んでいて。最後に、「あ、オランウータンもあったな」と思って編み始めたのがオランだったんです。

横山　最初はいろんな種類を編みたかったということですね。

光恵　はい。そうですね。

横山　なるほど。その時、オラン君をどこの部分から編んだんですか？

光恵　頭ですね。だいたいどの作品も頭から編み始めます。その他は、例えば「腕」の場合ですと、「腕の内側」と「外側」をそれぞれ違う毛質の糸で編む→「内側と外側をつなぐ」→「(腕の大きさに合う）手のひらを編む」→「手のひらを腕につなぐ」→「(手のひらの大きさに合う）指を5本編む」→「指を手のひらにつなぐ」→「(指の大きさに合う）爪を5枚編む」→「指に爪をつける」という感じです。もちろんそれだけじゃないんですけど、ワイヤー入れながらいろんなことをしながらなので。

横山　その時に、最初からイメージがあるんですか？　それともまず手を動かすことによってイメージが固めていくのか。そういう順番みたいなものってあるんでしょうか？

光恵　オランの場合は、大人と子どものどちらにするか、から始めました。オランウータンのこともあまり知らなかったのでまずは調べてみました。そしたら、大人のオランウータンというのは、毛並みがゴツくて長くて、類人猿の中ではゴリラに次ぐ大きさだったんですよ。私はもともと作品が巨大化しがちなので、これを編んだら多分ものすごく大きくなるだろうなってすぐに思いました。だから小さくてかわいらしい…、そう、オランウータンの子どもを編むことにしたんです。

横山　オラン君よく見させてもらっていいですか。

光恵　はい。

横山　これ、すべて編み物技術でできているわけですよね。

光恵　そうですね。全部編んでます。

横山　僕はこれまでもオンラインでオラン君と何度か会っているんですけど、彼を前にするたびに、この子は生きてるんだって感じてしまうんです。最初にちょっと言いましたけど「まるで生きてるようだ」って言葉すらも失礼な気がしてくる。

光恵　ありがとうございます。なんかね、みなさんに可愛がってもらっているうちに、どんどん命が吹き込まれていってる感じがします。

横山　風合いというのかな。見た目や編み地の感じもすごくリアルじゃないですか。きっと何か工夫をされていると思うんですが、どういう風にオラン君が生み出されていったかみたいな話を伺って良いですか？

光恵　例えば、どのような？

横山　アイデアとかもそうなんですけれど、実際に糸をどういう風に選ばれていったかとか。オラン君の顔を見ると、糸ではない部分もあると

オラン君。身長82cm。誕生日は
2016年3月20日。

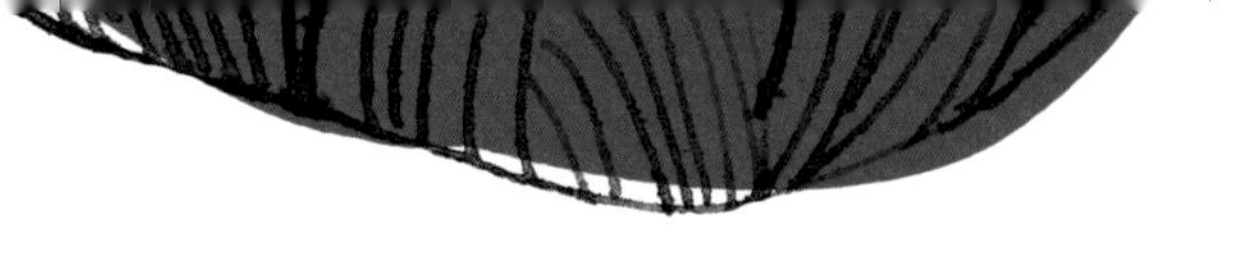

思うんですよね。どうですか？

光恵　そうですね。まず最初にしたのは、オランウータンってどんな毛並みをしていて、どんな動きをするんだろうとか、どんなところに住んで、どんなものを食べているんだろうとか、細かく調べることでした。なるべくリアルに近づけたかったので、試し編みの段階からできるだけ似た色や質感の毛糸を使うようにしたんですけどね。だから、糸を一本どりじゃなくて何本（何色）かを引き揃えて編み表せないかなって。そんな風に考えて試行錯誤してみました。

横山　編み表す。

光恵　表現するっていう感じですね。色味や質感を編んで表現するっていうのを、編み表すって、私はよく使うんです。

横山　とてもいい言葉だなと思います。

光恵　本当ですか？　よかった。

横山　そうすると、結局、市販されている1本の糸ではリアルさを編み表すのに限界があると。

光恵　はい。

横山　その時に2、3本の糸を混ぜたり、もっとたくさんの糸を合わせて編むことでイメージに近づいていくっていうことですね？

光恵　そうですね、はい。そんな感じです。

横山　その2本混ぜるみたいなのって、どういう風に決めていくんですか？

光恵　もちろん編んでいく段階で、あ、これはちょと失敗だったなっていうのもあるんですけれども、例えるなら、絵を描く時の絵の具を混ぜるようなイメージかな。この色にちょっと黄色っぽいの足したら肌の色に近づけられるかなとか、硬い毛の部分には少し濃い目の色を足してみたりとか、より豊かな表現ができないかなって。いうなれば、足し算ですね。

横山　なるほど。予測をしながら、トライアンドエラーを繰り返し、みたいな。

光恵　そうです。

横山　やはり、結構な確率で、ちょっと編んではほどき、みたいな感じになるんですか？

光恵　すぐほどく場合もありますし、様子を見たり、比べるためにそのまま編み進めることもあります。

横山　なるほど。ほかに素材選びなど気をつけていることってありますか？

光恵　そうですね、うーん…、祖母も母も編み物をする人でしたので、家に昭和時代の古い毛糸があったりするんです。そういう珍しい糸を使って、私にしか作れない1点ものにしたいなっていうのがありますね。あと、廃番になった毛糸を探したりとか。そういう貴重なものをオリジナルの作品には使うようにしています。

横山　素材からして、ちょっと手に入れにくいようなものを選んでいくということ。

光恵　そうですね。

横山　そうなってくると、素材っていうのはかなり光恵さんの作品の中では重要部分を占めてますね。

光恵　大事ですね。素材がすべてとは言いませんけれども、本当に大切なところです。選ぶところから作品づくりは始まっていますね。

横山　今、お話を伺ってて面白かったのが、ひたすらいいものを求めていくっていうのではなくて、元々家にあった古い糸を使おうとか、その1本の糸で足りない時は2本使おうとかっていうちょっとした工夫。そうやって作りたいものににじり寄っていくのが、光恵さんの作り方として確立されてるんだなあって思いました。

光恵　ありがとうございます。

横山　そう考えるとオラン君は完全オリジナルじゃないですか。

光恵　はい、そうですね。

オリジナル作品への道のり

横山　光恵さんは最初からこういったオリジナル作品を作ってきたんですか？　それともいろいろ作る中で、だんだんオリジナリティを発揮できるすき間を見つけていったのか、どっちなんでしょうか。とっても気になるんですけど。

光恵　そうですね…一番最初にあみぐるみっていうものを編んだのは、本を見ながら、本の通りに編みました。

横山　なるほど。

光恵　それまでは母が教えてくれた通りにマフラー編んだりとかだったので、あみぐるみのようなかぎ針で編む立体とは少し違ったんですよね。どういうところで減らし目や増やし目をして立体化するのかっていう基本の部分をちゃんと知りたかったので、独学ですけどタカモリ・トモコさんの本を買って、その通りに編んでみました。

横山　いうなれば第1期ですね。一番最初のあみぐるみは、今お手元にありますか？

光恵　はい、クマちゃんです〈P.104〉。

横山　この時は本の通りに編んでいった？

光恵　糸は指定の糸じゃないんですけど、編み図通りに配色もその通りにやりました。

横山　いやいやいや。光恵さんが初めて編んだあみぐるみのクマちゃんと、オラン君の間が繋がらないんですけど。この間で一体、何が起こったんだろう。

光恵　そうですね。オランはあみぐるみの表現方法を模索や葛藤しながら歩んでる道中で生まれたので、誕生はもう少し先の話です。でも、このクマちゃんが間違いなくスタートですよ。

横山　この先はどういう道中だったんですか？

光恵　道中はですね…。あみぐるみの2体めを編む時には、もう本と同じ編み方をするのは飽きちゃって。

横山　2体めを編むことになったたんですね。

光恵　はい。1体めは息子に編んだんですけれども、上にお姉ちゃんがいるので、お姉ちゃんも編んでほしいって。

横山　何を編んだんですか？

光恵　今度はウサギさんです。これも本に掲載されていた作品なんですけど、編み図にアレンジを加えて編みました。

横山　あ、バレリーナ？

光恵　そうなんです。バレリーナにしたんです。衣装にチュチュをつけたり、王冠を編んでかぶらせたり、ですね。たったこれだけのことですけど。

はじめて編んだクマはP.104。こちらは2体目のウサギのバレリーナ。

横山　アレンジしようとした時、バレリーナのお手本みたいなのがあったんですか？

光恵　それは無かったですね。娘が習ってたので、娘が着ていたピンク色のレオタードを思い浮かべながら編んで、チュチュがヒラヒラになるように、ちょっと増やし目しながら編んでみました。今見たらつたないですけど。これ、今も娘がお部屋に飾ってくれてるんです。当時は反抗期で大変だったんですけど、喜んでくれたのかなあと思っています。

第2期はテディベア風、ファーヤーンのもこもこ期

横山　1体めも、2体めもまだまだ愛されているんですね。2体めのウサギはバレリーナで、最初のクマよりはオリジナリティが少し出ました。では、その次の「もうちょっとオリジナリティを出そうかな」って思った時期の作品はなんですか？

光恵　次もやっぱり姉弟に1体ずつ編んであげたものなんですけど、今度はモコモコの糸を使ってみました。まだあみぐるみ初心者だったんで、細い手足まで変わり糸で編むのは難しくて。なので、そこは普通のストレートヤーンで編んで、ボディは毛足の長いファーヤーンを使っています。1体は手足をボタンジョイントにして動くようにもしました。この頃、ブロックで遊ぶのが息子が好きだったので、一緒に遊べるかなと思って。お姉ちゃんの方は、普通に抱っこして遊ぶので可動式ではなく、おままごとでイスに座れる足のつけ方をしました。

横山　なるほど。それはもう、かなり編み図から逸脱してますね。

光恵　いえいえ。まだこの時点では本を参考にしながら、ちょっと毛糸を変えてみたって感じですね。あ、あとこの時のクマのマズル部分はシート状のフェルトを使っているので、鼻を刺しゅうしています。

横山　すでにここから異素材も組み入れ始めた。

光恵　そうですね。鼻をプラスチックパーツにするとか、使う素材を変えてみたのが、3、4体めです。

横山　なるほど。

光恵　多分これが第2期。

横山　毛足の長いファーヤーンを使った理由も明確にあったんですか？

光恵　触り心地のいいものを子どもたちに作ってあげたかったので、フ

ワフワした毛糸を選びました。それと手足を動かせるテディベアの影響もあったかもしれません。

横山　結果的に、そういうファーヤーン使うと、編み目が見えなくなるじゃないですか。それは最初から狙ったんですか？

光恵　編んでみて、あ、見えないと思いました。

横山　なるほど。

光恵　多分見えなくなるだろうとは思ってたんですけど、こんなに見えなくなるとは思わなくって。おまけに間違っても、ほどきにくい。これはなかなか大変な素材選んだなって思いましたよ。でも難しい素材ほど負けず嫌いの性格に火をつけてくれて。それからファーヤーンがすごく好きになりました。

横山　あれですよね。オラン君を編む時にもファーヤーンって部分的に、すごい効果的に使われてますよね。

光恵　はい、そうですね。

横山　ここにも工夫があるんですか？

光恵　たとえば腕は3種類のファーヤーンを使っています。工業用で芯糸が細いので、束ねてもそんなに太くはならないんです。

やっぱりオリジナリティを出さなきゃいけないって

横山　それであたかも毛が生えているような、オラン君の肌の質感が出てきているんですね。でも、ここに至るはじめの一歩は、ファーヤーンをはじめて使って作ったクマちゃんだったわけだ。

光恵　そうですね。モールヤーン、ファーヤーン、フェザーヤーン。第2世代の中でもどんどん変化していきました。いくつか作品が残っているので見てみてください〈P.104, 105〉。

オラン君の腕も数種類のファーヤーンで肌の質感を再現。

横山　おお。もう、ぱっと見で編み物だっていうのはわかりませんね。

光恵　そうなんです。編み目が見えないから、これがあみぐるみだって言っても伝わりづらい。手足をストレートヤーンで編んだ初期のファーヤーン作品は、ああ編んでるんだねって分かってもらえるんですけど、何体か編んでいるうちに手足もファーヤーンで編めるようになって、見た目も布で作るテディベアっぽくなりました。

横山　結果、あみぐるみに見えないあみぐるみができたというわけですが、意識的にわざとそうしたところもあったんですか？

光恵　どうだろう。その頃はファーヤーンで編むのが、すごく楽しくなってたんですよね。ストレートヤーンで、編み目がきちんと見えるあみぐるみじゃなくって、あみぐるみを編むならファーヤーンって感じに。

横山　それは逆に、なんでそういう風に思ったんでしょう。

光恵　どうしてだろう？　うーん…当時は手足までファーヤーンで編んでる人が見当たらなかったからかな。こういうテディベアタイプにすることで、自分らしさが出せるような気がしたんですよね。

横山　なるほど。やはり、自分らしさっていうのは、光恵さんにとって、とても大事なポイントなんですね。

光恵　そうですね。この頃から、雑貨屋さんで委託販売をしていただくようになったので、やっぱりオリジナリティを出さなきゃいけないっていう気持ちでありました。ストレートヤーンだけのあみぐるみだったら他にもいらっしゃったので、私はファーヤーンでちょっと勝負しようかなと。

横山　なるほど。

トライ&エラーを繰り返して少しずつカスタマイズ

横山　で、そのモコモコの第2期の後はどのような展開が？。

光恵　実はこのモコモコ期がすごく長いんですよ。いろいろなことにチャレンジして、少しずつ変化しているんです。

横山　確かにテディベアタイプは工夫するところが多そうですものね。

光恵　ボタンジョイントで手足を動かせるようにした頃は、まだ首は縫いつけていたので回らなかったんです。何かよいものがないかなあと探していたら、テディベアで使ってる部品を見つけて、すぐに取り入れました。ボタンは外にポコっと見えちゃうので、それが美しくないなと思ってたんです。こうしてできあがったクマさんは、ファーヤーンのボディに、プラスチックジョイントを内蔵した可動式の手足を持つ、本物のテディベアみたいになったんです。

横山　いやあ、すごいですね。すべて連続してるし、だんだんオリジナリティが上がっていってるんですけど。ああ、だからオラン君、生きてるんだっていう風な感じの納得感が、私、増してきてますよ。

光恵　本当ですか？　うれしい。

横山　第2期はこのテディベア系のほかにも、なにかしら進化をとげたあみぐるみってあるんでしょうか？

光恵　うーん、そうですね。色々なお猿さんを編んだ時期は、より本物に近づけたいっていう思いが強かったので、ファーヤーンだけじゃなくて、羊毛フェルトの力を借りて、自分の理想とする造形に近づけようとしていました。でも「あみぐるみ＝編んでいる」にこだわっていた時期でもあるので、お顔もお耳も…土台は編んで、その編んだものに羊毛フェルトを刺して作っています。

横山　手が込んでますね。

光恵　この頃は目にグラスアイを使うようにもなってました。

日本猿は肌の部分を羊毛フェルトで。

横山　なるほど。顔の質感とかを出すのに、編み地の上に羊毛フェルトを刺していく。じゃあ耳も、耳の形に編んでおいて、その上に刺していくというような感じですか。

光恵　羊毛フェルトを使っていても、とりあえず全身編んでますっていうのを言いたいがために、あみぐるみを作る手順をきちんと踏んで時間をかけて作っていました。

横山　その、なんというか…光恵さんのあみぐるみの作り方は、編み地の上に、羊毛フェルトをそのまま植えつけてしまって、編み目を無くしていくところがすごく面白い。「編み目をなくそう」という発想って海外の伝統的なニットウエアの考え方に通じるところがあるんじゃないかと思うんですよね。その目的が違っても。これは面白いです、すごく。

光恵　もうこの頃になるとオランにだいぶ近づいてきてます。

横山　ほほう。そうすると、この次の子がオラン君ですか？

光恵　はい。この間にも、他のイベントや展示会用としてストレートヤーンのあみぐるみも作っていますが。

横山　ファーストクマちゃんからセカンドウサちゃんになって、次のクマちゃんあたりで素材を変えてみようと。どんどんリアルを突き詰めていって、完成したのがオラン君。ここまでくると、もう第3期を呼べるかもしれませんね。

光恵　はい。

横山　光恵さんはあみぐるみの作り方っていうのを、自分で一個一個きちんとチャレンジして切り開いてきたんだなっていうのが、よく分かりました。

光恵　どんどん興味が出てくるんですよね。これを使ったらどんなあみぐるみになるんだろうって。だから、いろんな素材をこつこつ調べて試してきたし、これからも新たな素材を探していきたいなと思っています。

異素材とのコラボレーション

横山　先ほど羊毛フェルトを使って、あみぐるみにリアリティを付加するテクニックをお聞きしましたが、他にも通常のあみぐるみでは使用しない素材を使って作品づくりすることはあるんですか？

光恵　そうですね、父が木工をしてますので、木のパーツを使うこともあります。このウサギは手足が木製になっています〈P.104〉。

横山　これまた、すごいですね。

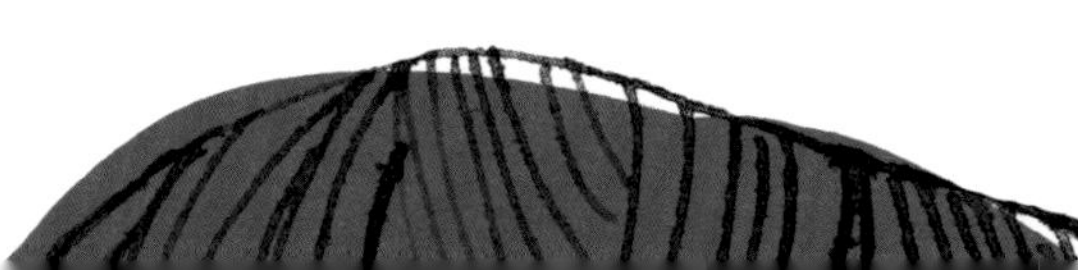

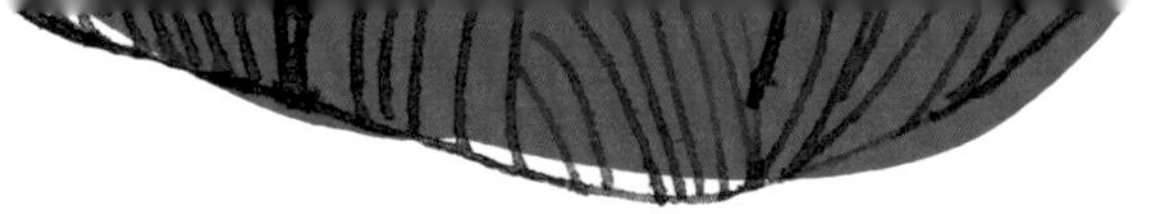

光恵　首はジョイントを入れていて、手足は伸ばしたり、曲げたりできるんですよ。
横山　SFっぽいっていうか、これ、独特なビジュアルですね。
光恵　木工部分は父が作ってくれました。塗装は母が。
横山　へー、塗装を。
光恵　木肌を滑らかにするためにペーパーをかけて、風合いや耐久性を良くするために塗装するんです。
横山　ご家族の作品ってことですね。
光恵　そうですね。協力してもらってます。あとは、こういうきのこですね。きのこの人間っていうイメージで作ったんですけど。自分でペイントして。他は樹脂粘土を使ってみたり。
横山　樹脂粘土?
光恵　はい。これちょっと、大きい作品なんですけど、ラプトルです。何年か前に化石が発見された水陸両生の恐竜で、それをモチーフに編んだもの。手足の爪と、くちばしは樹脂粘土で作ってみました。
横山　なんかその、「ものづくり」をする時って、その方の…ある種の狂気みたいなものが少し含まれていく気がするんですよね。それがオリジナリティであるとか、面白みの一部になっていくんだと思うんですけど。
光恵　はい。
横山　さきほどのクマちゃん、ウサギちゃんから始め、オラン君に至るまで、一般的なあみぐるみの流れとは違った光恵さんのマニアックな部分っていうのが、非常に作品に出ていて、私はびっくりしています。
光恵　確かに。私が編む動物は、絶滅危惧種にあたるものもたくさんあります。保護の呼びかけというとおがましいのですが、そんなモチーフも編んでいますね。

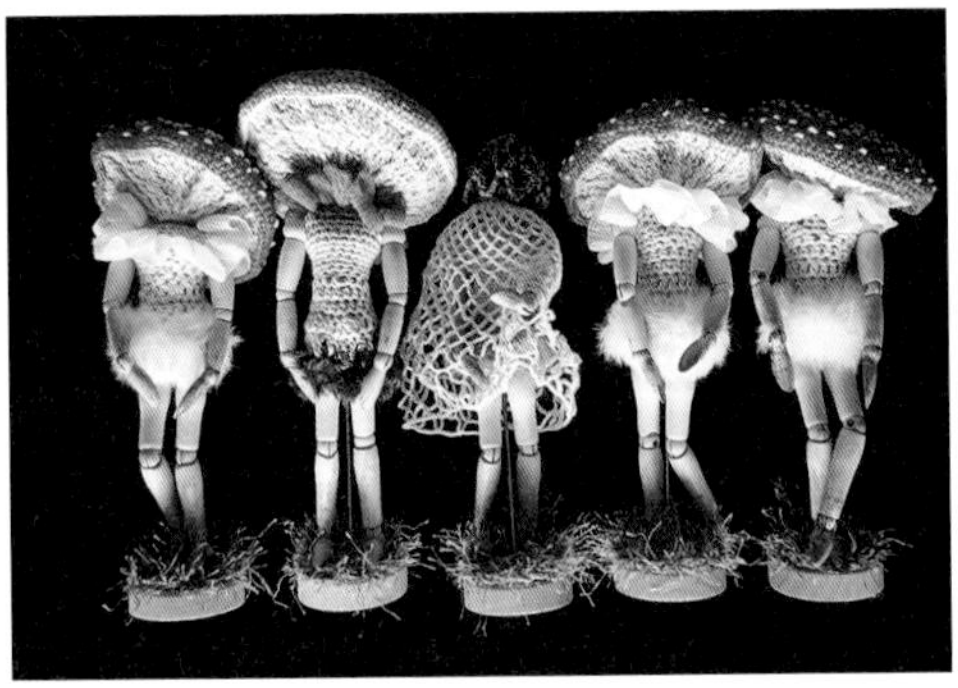
きのこ人シリーズ。木と組み合わせた編み作品。

横山　こうやってできあがった作品を見ると、通常の常識の枠をぱっと外してしまう瞬間があったんだろうなと感じますね。
光恵　木と毛糸を合わせた作品で、半獣半人みたいな感じのも作ったことがあります。ゴールデンターキンというカモシカの仲間なんですけれど。
横山　それも絶滅危惧種なんでしょうか?
光恵　そうです。
横山　なかなか意欲的な使い方ではあると思うのですが、異素材を作品にとり入れる狙いみたいなものはあるんでしょうか?
光恵　そうですね…、オリジナル性を出すのが一番かな。でも、2014年創作人形のコンクールに挑戦したことが転機になりました。自分の頭の中にある理想の完成像に近づけるために、毛糸以外の素材を使うのもひとつの方法じゃないかなと思えるようになったんです。最初はオール毛糸じゃないとあみぐるみって言えないんだっていう自分の中のこだわりがあったんですけれど、あみぐるみとは違う世界で「ものづくり」を勉強させてもらって、私自身がもっと自由に作品を作る楽しさを味わっていかないと、見て下さる方にも伝わらないかなと感じたんです。で、興味のある素材を試して、徐々に作品にも取り入れるようになりました。
横山　なるほど。光恵さんの中でも、「あみぐるみはかくあるべし」っていうような枠があったんですね。
光恵　そうですね。とにかく、毛糸で編まなきゃ、と。素材はファー、ボア、モールヤーン、レース糸、形

ラプトルのくちばしも樹脂粘土。

リアルなゴールデンターキン。

先入観を持たずに作品を見てもらいたい

状や素材は何であっても、糸で編まなきゃっていうのは絶対でした。でも、今はそれが取っ払われましたね。

横山　これでもいいんだって思われた瞬間があったんですか？

光恵　創作人形の世界には、毛糸を使って作るという人がいなくて、すごく興味を持ってくださったんです。人形作家さんと交流するうちに、材料は毛糸だけとこだわらなくていいのかなって思い始めたんですよね。他の作家さんの作品を見ても、異素材を組み合わせてお人形を作られてる方が結構いらっしゃって。あみぐるみに樹脂粘土とか組み合わせてたら、あみぐるみじゃないっておっしゃる方もいらっしゃるかもしれないですけど、今はその枠を超えて、私「光恵」の作品と捉えていただけたら良いなと思います。メインは毛糸というのは変わりませんけれど、これからも自分が楽しいと思える作品を作りたいです。

横山　私もそういうところがありますけれど、編み物をする人って「編む」という技法にとらわれちゃってるところがあると思うんですよ。

光恵　そうですね、ありますね。

横山　「オリジナル」を考えた時、技法という枠をはずしてみるっていうのは、すごく有効な試みなんでしょうね。

光恵　私の場合、創作人形の世界で自信と勇気を与えてもらい、「枠をはずすこと」を良しとすることができました。他所から内側を見るっていうのはとても大事なことなんだなと思います。

余白のススメ

横山　ここまで光恵さんの作品の変遷をお聞きしてきましたが、一方で光恵さんが普段よく使われる「余白」って言葉にも触れておきたいと思うのですが。

光恵　そうですね。これは感覚的なものなので、説明しづらいのですが…。例えば展示会に作品を出品する時、「これはこういうものですよ」とか、「こういう背景があってこうなりました」とか、あんまり詳しい説明をしないようにしているんです。それは見てくださる方におまかせしたい、楽しんでいただきたいっていうのが、私の望みだから。説明をした方が伝わりやすいかもしれないんですけど、なるべく情報は最小限にして、作品から広がる想像やら妄想やらを見た方が楽しんでいただけたらいいなぁと。

横山　作品自体の意味みたいなものを、作ってる光恵さんが先に出しちゃうんじゃなくて、「器」みたいなものとして作品をみなさんの前に出して、それぞれの気持ちをそこに入れてもらう、みたいなことですかね。

光恵　制作中は作品に一点集中で心を持っていかれてますが、作品は見てくださる方、受け取ってくださる方がいてこそなので、完成後はそういう方々を大切に思いたいんです。先入観を持たずに作品を見て頂くことで、考えたり、感じたり、何かのきっかけにしてもらえたら嬉しいですね。

横山　もうひとつですね、光恵さんの作品が持つ力に関与してることだと思うんですけど、たとえばオラン君だったら、「オラン君」という魂が入って生きてる存在として光恵さんが接してる気がするんですね。それって、光恵さんはどの作品に対してもそうなんでしょうか？

光恵　オランは特別なんですけど、一つひとつの作品に対しても、やっぱり制作の前段階からいろんなことを調べるんです。「知るという作業」がリアリティのある創作につながっていくし、気持ちも入っていく。どの子もそんな感じで編んでます。

横山　なるほど。あの、先ほどオラン君が特別っておっしゃってましたけど、どういう風に特別なんですか？

光恵　もともと「猿展」のために作っていたのですが、それにどうしても間に合わなかったので、この子はもううちの子にしようって思ったんです。その後も、あまりにもこだわり過ぎて完成に至らない気がしたんで、完成日を決めたんです。それが

16年一緒に暮らしていた愛犬の祥月命日。

横山　思い入れがある日に誕生させることにしたんですね。

光恵　大切な命を亡くした日に「新しいものを生み出すこと」をやりたいなと思って。愛犬の誕生日に完成させるんじゃなくって、愛犬が「亡くなった日」に再生させる、そう自分に言い聞かせて編みました。その日をめがけて。

横山　魂もそりゃ入りますよね。

光恵　それとオランウータンが絶滅危惧種ということも知り、それに対しても何かできないかなって考えながら、編んで編んで、そしてその日に完成させたんです。

横山　あの…、僕が思うに作り手って、一番最初の受け手でもあると思うんですよ。

光恵　と言いますと？

横山　作り手って、もちろん作るから作り手なんですけど、同時に一番最初の受け手として、自分の作った作品からどんな印象を受けるかっていうのを感じることができる。そういう絆みたいなものから作品に魂が入っていくんじゃないかなって、そう思うんです。すごい分かりやすく言っちゃうと、光恵さん、オラン君を抱く時に本当に子どもを抱くみたいにするじゃないですか。ちょっとまた抱いてもらっていいですか。…オラン君、お待たせ、ちょっと暇だったね。

光恵　ちょっと寂しそうでしたね。

横山　寂しそうでした。ちょっとすねてるね。

光恵　どうでしょう、大丈夫ね。

横山　本当に、「すねてるな」って僕思うんですよ。それはオラン君が生きてるように思っている光恵さんによって、魂が吹き込まれているからじゃないかなって。でも、本当はもっと前、編んでいる時からそういう要素があるのではと思っていて。そんなことを感じられたことはないですか？

光恵　うーん。でもオランに魂が吹き込まれているとしたら、それは私ひとりのものじゃなくて、これまでにオランを抱っこしてくれたり、遊んでくれたり、話しかけてくれた、たくさんの人の愛情がそうさせているような気がしますね。

横山　うん、そうかもしれませんね。ただ、他の人に初めて対面させた時にどう思ってもらえるかってポイントは、やっぱり作り手側がどれだけのものを注ぎ込んだかかっていう点にかかっていると思うんです。どんな作品であっても、核の中心に強い光を放つ小さな生命力みたいなものが付与されてないと、そうならないと思うんです。

光恵　なかなか、自分では気づかないですけれど…。

横山　まあ、そうでしょうね。逆に意識的にやってると、すごい作為的な作品になっちゃうと思うんですよ。

光恵　ですね。でも、愛犬がどうのこうのって話を知らない方が、オランを抱っこした時、巻きついたオランの腕の感触が「昔、子どもを抱っこした時みたい」と懐かしそうに思い出されていたり、ぶらんって腕がほどけちゃう瞬間が「子どもが寝入った瞬間に、気が抜けて手が落ちちゃうのってこんな感じだったよね」なんて感激してくださったりするんですよ。そんな風にね、「生きている感」を私と一緒に感じてくださる方がいるのは、素直に嬉しいです。

横山　そのお話はすごく良い…。良いお話を超えて、「ものづくり」の

納得いくまではどいては編み直して

すごい奥義というか、秘密の奥にあるようなお話ですね。

光恵　ただ作っている時は、本当に無の状態で編んでるので、意図して、こうあるべきとか、こういう風にしたいとは思っていないんですよ。

横山　考えずに編んでる。実際に編んでいる真っ最中はそうですよね。

光恵　そうですね。制作中は、私は編むことに全神経を集中させたいので、編み図を書き取りながら編むっていうのはないんです。腕とか耳とか、もうひとつ同じもの編まなきゃいけない時だけ、簡単なメモをとるくらい。だから、作品の完成時に完璧な編み図が残ってることはないんです。だから同じものはもう二度と。

横山　できない？

光恵　生み出せないですね。編む前にちょろちょろっと落書き程度に描いたりはするんですけれども。がっつりデッサンしてから編み始めるってことは無いです。編みながら指の部分どうかな、曲がり具合どうかな、と調べて頭の中を整理するためにちょっと描いてみるくらいかなあ。

横山　編みながら形にしていく？

光恵　ファーヤーンで編んでいた時は毛足が長くてほどけないので、一発勝負の時もありました。でも今は納得いくまでほどいては編み直して、を繰り返しています。糸が弱っちゃうから、なるべく回数は少なくするようにしてますけど。

オラン君を連れて アメリカへ

横山　光恵さんは日本国内だけでなく、海外へも活動の場を広げていますよね。確かアメリカで開催されたイベントにも出展されたとか。

光恵　はい。

横山　そのお話について伺いたいんですけど、アメリカでの活動っていつ頃からされてるんですか？

光恵　２０１４年からニューヨークでRESOBOX＊主催の世界あみぐるみ展っていう展示会が始まりまして、その展示会にお声をかけていただいてからですね。

横山　じゃあ、その時からアメリカにご招待されたり、ご出展されたりして、アメリカ行っていろいろ編み物の活動されてるっていう感じなんですね。

光恵　そうですね。最初の年は出品するだけでしたが、会場や作品がもう気になって気になって。その場に自分の身を置いてみたい、感じてみたいというその時の気持ちが忘れられなくて、翌年は現地へ行ってみることにしました。

横山　アメリカの展示会はどういう雰囲気でしたか？

光恵　とにかく世界中の編み手さんが作品を出品しているので、様々な作品が壁から天井から窓際から、会場中にデコレーションされているんです。置かれていたり、吊り下げられていたり、まるでおもちゃ箱をひっくり返したような、宝探しができるような空間でしたね。とにかく賑やか。

横山　去年も行かれたんですよね。一番最近は。

光恵　はい、そうですね。２０２０年の1月。

横山　その時にオラン君も一緒に行ったんですか？

光恵　はい。その時の展示会のテーマが絶滅危惧種だったので、これを聞いた時に、「これはもう、行くんであればオランを連れて行きたい！」って思って。はい、連れて行きました。

横山　なるほど。今、まさに光恵さんの制作活動の大きなテーマである「絶滅危惧種を編む」というのにぴったりはまったんですね。

光恵　そうなんです。それとタイムズスクエアにあるホテルで開催されていたヴォーグ・ニッティング・ライブというイベントにもRESOBOXがブースを出していたので、私もそこで3日間、レクチャーをしてきました。

横山　どうでしたか？　向こうでのオラン君の反応。オラン君を見た、オラン君と会った人たちの反応は？

光恵　会場へは宿泊していたホテルからずっとオランを抱っこして行き

＊RESOBOX（レゾボックス）
アメリカ・ニューヨークを拠点にし、ギャラリーや文化教室、レストランなどの運営を通して日本文化を広げる活動をしている。

ました。地下鉄に乗ってタイムズスクエアまで行って、世界の中心をオランをずっと抱っこして歩いて通ってたんです。そうすると、やっぱり地下鉄の中や歩いてる時って、編み物が好きな方ばっかりがいるわけじゃないので「大丈夫この人？」みたいな雰囲気もありましたね。でも、地下鉄の中で「大変でしょ？　席変わってあげる」って言ってくださったりとか…。そういう温かな方もいらっしゃいましたし、反応は本当に様々で。

横山　これは日本でも同じかもしれませんね。

光恵　でもヴォーグ・ニッティング・ライブに来る人たちは、見たら編んでるものだってわかる方ばかりなので、話は早いですよね。どこから来たの？　とか、なんでこんなもの編んだの？　とか、質問してくださいました。英語が堪能じゃないので、何を言ってるかわからないこともあったんですけど、みなさん、とても好意的で。よく来たね、日本から来たの？　いらっしゃい、とか、またNYにおいで、とかオランに話しかけてくれる人も大勢いました。そういうウエルカムな方が多かったですね。

横山　その時の写真とかってありますか？

光恵　はい、じゃあ…。この写真はカメラマンの方に撮っていただいた写真なんですけれども

横山　…ああ、みんなオラン君を抱っこしてるみたいな写真がありますね。

光恵　外までロケに行ったのもあります。

横山　あ、バナナ食べてる、オラン君。

光恵　編んだバナナですけど。

横山　ちゃんとバナナの、白い筋まで再現されてますね。

光恵　プレゼントしてもらったんです、オランが。

横山　すごいなぁ。オラン君、場に馴染んでますね。

光恵　なかなかの人気者でした。以前、この会場をタコのリュックサックを背負って歩いたことがあったんですけど、その時は、「編み方は売ってるの？」と聞かれることが多くて。売ってないですって答えたら、「残念ね、この編み図売ってればあなた億万長者なのに」っていうような会話がありました。でも、さすがにこのオランは、編み図がどうのこうのっていう話はなかったですね。この子自体を見て感想を言ってくださったり、直接オランに話しかけてくれたり。やっぱりちょっと普通の作品と違うように受けとってくださったのかなと思って。そこは嬉しいところでしたね。

会場での記念写真。たくさんの作品と仲間たちに囲まれて。

熱気溢れるワークショップ。みんな、真剣！

横山　会場でおこなったレクチャーはどのようなものだったんですか？

光恵　桜のモチーフ編みです。せっかくなので日本的なモチーフを、と。

横山　いいですね。

光恵　ちなみに世界あみぐるみ展は、第1回目の2014年からずっと続いているんですよ。RESOBOXではあみぐるみ以外にも現地の方と交流をして日本の文化を伝える活動をしているんです。

絶滅危惧種を編む、その心は

横山　参加された2019年〜2021年の世界あみぐるみ展のテーマが絶滅危惧種だったわけですけれども、絶滅危惧種を編むっていうテーマが光恵さんの中に芽生えたのは何がきっかけだったんですか？

光恵　そうですね、それこそオラン

がスタートなんです。オランを編む時にオランウータンが絶滅危惧種だというのを知って、どうしてなんだろうと思ったところから他の絶滅危惧種の動物たちも気になりだして。

横山　すると、オラン君以外にも編んだりされてるわけですよね。

光恵　はい。シャムワニとか、オリイジネズミとか。

横山　絶滅危惧種を編むということを、継続したテーマにしていこうと決められたんですか？

光恵　そうですね、絶滅危惧種になってしまう原因というのは、大概、人間の行いによるものなんです。そのことが自分の中ではすごく衝撃的で。私は20代そこそこの頃に、病気を患いまして。その時に妊娠、出産は諦めた方がいいだろうっていうお医者様の言葉から闘病が始まったんです。結局、それはおかげさまで良くなって、子どもにも恵まれたんですけれども。ただ、そんな闘病生活だったり、そういう思いをしたことで、子どもたちの、またその先の子どもたちにも、動物だったり、自然だったりを遺してあげたいなと思うようになったんです。これ以上減らしたり、悲しい状況にしたくないんですよね。だったら、自分にできることは何だろうと考えた時、自分は編む技術を持っているのだから、その技術をもって作品にして、作品から訴えてもらうというか、メッセージをお伝えできたらいいなと思って、絶滅危惧種を編み続けるようになりました。少しでも注目してもらって、今こういう状態なんですよ、あなたにもできることはあるんですよって。これからもお一人でも多くの方に知ってもらいたいですね。

横山　社会問題を自分に繋がることとして捉えて作家活動していらっしゃるのは素晴らしいですね。光恵さんが社会に問いかけるような活動をされているのを目にするたび、僕はいつも感銘を受けて、素敵なことされてるなあと思うんです。

光恵　ありがとうございます。

横山　手芸の世界とか編み物の世界って、本当は生活に密着したものなので、自然と社会に関わるものだって私は思っているんですよ。

光恵　そうですね。

横山　でも、作品づくりにしろ、メーカーさんの事業活動展開にしろ、意識的にも無意識的にもなされてはいると思うんですけれど、なかなか伝わってこない。光恵さんみたいにみんながわかるようなテーマをポンと置いて、言葉にしてきちんと提示していくっていうのは、簡単そうに見えてすごく難しいと思うんです。

光恵　そうですね、はい。

横山　創作活動とか、自分が何かの作品を継続的に作っていくって時に、必ずその社会との関わりっていうのをどこかで意識しないとなかなか展開しないのではと私は思っているのです。個人活動にしろ、業界の事業展開にしろ、文化として認識されづらくなる。光恵さんはもうその部分をしっかり押さえられていて、例えば「オラン君が素敵な作品」というだけじゃなくて、社会的な訴求力のあるキーワードを携えた存在になっている。それが、僕はとっても素敵だなと思うんです。

光恵　ありがとうございます。何かね、自分の技術でどこかの誰かのお役に立てることができないかなっていうのがありまして、本当に微力ながらですけど。私としてはこういう形で活動を続けられたらいいなと思ってるんです。以前は「みんなに笑顔になってもらえる作品」を編むんだ！っていう気持ちでしたけれども、絶滅危惧種を編むようになってからは、「誰かの痛みに寄り添える作品」を作りたいと思うようになりました。

横山　色々お話伺いましたけれども、最後にあみぐるみ制作も含めた「ものづくり」の中で、これからやりたいことがもしあれば、伺っておきたいのですが。

光恵　はい、ありがとうございます。…これまで制作活動とは別にオランとライフワークのような形で、絶滅危惧種や環境問題のことを発信する「オランプロジェクト」をしてきたんですけれど、今後は、もっとオランにひとり歩きしてもらいたいと思っています。その一環で、前々から念願だった本を自費出版する運びになりました。『HOPE 編み物でちょっと地球にいいことを。』という一冊です〈P.105〉。

横山　オラン君が主人公になるのですね。彼は「生きている」だけでなくて、活動家にまでなるという。

光恵　はい。オランが伝えてくれます。

横山　オラン君、頑張ってね。

Mitsue's

歴代あみぐるみ案内

少しずつ
カスタマイズ
していきました

初めて編んだ「あみぐるみ」

2006年に『あみぐるみ絵本（高森共子著／雄鶏社）』に掲載されていたクマをはじめて制作。

ファーヤーンのテディベアタイプ

はじめて編んだテディベアタイプのクマ。2013年作。手足がボタンジョイントで可動式になり、ファーヤーンで外見がぬいぐるみ風になった。羊毛フェルトも部分的に使用。

木工を組み合わせたウサギ

異素材を組み合わせた作品。父親に木製の関節入り手足を作ってもらった親子コラボレーション作品。作品名は「郷愁」。2020年作。

眠り目のシロクマ

はじめてプラスティックジョイントを内蔵させた作品。2013年作。爪をつけたのもはじめての試み。

愛犬をモデルにした「ゴン太」

マズル部分の表現にこだわった作品。2017年作で現在制作しているあみぐるみに近いデザイン。父親作のアヒル(木製プルトイ)と一緒です。

オランくんと光恵さんのこれまでとこれからを知る1冊

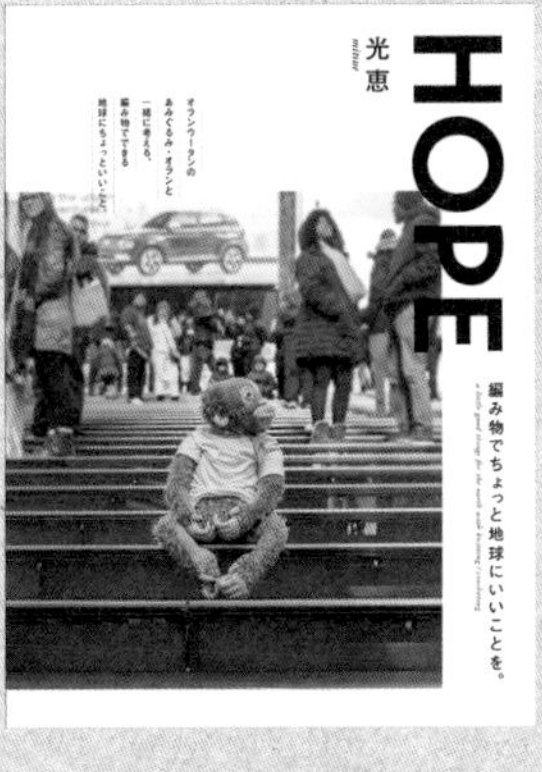

本の情報→

HOPE

編み物でちょっと地球にいいことを。

光恵 著

あみぐるみのオランのNYフォトストーリー。異なる業界の4人が綴るそれぞれの視点で見た「編み物と地球のこと」。著者対談や編み図も掲載。日英語併記。全64P。

問い合わせ

https://lumiena.theshop.jp/

How to make

マレーグマのあみぐるみ

マレーグマの生息地は、
オランのモデルとなっている
ボルネオオランウータンと同じ
ボルネオ島なんですよ！

絶滅危惧種のマレーグマをモールヤーンで編みました。ボディはだるまさん風のシンプルな形なので手軽に編むことができます。

材料

糸

ハマナカ ルナモール
黒（10）約35g

羊毛フェルト（生成り）
適宜

ハマナカ エクセレントグラスアイ
（ダークトパーズ／直径4～6mm）2個

鼻用プラスチックパーツ
（黒／8～10mm）1個

フェルトシート（ピンク）、わた、ペレット各適宜
※ペレットを詰める袋はお好みで。

できあがりサイズ

全長13.5cm

道具

かぎ針7/0号
縫い糸、縫い針、目打ち、手芸用ボンド

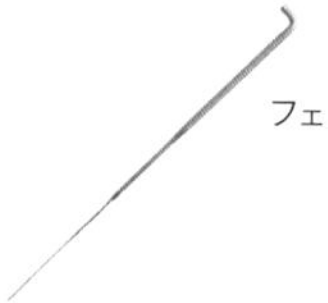

フェルティング用ニードル

もっとアレンジ！

モールヤーンの次は、気になる変わり糸でチャレンジしても。できあがりの違いを楽しみましょう。

少し大きめサイズになりますが、裂き布糸で素朴な仕上がりに。

様々な色が混ざった毛足の長いファンシーヤーン。

絶滅危惧種のマレーグマのこと

クマ科の中でも最小のクマで、IUCN（世界自然保護連合）で絶滅危惧種に指定されています。性格はおとなしく、胸元にあるsun bear（太陽のクマ）と呼ばれる模様と長い舌が特徴です。

糸を替えると
ちがった表情を
楽しめるよ

ココが重要！

左端が作品。その右隣から順に、太さに強弱のある手つむぎ風糸、ストレートヤーン、細めのモールヤーンで編んだアレンジ作品。糸が変わると少しずつ違った表情を楽しめます！

【顔の作り方ポイント】
羊毛フェルトで繊細な凹凸を作ります。羊毛フェルトは写真を参考に配置してください。

顔の仕上げ方

1 羊毛フェルトを小分けにし、軽く丸めて顔にのせ、目の位置にフェルティングニードル（以下、ニードル）で刺しながら平たく固定する。

2 マズル用の羊毛フェルトを小さく巻いて、写真のように立体的にニードルで刺しながら固定する。逆向きのハート形にするのがポイント。

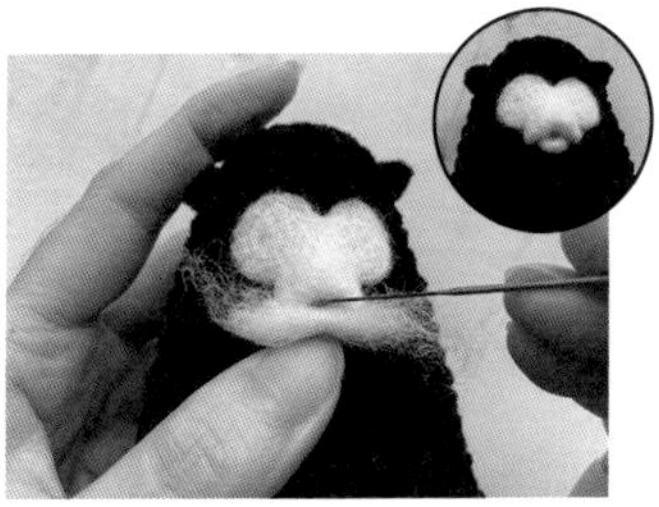

3 下あご用の羊毛フェルトを小さく巻いて、マズルの下に押し込むようにしながらニードルで口の形にする。

4 胸の模様を1と同じ要領で作る。

5 目と鼻のつけ位置に目打ちでガイド穴をあけ、グラスアイと鼻用パーツを差し込む。

6 フェルトで舌を作り、口の奥に手芸用ボンドをつけ、舌の端を差し込んで固定する。

1. 頭から編み始める

段の編み終わりの1目

ちょっと裏ワザ

この作品は
立ち上がりを作らずに
(立ち上がりの鎖を編まずに)
編むので、
編み始めの糸端を
段の編み終わりに
はさんでおくと
次の段への変わり目が
わかりやすくなります。

●耳の編み方

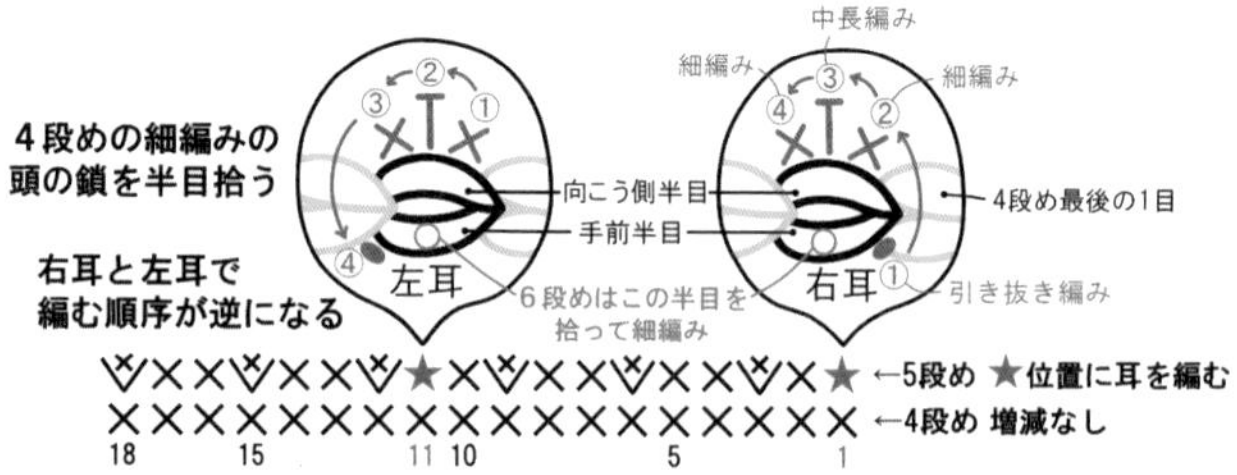

2. わたとペレットを詰めて ボディを仕上げる

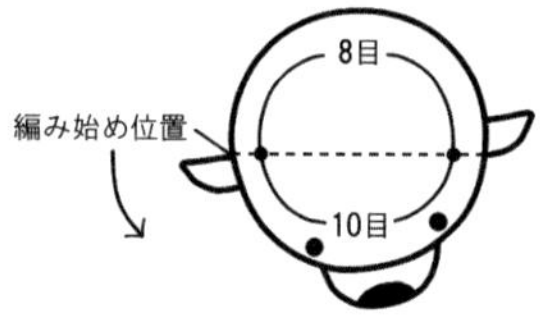

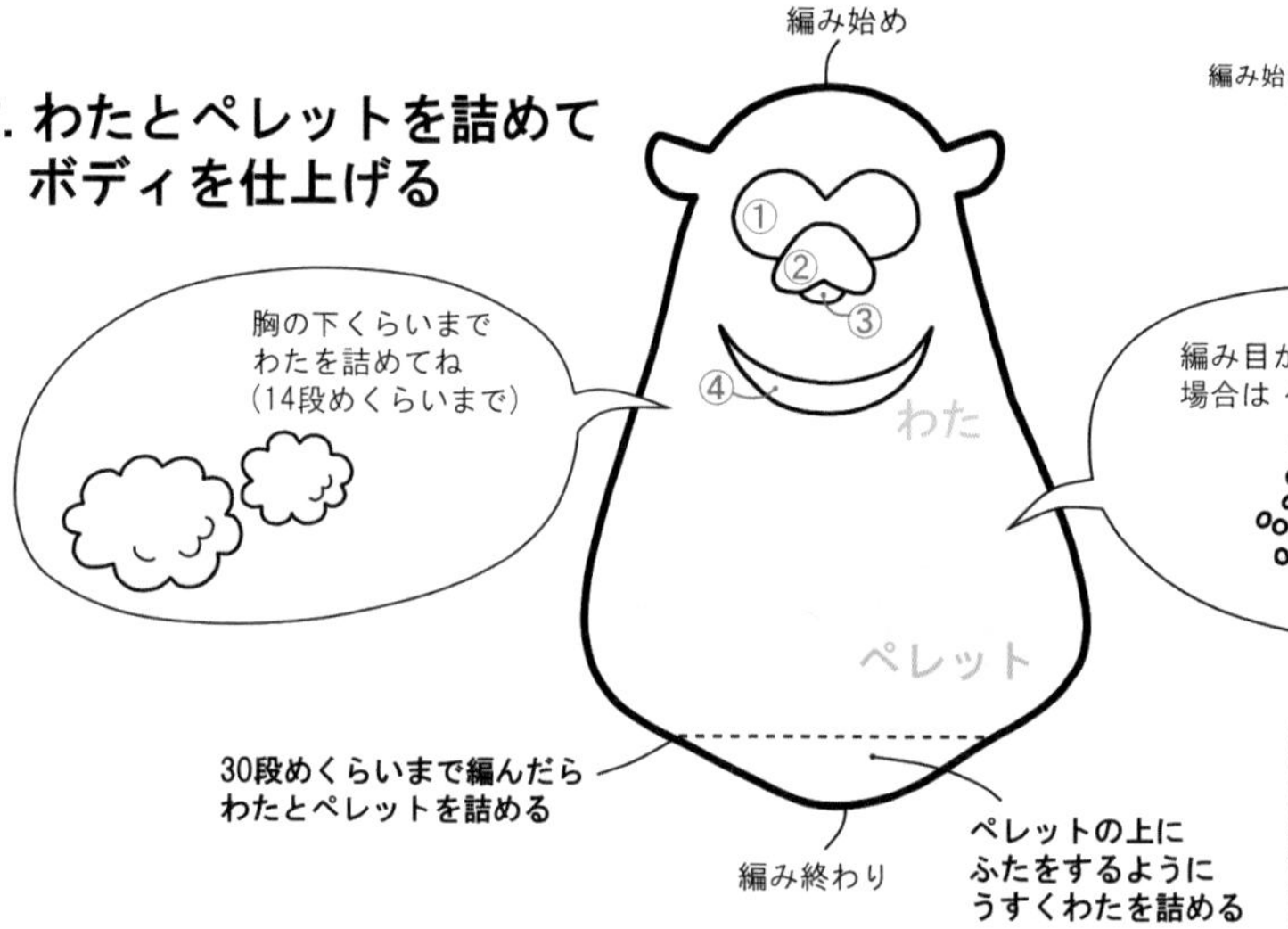
編み目が詰まっている
場合は ペレットをそのまま
入れてOK
※わたを一緒に
編まないように注意

編み目が大きい場合

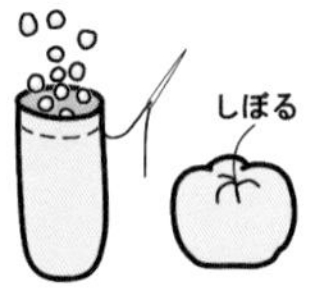

袋状のものにペレットを入れ、
口を縫い絞ったものを詰める。
(椅子の足カバーが便利)

※この場合はボディのあき口が
もっと広い段階で詰める。

3. ニードルフェルトで顔を作る

(P.107参照)

● 羊毛フェルトをつける順序

① 目のまわり
② マズル
③ 下あご
④ 胸の模様

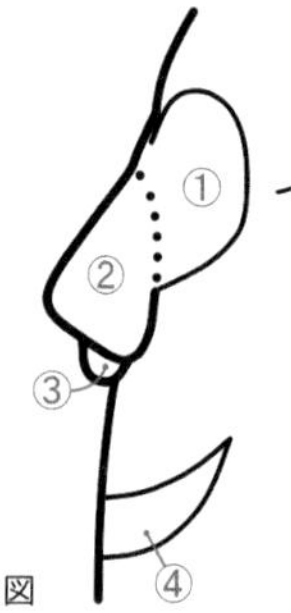
横から見た図

4. 目・鼻・舌をつける

(P.107参照)

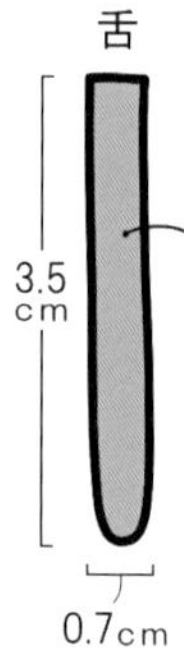

フェルトシートで舌を作り
マズルと下あごの間に
手芸用ボンドで接着する

How to make

マレーグマのボディの編み方

×＝細編み　∨＝細編み２目編み入れる　∧＝細編み２目一度

※輪の作り目で編み始め、立ち上がりを作らずに らせん状にぐるぐる編んでいく。

段数	目数	増減	編み方
1	6	−−−	輪に×××××× を編み、糸輪を引きしぼる
2	12	＋6	∨∨∨∨∨∨ を編む
3	18	＋6	×∨ を６回
4	18	−−−	××× を６回
5	24	＋6	××∨ を６回 ／この段で耳を編み出す
6〜7	24	−−−	×××× を６回、２段編む
8	30	＋6	×××∨ を６回
9〜11	30	−−−	××××× を６回、３段編む
12	36	＋6	××××∨ を６回
13〜16	36	−−−	×××××× を６回、４段編む
17	42	＋6	×××××∨ を６回
18	42	−−−	××××××× を６回
19	48	＋6	×××××××∨ を６回
20	54	＋6	××××××××∨ を６回
21	60	＋6	×××××××××∨ を６回
22〜23	60	−−−	×××××××××× を６回、２段編む
24	54	−6	××××××××∧ を６回
25	54	−−−	××××××××× を６回
26	48	−6	×××××××∧ を６回
27	42	−6	××××××∧ を６回
28	42	−−−	××××××× を６回
29	36	−6	×××××∧ を６回
30	30	−6	××××∧ を６回 ／わたとペレットを詰める
31	24	−6	×××∧ を６回
32	24	−−−	×××× を６回
33	18	−6	××∧ を６回
34	12	−6	×∧ を６回
35	6	−6	∧∧∧∧∧∧ を編む
仕上げ			残った目に編み終わりの糸端を通してしぼる。

このあたりから
減らし目を
始めてもいいですよ！
お好みで！

穴を埋めていくイメージで、
ゆるい編み目もすくって糸を通し、ふさいでおく。
最後に残った糸はボディの中に入れて わたの一部に。

Column

編み物ないしょ話

映画のキャラクターがニットの衣装を身に着ける時

Guest

多賀谷浩子さん
（映画ライター）

たがや・ひろこ　映画ライター。新聞・雑誌・ウェブサイト・劇場パンフレットなどにて映画関連のレビューやインタビューを執筆。『毛糸だま』（日本ヴォーグ社）にて映画の中のニットを見つめるコラム「手仕事のある風景」を連載中。

ある日、僕は気づいてしまった。その真相を確かめたくて、僕はいてもたってもいられず映画ライター・多賀谷浩子さんにお聞きした。話は直球から始まる。

横山　早速ですが、多賀谷さん。映画って衣装のことをすごく検討して決めてると思うんですけど、悪役はセーター着ない、なんていうことはあるんですか？。

多賀谷　確かにハリウッド大作など、〝いわゆる悪役〟のセーター率は低そうですね。悪役に限らず、「ほっこりしちゃいけない人」はセーターを着ていない気がします。極端なところでいうと、ランボーとか。

横山　アクション系ですね。

多賀谷　ランボーのシルベスター・スタローンは黒いタンクトップでしたよね。

横山　筋肉を際立たせるために、ちょっと裸に近いというか。

多賀谷　裸といえば、アーノルド・シュワルツェネッガーにも印象的なシーンが。

横山　ターミネーターですね。

多賀谷　やっぱり冒頭は何も着衣がない状態で登場する。このあたりのアクション・ヒーローは、ニットを着そうにない気が……。

横山　すごくわかる気がします。

多賀谷　アクションが見どころの映画でも、ちょっと知的な香りのする主人公の場合、ニットを着ていても違和感がないのかなと。例えば、『007』。2015年の『スペクター』も、その前の『スカイフォール』（2012年）もジェームズ・ボンドが着ていましたよね。007といえばスーツの印象も強いですが、私服という設定なんだと思います。だからといって、寛いでいるわけではないんですけど。

横山　まさかセーターを着たまま戦ってるんですか？

多賀谷　そうです。ホルスターをつけて、銃を構えていたり。それなりの緊張感がある状況でニットを着ています。N.Peal（エヌピール）っていうイギリスの老舗ブランドで、シュッとしたカシミアのニットです。

横山　ずっとタンクトップか、裸でいるランボーとはずいぶん違いますね。

多賀谷　そこはやっぱり、必死でこそランボーというか。なんとなく、ニットを着ていると「大変そうだけど、このくらいならまだ大丈夫」って余裕を感じませんか？

横山　そうですね。もし、ダイハードでブルース・ウィリスがセーターを着るシーンがあるとしたら、冒頭のクリスマスパーティだけだろうな。

多賀谷　映画は言葉で説明せずに、ストーリーの中で無意識のうちにキャラクターを物語りますよね。そういう意味では、衣装というのは、その人の嗜好や環境を凝縮した無言の情報なんです。この人はこういう人なんだと一目で伝わりやすい。

横山　確かに着ているもので、シチュエーションもかなり変わってきますね。

多賀谷　衣装担当の方は本当に細かいところまで考えていて、例えば、アクションを華やかに見せるために、光沢のある生地が使われていたり、夏場の撮影なら、側面が通気性の良いメッシュになっていたり。素材やデザイン、あらゆることを配慮して作られていることに感動します。

横山　そうするとニットが効果的に使われている映画というもあるのでしょうか？

多賀谷　先程、『007』でイギリスの話が出たから…まずは『15年後のラブソング』（2018年）

を。イーサン・ホーク主演の、迷える大人たちのロマンティック・コメディ。40〜50歳代の男性2人、女性1人が織りなす話で、若い時に色々あったんだけど気づいたら15年経っていたっていう。その中の彼女が冒頭で観客に語りかけるんですよ。

横山　おお。

多賀谷　その時、彼女はニットのカーディガンを着ていて、「私は落ち着いて安定したイギリス女性に見えますか？」って聞くんです。イギリス女性のイメージに、ニットが入っているんですよね。「だけど、その安定はもはや崩れかけている」と続けて、彼女の近況が描かれていく。最初はカーディガンだった衣装が、話が進むに連れ、だんだんラフになって、やぶれかぶれになっていく感じが、笑える温度で描かれていて。

横山　つまりニットの衣装っていうのが、安定感や安心感というイメージと結びついて、それを着た人が殻を破ろうとする時に、ここでいえばカーディガンを脱いでいくという描写に繋がるんですね。

多賀谷　『15年後〜』はカーディガンがいい状態の「安定」を意味にしているように思えるのですが、『ブリット＝マリーの幸せなひとりだち』（2019年）という映画の場合、「安定」といっても停滞の方。夫の浮気相手と遭遇した63歳の専業主婦の女性が、家を飛び出して、仕事を探して、初めて社会に出て、少しだけ自分の殻を破るお話なんですけど、いつも花柄のインナーにニットが定番だった女性が最後には違う格好をしているんです。

横山　家庭にいたお母さんが変わったというような。

多賀谷　ニットの足し算引き算で、変化が見えやすい気がします。

横山　なるほど。

多賀谷　映画の中に出てきた時の存在感が割と強いですよね。「ああ、あの人はあの場面でニットを着ていたな」と、映画を見ている人たちの中に印象が残りやすい。

〝悪役はセーターを着ない〟

横山　映画で編み物が出てくる時は何かしらの意味があるんでしょうね。

多賀谷　そのキャラクターの何かを強調したい時に選ぶ傾向があるのかなと。例えば、先程の『007』のニットも体にフィットして動きやすいセーターですし。

横山　映画的には私服を着ていても、いつでも戦えるジェームズ・ボンドみたいな演出ってことですね。

多賀谷　そうなんでしょうね。ひと時も安心できないキャラクターということで。

横山　とはいえ、セーターを着てても安心できない生活っていうのも、なんだかかわいそうだな。

　この時、僕は内心困っていた。今度、スクリーンの中にニットを着た人が登場したら気になってたまらなくなるに違いない……。

西村知子

Tomoko Nishimura

幼少期を海外で過ごし、祖母や母親からの影響で編み物に興味を持つ。社会人になってからは通訳・翻訳を仕事とする一方で編み物の研鑽も重ね、現在はその両方を活かした編み物の仕事をライフワークとしている。英文パターンを用いたワークショップや講座、編み物関連の通訳や翻訳など、幅広く活躍している。

ご存知の通り、西村知子さんは
人気の編み物作家さんであると同時に言葉の専門家でもある。
通訳、翻訳、執筆などでも活躍されていて、
海外の編み物文化に精通している。

編み物をはじめ、
手芸は「非言語（＝言葉ではないこと）」の要素が強い文化だ。
伝統的には皆で集まって一緒に編むことで伝えられてきた。
そこでは技法やパターンが「編み手の頭の中」にあることが多く、
せいぜいが口伝えだったのだ。

今は編み図記号や英文パターン略語のおかげで、
多くの人が同じように編むことができるのだけれど、
それはとても「言語」的な洗練された形であることを
私たちは忘れがちである。

編み物の伝わり方は非言語から言語へと変化してきた。
そのおかげで私たちはそれまでにはない
編み物の楽しみ方を享受できるようになった。
しかし、失ったものもあるはずである。
それはいったい何だろう。
困ったことに、たいていの場合「失ったもの」は見えにくいのだ。

西村さんは「言葉の専門家」だから
「編み物の『伝え方』『伝わり方』の専門家」なのだと私は思っている。
西村さんなら「失ったもの」についてお話ししてくれるかもしれない。

涙いらずの編み物。編み図・パターンで「得たもの」「失ったもの」

Guest **西村知子さん**（編み物作家／翻訳家）

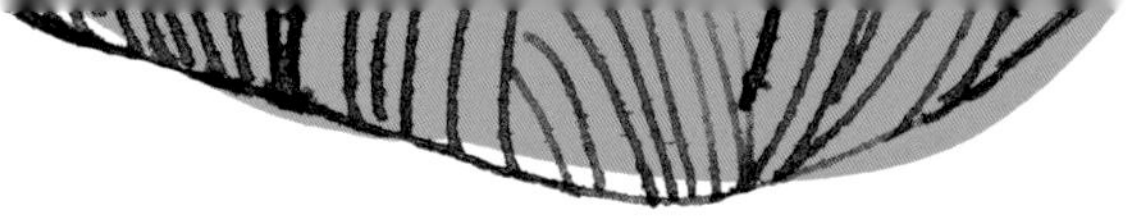

インターネットの普及でぐっと身近になった海外の編み物。ニット作家であり、洋書の翻訳も手がける西村知子さんに、アメリカと日本の編み物事情について、吉祥寺の毛糸ショップ「AVRIL」でお聞きしました。

編み物と政治の密なる関係

横山　英文レシピの紹介で名高い西村さんをお迎えしたので、今回はあえて海外ニュースから入っていきたいと思います。ちょっと時事問題になっちゃうんですが、２０２１年1月20日のアメリカ大統領就任式の時、サンダース議員（Bernie Sanders）*のミトンのことが話題になったじゃないですか。例えば、日本で政治家の誰かが会見をする時にミトンをしてても、「なんでしてるんだ?」って話にはなりませんよね。もしそう思ったとしても、あんなに大きなニュースにはならない。

西村　ならないですね。あれはもう、アメリカならではっていうか。このことを機に色々考えてみたんですけど、編み物って政治と絡む部分が多いですよね。特にアメリカに関してはね。それはもう歴史をずっと辿っていってというところがあると思うんですけど、だから日本ではなかなか政治がらみで編み物が関連してくるっていう動きは、しにくいんじゃないですかね。

横山　しにくいですよね。僕は時々洋書を読んでみるんですが、最近、面白いなって思ったのが、ロレッタ・ナポレオーニ（Loretta Napoleoni）さんの『パワーオブニッティング（The Power of Knitting)』っていう本なんです。

西村　はい。あの癒し…というか、療法的な。

横山　僕はたまたま、ネットを巡回してる時に見つけて。で、なんでその方のお名前を出したかっていうと、サンダース議員のニュースが出た後に、BBCが編み物とか手芸が政治と実は関係しているっていうことをロレッタさんにインタビューする短いニュースがあったんです。内容としては戦争と編み物の話をロレッタさんが語るものだったんですけれど。…西村さん的にはサンダース議員のミトンの話って、どういう風に捉えられたんですか?

西村　ああ、きたかって感じです。サンダースさんの人柄なのか、彼のサポーターの方々っていうのが、若い方やクリエイターが多いんですよ。なので、目のつけどころが新鮮で、本当にいいんです。ミトンだけじゃなくて、ああいう大統領の就任式の日に、全員がきちっと正装されている中、普通の折りたたみの椅子を持って行って、アウトドアのヤッケみたいなのを着てたでしょう。あの姿を見た人は、すごく親しみを感じたんだろうなと。

横山　西村さん個人としては、あれはどんなメッセージとして受け取りましたか?

西村　みなさん、なんていうのかな。「ああ、良かったね」っていう感じじゃないですかね?

横山　「良かったね」?　どうして「良かったね」になるんですか?

西村　まあ、政権が変わってちょっと安堵したっていうかね。

横山　ああ、良かったね、リラックスした、みたいな。

西村　そうそう。

女性の主張にひと役

横山　確かにそういうニュアンスを内包してると思うんですよ。編み物ってやはり政治的な場面に関係していることがあるように思います。

西村　ご本人自身は、何かの記事で「いやいや寒かったから防寒していっただけだよ」みたいなことをおっしゃってたんですけど。そこがまた良かったんじゃないですかね。

横山　独立戦争前のアメリカはたくさん羊毛を輸出していたんだけど、アメリカがどんどん力をつけて脅威になってくるとイギリスは「お前ら、もう国際的に羊毛を売っちゃダメ」って言い出したんですね。それで男どもは酒場で「戦争だー」と騒いでたんだけど、女たちは、輸出するはずだった羊毛を紡いで、織ったり編んだりして、「それならイギリスの織物や編み物製品は買わない」という自分たちの反抗の気持ちを沈黙のまま表明した、という。ここでもやっぱり編み物が出てくるんですよ。

西村　それもですし、やっぱり羊毛が手に入らないっていうので、古着をほどいて、兵隊に行ったご主人とか、男の方たちのために靴下を編んだりしたということも聞いたことがありますね。

横山　やっぱり、その動きって本当にあるんですね。

西村　さらにびっくりしたのが、編んでいるフリをしながら、奥さんが

＊バーニー・サンダース（Bernie Sanders）
無所属のバーモント州選出のアメリカ合衆国上院議員。

その糸玉の糸に相手の軍の動きをメッセージとして込めて、崖の上から垂らして、下にいるご主人なり、その軍の人たちに伝えたというスパイみたいな話もあったりして。

横山　それだけ日常生活の中で身近にあって、編んでても不思議は無いと思われてたからこそ、そういうことができたんでしょうね。今のアメリカでそういう具体的な事例ってなにかありませんか？

西村　うーん。

横山　昔、1カ月ほどアメリカの叔母のところにホームステイさせてもらったことがあるんです。その時、コミュニティカレッジのパーティーに参加してリーダー格の人に「ヘイ、お前は飲み物担当だ」って割り振られたんですよ。「わかった、じゃあ買ってくるよ。何が良い？」って聞いたら、その人が「俺はコーク」って言うんです。

西村　はい。

横山　そしたら、別の女性が「私はペプシね」みたいな。

西村　あ、支持政党の話ですね。赤は共和党、青は民主党の色だから。

横山　そうそう。「私はペプシ、民主党支持者だから」みたいなこと言って。

西村　味がどうのこうのってわけではなく…。

横山　ないんですよ。問題はラベルの色で。たぶんジョークなんだけれど、僕はそれにびっくりしたわけですよ。

西村　日本じゃ無いですもんね。

横山　無いですよ。

西村　むしろ語れないですもんね。

横山　語らないですよ。「俺、コーク！　自民党だから！」みたいなこと、絶対言わないじゃないですか。で、もしそういう色とかがあったとしても、言わないですよね、政治的なことを。日本では。

西村　そうですね。

横山　だけど向こうでは、それがジョークのレベルで通用するっていうことです。

西村　ジョークっていうよりも、真面目に言ってるんじゃないですか？

横山　笑ってましたけど、真面目なんでしょうね。

西村　「うちは日蓮宗だから」みたいな。

横山　そうそう！

西村　それくらいのノリだったら日本でも言うじゃないですか。

横山　言いますね。そういうのが、例えば編み物でも、何かあるのかなと。

西村　直接的にはちょっと違うかもしれないんですけど、例えば、オバマ元大統領の奥さん。ミシェル（Michelle Obama）さんが、「うちの毛糸屋に来たわよ」みたいなのがニュースになったりはしましたね。で、「彼女も編み物するんだわ」って盛り上がったりとか。

横山　オバマ元大統領の奥さんと編み物の関係の話は聞きますね。

西村　それと副大統領のカマラ・ハリス（Kamala Harris）が糸を買いに来たっていうのもニュースになっていました。

横山　そうなんだ。

西村　先ほどのサンダースさんのミトンもそうですよ。大統領就任式の後、あの写真やミトンの柄がインスタとかでもコラージュみたいな感じでたくさん出てきてました。そのなかでも、すぐに動いたのがデザイナーのケイトリン・ハンター（Caitlin Hunter）さん。編み込み模様のセーターを色々デザインされている方なんですが、彼女が真っ先にサンダースさんのミトン柄のセーターを出したんです。

横山　デザインを起こしたんですね。

西村　しかも、就任式の1週間後ぐらいに無料パターンとしてRavelryに上げているんです。FEEL THE BERNとして出ています。

横山　1週間後にはアップしているって、ずいぶん反応が早いですね。

西村　そうですね。同じようにミトンを編むって人もいますし。…そういえば、このミトンはアップサイクルしたミトンって…聞きますね。

横山　それって古い素材に再度価値を持たせる方法の。

西村　一説では、セーターをほどい

Ravelryより
『FEEL THE BERN』
Caitlin Hunterによるサンダース議員のミトン模様をアレンジしたセーターのパターン。

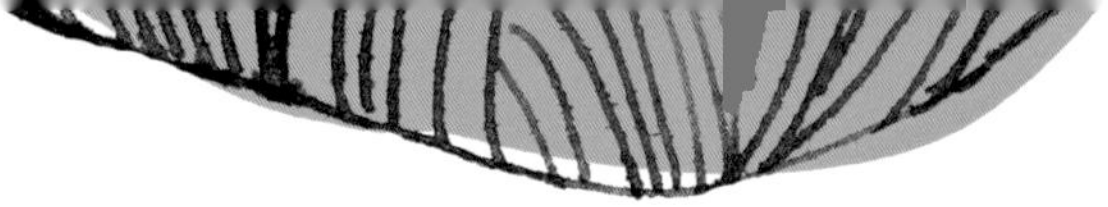

た糸で編まれたって聞きますし、さらにほかのところでは、ペットボトルをリサイクルして作った糸で編まれたっていう風にも聞きますし。どっちかはわからないんですけど。

横山　私が聞いた話だと、フリースを内側に使ってるみたいですよ。

西村　じゃあ、両方かも。納得しました。

横山　そういうところも、今流行りのSDGsの思想が込められてると社会的には受け取ったんじゃないかな。それと西村さんがおっしゃった「これでリラックスできる」みたいな。きっと、これを作った人は、「私があげたあれ、まだサンダースさん、使ってくれてるの!?」って感じだったんですよね。

西村　問い合わせが殺到したとか。ご本人は元教師の方で、女性って聞きましたけど。

横山　そのご本人としては、特に政治的な意味を考えてサンダースさんに編んだとかではないんですよね。

西村　ないと思います。サンダースさんの支持者で、「良かったら使ってね」みたいな。

横山　それぐらいですよね。おそらく。

西村　と、思いますよ。で、サンダースさんがちゃんとそれを使ってて。寒いからこの場で利用したっていうのが普通の流れだと思うんですけど。

横山　僕もそうだと思うんですよ。ニットって身につけたらあったかいと思うから編むのであって、普通は特にそこに意味を付与しない。でも、それが人手に渡って多くの人の目に触れるようになった時に、初めて社会的意義がつけられる。

西村　今回もそれを感じ取ったんじゃないですかね。誰かからプレゼントされたものを、大切に、普通に、ああいう場でも使う「サンダースさん」って。そこに親しみを感じたっていうか、それでほっとするというか、心が温かくなったっていうところがあったんじゃないですか。

横山　自然な流れなんですね。無理やりしてないから響くものがある。

西村　なんか、見るたびに面白いというか…。

横山　くすっとなりますよね。それと、このミトンにみんなの目が集中したっていうのは、やっぱり編み物自体が、そういう気分にさせるような物体なんだって思いました。

西村　そうですね、手編みっていうのがね。

横山　多分、そうなんだろうなあって思いますね。…ただ、こういうものをアメリカは政治と結びつけやすいところがあるけれど。

西村　トランプさんが就任した時には、逆パターンの動きもありましたね。２０１７年のウィメンズ・マーチ。当時トランプさんのことを良く思っていなかった女性たちが、ピンクのプッシーハットっていうのをかぶって行進したんですけど、その時もかなり話題になりました。この帽子は四角い編み地を袋にして、両方の角を結んで耳みたいにするんです。プッシーハットっていうのは、プッシーキャット、つまり「子猫ちゃん」もじり。それをかぶって、ワシントンDCを行進する反対運動だったんです。ピンクの糸で編むっていうのが、もうひとつの条件だったんですよ。

横山　そうなんだ。

西村　トランプさんはあまり女性の扱いが優しくないというか、女性から反感を買うような発言をたくさんしていたので。

横山　マッチョなこと言ってましたよね。

西村　それに対する反応っていうのもあったと思います。行進に参加できない人たちも帽子を編んで、「持ってない方にかぶってもらってね」と発起人側に送ったりして。これって全米を巻き込んだ動きでしたからね。

横山　女性の主張。帽子。

西村　帽子は作りやすいし、目立ちますもんね。

横山　頭ですもんね。面白いな。個人的に作ってる時はさほど意図してなかったけど、だんだん数が増えるにしたがって、最終的にはシンボルみたいになった感じですね。

西村　そうですね。発起人はイメージしてたりするんでしょうけど。

横山　ムーブメントの象徴のようなものになるっていうか。いやあ、これは面白いですね。

西村　ちなみにプッシーハットは検索していただいたら、その時の画像なんかも出てきますので、ぜひ。ワシントンをみんなでピンクの帽子かぶって歩いていらっしゃいますよ。

横山　うーん。やっぱり日本で編み物をしてるとそこまでは使われないですね。

西村　日本だと震災などの支援活動っていうのはありますけど、政治的な主張とか、思想の主張の関連でっていうのは難しいですね。これからどうなるかはわからないですけど。

横山　主張っていうこと自体が不得手な国民性だったり、主張したから良い結果になるとは限らない社会だっていうのもありますものね。ただ、あからさまに「編み物＝こういう意味だよ」って感じじゃないんだけど、結果的に、「なんかリラックスするね」というのは感じるというか。そういう点では、なんらかの社会的意味が付与されていく傾向にあるんじゃないかな。

西村　そうですね、癒しですよね。

涙無しには語れない 日本の編み物

横山　多分、人に厳しさを感じさせる編み物みたいなのってのは、作品としてはないと思うんです。でも一方で「編む」厳しさというのはありますよね。

西村　深いテーマですね。

横山　なんていうのかな、編み物って正確に編むことに対して、すごく心を砕いてる方がたくさんいらっしゃるんですよ。それだからやってる人もいれば、それが嫌になっちゃって辞めちゃう人もいる。

西村　「正確に編むとは？」っていうのを掘り下げていくとね。

横山　そうなんです。

西村　だから、まあ…私もね、英語で編もうっていう講座をやり始めて今年で丸10年になるんですけど、やり始めて一番最初に気づいたのが、けっこう上級者の方たちが講座に参加されていることだったんですよ。何か新しいものを探して来てくださってたんですけど、英文で編んでいる中で「え、それでいいの？」「それでいいんだ！」って感嘆の声がそれはもう、よく上がったんです。「ああ、みなさんそういう風に思うんだ…」と。とても新鮮でした。私自身、人に教えたりする前から「これでいいや」みたいなスタイルでやってきたので、余計感じたのかも。

横山　良いですね。

西村　でも、資格を取る時には必ず課題というのがあるじゃないですか。だから、そのお題に沿って編まなきゃいけない。そうすると、その後もそういう制約に縛られてしまう方が多いんですよね。でも、私の編み物は、「それでなくっても良いんだよ、自分のできる、自分の持ってる引き出しの中のものを使えば良いんだよ」っていう思いが根底にあるんです。

横山　私も編みキノコのワークショップをやっているんですが、ある時、参加してくださった編み物の大ベテランの先生から「久しぶりに編み物が楽しかった」って言われたことがあるんです。で、ええ⁉って。いや、嬉しいんですよ。嬉しいんですけど、それって、普段楽しくないのにやってるってことなのか？って。

西村　ね。それがなんか、残念というか、悲しいなって。まあ、どうしても資格とか、目標があってやってる間は仕方ないのかなって思うんですけど。そうじゃない時っていうのは、やっぱりその…涙を流しながらだと。

横山　涙を流しながら。

西村　それって、やってても面白くないしって思ってたんですけど。

横山　実は今回、本書の最初の対談相手・北川ケイさんに日本の編み物がなんで涙を流すようになったかについて話をお聞きしているんです〈P.10〉。明治以降、日本の編み物の歴史というのは「正確な編み物」を積み上げることで女性の職業として確立していったという。

西村　正確な編み物の定義っていうのは何なんですか？　編み図？

横山　最終的にはそうなっていくんですけど、要は体にぴったり合うってことだと思うんですよね。でも、海外の編み手の人たちって、そこまで固く考えないで編んでいるイメージがあるんですけど、実際はどうなんですか？

西村　それは色々だと思いますね。ニッターを生業にしている人は別と

「え、それでいいの？」「それでいいんだ！」

して、自分のために編んでらっしゃる方っていうのは、厳しく考えないかもしれません。あと性格にもよりますよね。それは日本でも同じ。
横山　多種多様。
西村　ただ、日本ってどうしても免状制度みたいのがありますよね。先生がいらっしゃって、その先生が言う通りに編む、とか。
横山　そうですね。

Knitting Without Tears
涙いらずの編み物

西村　基礎を学べば学ぶほど、「こうしなきゃいけない」という考えにとらわれがちですよね。でも、アメリカにはその考えを取り払った方がいらっしゃるんです。さっき「涙」って話が出てきましたけど、まさにその方の本のタイトルが『Knitting Without Tears』。直訳すると、「涙なしに編む」ということで、涙を流すことなく編めますよ、という。これ、エリザベス・ジマーマン(Elizabeth Zimmerman) さんという方が書いた50年前くらいの本なんです。
横山　1970年代？
西村　そうです。1973年だったかな。もともとジマーマンさんはイギリス生まれで、イギリスで編み物を覚えた方。その時代はもう学校でも編み物を教えてたから、ほとんどみんなが編める状態だったんですね。だから毛糸屋さんで糸を買っても、お店では特別な指導も、アドバイスもしてくれなかったみたいなんです。ところが、娘時代にアートカレッジへ通うため、ドイツへ行ったら全然違った。
横山　イギリスからドイツへ。
西村　ドイツでは毛糸屋さんに行くと「あなた、それで何を編むの？」「これを編むの？　じゃあ、あなたのゲージは？」とか、そこでスワッチ編ませられて、で、そのスワッチを見て、そこで割り出しとか全部してくれるくらいの対応だったそうなんです。それですっかり驚いてしまった。環境による対応の違いに。その後、結婚してアメリカに渡ると、今度はまたイギリスで経験したようなお店の対応だったらしいんですね。で、これはちょっと不親切なんじゃないかということで、自分の編み物の中から発見したヒントとか、ティップを色々な人に広める活動を始めて。それをまとめたのが、この本だと思うんですね。
横山　なるほど。エリザベス・ジマーマンさんっていったら、海外の編み物事情を調べたら必ず出てくる大家の方ですよね。その方がこの本を出したっていうことは、それまではアメリカも「涙を流しながらの編み物」だったんだと。
西村　ええ。なので、この本も教本とは違って、彼女が編んでる中で、ここはああしたら良いとか、私はこれが好き、といった自分の考えを書き綴った内容なんです。
横山　なるほど。
西村　なかでも私に一番響いたのは、「You're your own boss.」。あなたのボスはあなたよ。だから、人からああだこうだって言われるんじゃなくて、自分でやりたいようにやったら良いのよっていうところなんですよね。だからどうしても、そのパターンがあって、このように編みなさいって言われて、その通りにできないからどうしようって悩んでいる人も、それはできるようにすれば良いのよって。自分の持ってる引き出しで、対応できる範囲内で対応したら良いのよ、とか。
横山　「あなたのボスはあなた自身よ」って良いですね。
西村　「You're your own boss.」。そういう考え方の持ち主なんですね。
横山　すごい。それってやっぱり、その考え方があるかどうかで、ずいぶん変わりますよね。
西村　私も今回、改めて本を手にして思ったんです。これって編み物だけじゃなく、人生そのものじゃないかと。
横山　本当にそうだと思いますよ。どうしたらいいのかわからなくなった時、いつも何かに依存していたら答えなんかきっと見つからない。
西村　だから編み物を通してそれをやっていれば、人生にも応用できるんじゃないかなって思ったりして。
横山　うんうん。せっかく人生の一部としての時間を「ものづくり」に使うんだったら、それによって人生が変わっていかないと。

『Knitting Without Tears』
by Elizabeth Zimmerman

西村　なので、この本ではパターンを最初から最後まで全部書いてるっていうのは一切ないんですね。「こういった局面ではこれができるよ、その先はあなたが好きなように編めばいいわ」とか。
横山　へえ。
西村　例えば作り目にしても、今はそれだけで1冊の本が出たりしていますが、さすがにそんなにいっぱい覚えなくてもと思ったり、なぜそこまで追求するんだろうと感心したり。まあ私は基本的に、指でかける作り目と、あと伸縮性のある1目ゴム編みの作り目と、あと反対側に編み出せるように別鎖なり、なんなり反対側に編めるように作り目をする、…ぐらいできればいいのかなと思ってますけど。
横山　はい、私もそう思います。
西村　そういうことをジマーマンさんも、本の中でおっしゃってるんですよ。
横山　あと、作り目に関してはドイツ式の、最初輪っかをかけて、表編みするみたいな感じで、左に戻すやつも入れてほしい！
西村　それもそれも。
横山　この作り目は初心者に教える時、そのまま表編みの練習になるので便利なんです。
西村　そうですね。
横山　それができれば、そのあとガーター編みができるんですよ。だから、初めて棒針を持つ人に指でかける作り目を勧める意味が分からなくて。
西村　糸端が足りなくなったりしますもんね。それか余りすぎたりとかね。彼女もそれを言ってます。
横山　でしょ？
西村　呼び方は色々ですけど、彼女は編みながら作る作り目の中でも「ケーブル・キャスト・オン（Cable Cast On）」を紹介してますね。
横山　そうなんだ。
西村　編みながら作る「ニッテッド・キャスト・オン（Knitted Cast On）」の方だとやや目が緩みがちなんですけど、目と目の間から編み出す「ケーブル・キャスト・オン（Cable Cast On）」の方は割としっかりと安定した作り目ができますよって。
横山　なるほど、なるほど。とりあえずこれやっとけば、「Tears（涙）」は「Without（なし）」になるからと。
西村　そうですね。あと、セーターの作り方とかでも、ジマーマンさんの場合はボトムアップでぐるぐると輪に編む。とじはぎがあんまりお好きではないから。しかもセーターを編む時のEPS（エリザベス・パーセンテージ・システム）という独自の方法を開発しています。
横山　はい、なんか聞いたことあります。
西村　基準となるのは、脇の下の胸囲ですよ。胸囲の目数が、いくつだったら、じゃあ袖口はその目数の何パーセント。で、そこからだんだん増やし目をして。これがXならXを何パーセントまで増やす、とかいうようなことも書いてあります。
横山　要は1つずつ考えなくても1カ所できちゃえば、あとはとりあえずこれだけやっとけば大丈夫でしょってなるってことですよね。
西村　ほかにも途中で糸がなくなったら、同系色で対応すれば良いんだよ、とか。
横山　そういう基礎的なことって、「ものづくり」をする時にすごく大事なんですよね。
西村　さらにね、洗い方。
横山　ああ、大事です、大事です。
西村　せっかく自分で作ったセーターなんだから、クリーニングなんかに出さないでって。自分のものは自分の手で洗いましょうって言ってます。
横山　内容のクオリティが高いですね。
西村　しかも50年前にですよ。
横山　やっぱりアメリカで売れているんですか？
西村　ロングセラーですね。で、やっぱり、今有名なデザイナーさんは、みんな若い頃にジマーマンさんの本をひと通り読まれたって感じです。編むうえでのヒント、知恵がたくさん詰まった本っていうことですね。
横山　話は変わりますが、僕はニュースメディアから原稿を依頼された時、社会問題と編み物や手芸を絡めて書くことが多いんですけど、ほかにそういう視点で書く人が少ないの

あなたのボスはあなたよ

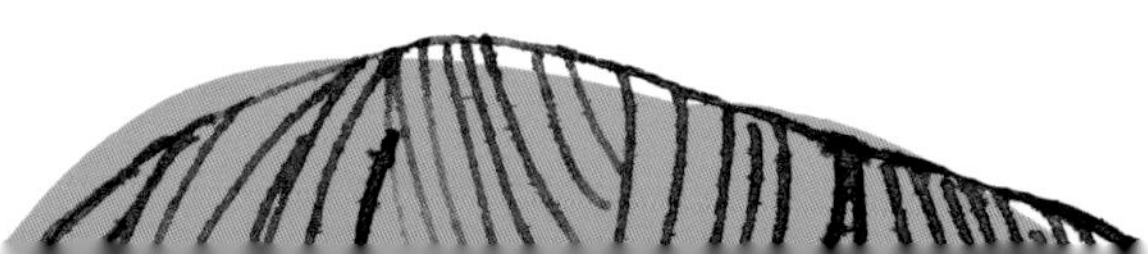

目からウロコの1冊

西村知子さんの本棚

『Knitting Without Tears』

by Elizabeth Zimmerman

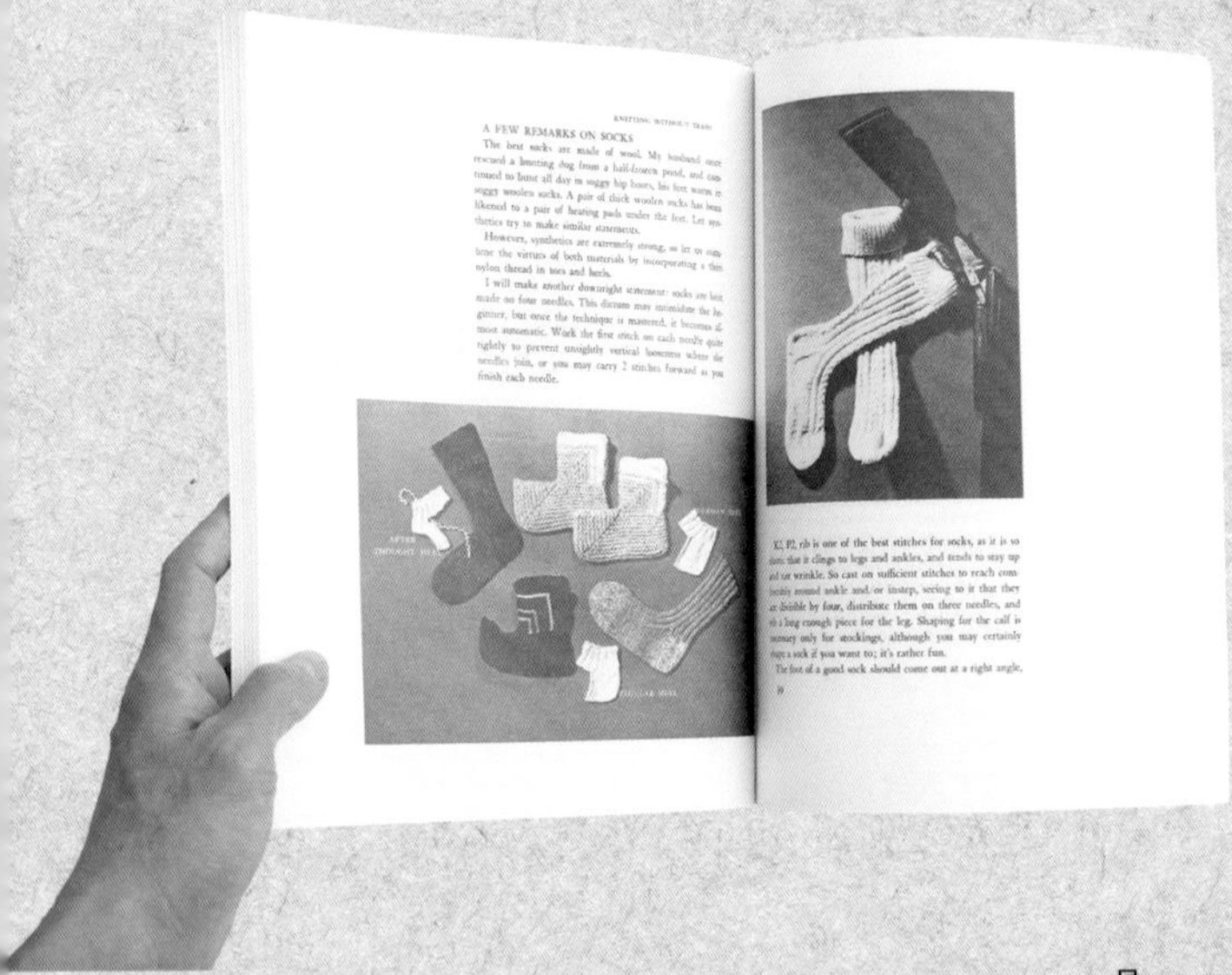

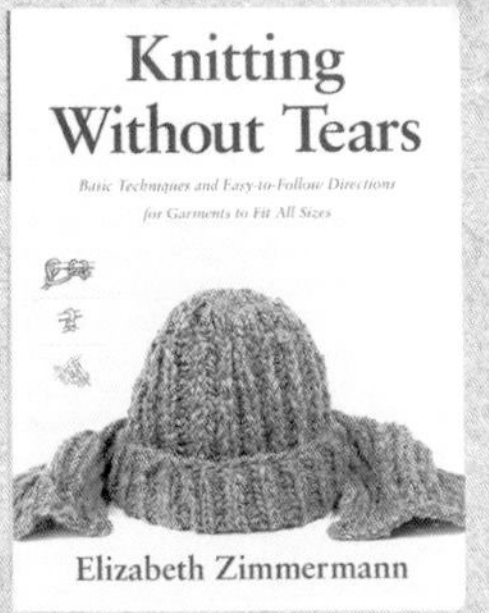

エリザベス・ジマーマンさんの知恵とアイディアが詰まった編み物を楽しむための1冊。彼女のアドバイスは迷えるニッターに自信と勇気を与えてくれる。大ベストセラー。

ナンシー・マーチャントさんの本も面白いんですよ！

『KNITTER'S ALMANAC』

by Elizabeth Zimmerman

季節の編み物を月ごとに紹介。レジャーやイベントに合わせた1年間の作品制作プロジェクトは、暮らしの中で使う楽しみを提供してくれる。

エリザベス・ジマーマンさんの世界

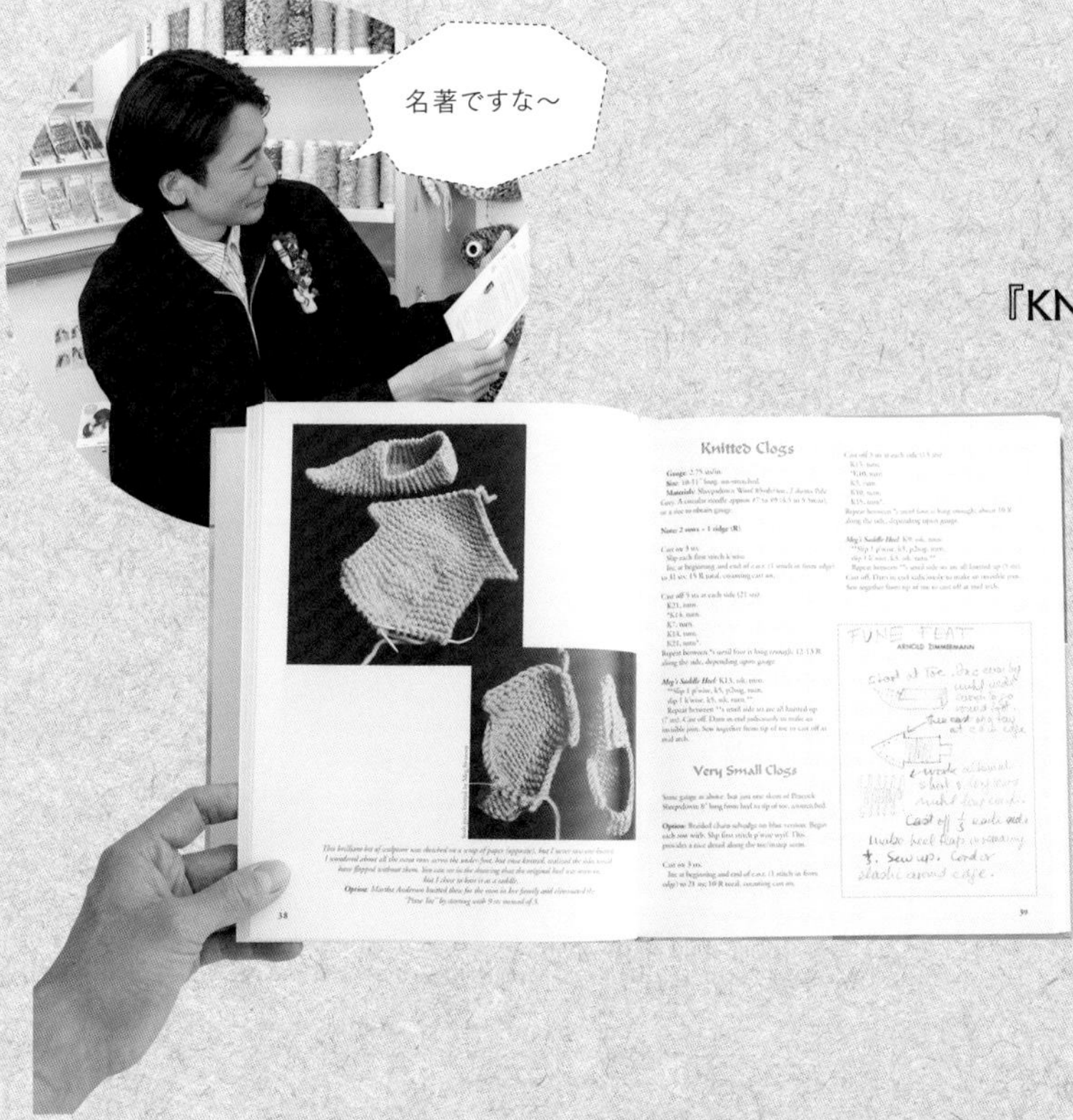

『KNIT ONE KNIT ALL』

by Elizabeth Zimmerman

「表目だけ、それで全部編もう」というタイトル通り、ガーター編みを愛するエリザベス・ジマーマンさんが贈るガーター編み作品集。

西村知子さんの翻訳本

『ナンシー・マーチャントのブリオッシュレース』

ブリオッシュ編みとレース編みを組み合わせた72点の模様に加え、ショールやカウルなどの作品9点を紹介。基本の操作は写真付きで解説。

＊3冊すべて誠文堂新光社刊

『ナンシー・マーチャントのブリオッシュ編み』

ブリオッシュ編みは、棒針編みの技法のひとつ「両面引き上げのイギリスゴム編み」のこと。この本ではナンシーさんによる多種多様なブリオッシュ編みのパターンを紹介。

『ナンシー・マーチャントの引き上げ編み』

ブリオッシュ編みの女王の異名を持つナンシーさんによる、引き上げ編みに特化した模様編みパターン集。本書で紹介している作品〈P.128〉でもこの技法を使用。

↓西村さんの本はこちら

で喜ばれるんですよ。だけど、必ずお願いされるのが自己紹介。編み物の仕事をしているといっても、普通の人はなかなか編み物をイメージできないので、必ず編み物とは何かを書いてくださいって。

西村　はい。

横山　私は編み物の仕事をしている。編み物というのはマフラーやセーターを編む。あなたのおばあさんとか、お母さんもやってらっしゃったかもしれない。あの編み物の仕事をしているんですよ、と言わないと、一般の人には通じないですよっていう風に言われるんです。

西村　確かに業界内の人だったらあ・うんの呼吸でわかることですよね。

横山　そうそう。すっごい基礎的なので、業界ではみんながこれは当たり前だろうって思ってるところ以前から、話さなきゃいけないんですよ。おそらく、ジマーマンさんは、編める人が常識と思っていることを壊す本にしようとしたんでしょうね。四方を壁に囲まれている人にはすごく優しい本だったんじゃないかな。

西村　広く受入れられたのは、彼女のキャラクターもあったみたいなんですね。

横山　キャラクター？

西村　彼女、本を出す前に15分間のテレビショーを持ってたんですよ。「The Busy Knitter」っていう。まあ、せわしく編むおばさん、みたいな。

横山　見てみたいなぁ、それ。

西村　そのテレビでみんなに編み物の人って認知されてたっていうのが1つ。それと、出版社に任せてどんどんパターンを出版してると、自分の意思が伝わりにくいので、それを補うのに、ニュースレターを書いたらしいんですね。なのでテレビに出て、ニュースレターも出してるっていうのは、今の時代でいったら、ブロガー兼ユーチューバーみたいですよね。

横山　そうですね。

西村　それを編み物がらみですでにされていた。

横山　非常に面白い。要は、「伝える人」だったっていうことですよね。

生活に溶け込む編み物の提案

西村　ジマーマンさんの本が、あと2冊あるんですけど紹介してもいいですか？　ええと、これが一番有名な…。

横山　読んでないのに、一目でこれは名著だって思う。すごそう。

西村　1冊めは『KNITTER'S ALMANAC』。「Projects for Each Month of the Year」ということで、12カ月の編み物を紹介した本です。

横山　面白そう。

西村　目次を読んでいきますけど。1月はアランセーターを。2月は「Some Babies' Things」、赤ちゃんグッズですね。で、March。3月は、「Difficult Sweater (Not really)」、難しいセーター。で、括弧の中で「それほど難しくないけどね」っていう。

横山　雰囲気的には難しいんだぞと。なるほど、いいですね。

西村　4月はミステリーブランケット。で、5月が面白いんです。「Mittens for Next Winter」。5月に、次の冬のためのミトンを編もう、と。

横山　ミトンだったら、でかくならないから暑くならないしと…なるほど。

西村　そんな感じでずっと続いていくんですけど。Decemberがまた面白いんです。「Hurry-Up, Last Minute Sweater」。間際のって意味ですね。間際のセーター。そんな提案を色々してくれているんですけど、その中で彼女なりのボタンホールの作り方とか、こまごましたアドバイス、作り方みたいのも載ってるんです。なので、これもパターンっていうよりも、こんな模様で作れるよ、みたいな感じのことが書いてあります。

横山　これ、すみません。5月が、ミトン。次のwinterのミトンってことは分かったんですけど、真夏は何を作るんですか？

西村　真夏はね、ショール。

横山　ショール。

西村　7月がね、ショール。なぜショールかというと、「Good Travel-Knitting」。要は旅をしながら編めるもの。モバイルニッティングですよ。

横山　技法をただ見せるだけじゃなくて、それをみんなの生活に溶け込ませるような工夫までしてるっていうのが面白いなって思いましたね。

西村　やっぱり主婦でもあり、子育てもしながら、もしくは子育てをした経験を持つ方で、試し編みとか作品を作る時にも無駄にならないように必ず自分のお子さんのサイズに合わせた作品を作って。なので、娘さんたちは常に着る物には困らず、例えばひと月、毎日違う服装で学校に行けたという話もあるくらい。

横山　やらなきゃいけないことを義務ではなく、ひとつの楽しみになるようにしていくっていうのも、やっていくと良いって思っているんですけど、まさにそれを実践してる。

西村　これは『Knitting Without Tears』にも書いてあったんですけど、輪に編む時のゲージとかは、せっかく輪に編むんだったら帽子にしちゃいなさいよ、とか。当たり前っていうか、目新しいことではないんですけど、ああ！　って思っちゃいますよね。

横山　そうですね。で、そういうことをある地位の、ある立ち位置の人がきちんと言ってくれると安心する人も多いと思うんですよ。

西村　ジマーマンさんの本は、そういう安心感が得られる本です、きっと。仲間や先生がこうしたから、こうしないといけないとかではなく、間違いなんてないのよって。1つのパターンがあったとして、完成に行きつくには回り道をしてもかまわないんだから、みたいなね。

横山　むしろ誰かが言う必要があるんだと思うんですよ。

西村　実際にその場面に私も直面することありますよ。こういう作り目をするようにって書いてあるけど、これができないから先に進めないって。じゃあ、その作り目じゃなくてもいいんじゃないの？　って。

横山　その一言でどれだけ救われることか。うん。僕もあります。僕はもっと怒られるような感じで。「先生、きのこが小さすぎて次の目がわからないんです！」って。

西村　そうそう。

横山　きのこを5、6個作ったら、自然にわかるようになるんですよ。技術、技法って、たぶんそうやって取得していくんですよね。

西村　編み物ってなにげにできちゃいますしね。

横山　それこそ輪っかぽいところに針とか指入れて紐を引っ張ってきたら、編み物として成立する。

西村　まあね。

横山　みんなでそういう、ジマーマンさんみたいな人を待ってたっていうような社会状況が、アメリカにもあったんですよね。

西村　そうですね。しかも50年前ですからね。ジマーマンさんの本が出てからは、その影響でニットウェアのシームレス化が進んだりとか、シームレスでありながらも、デザインとして「なんちゃって脇線」を入れるようになったとか。ほかのデザイナーさんも含めて、デザインの幅がぐっと広がった感じがします。

横山　ん？　「なんちゃって脇線」をわざわざ入れるというのは？

西村　入れるんですよ。ご覧になったことないですか？　輪に編んでても、ダミーの脇線を入れるんです。メリヤス編みで編んでたら、そこだけ裏目にするとか。

横山　そうか、あれが「なんちゃって脇線」だったのか。

西村　どこを編んでるのかの目安になるのはもちろんですが、それより伸び止めとしても役立つんです。特にジマーマンさんが提案してるのは、編み上げてから、一旦、針抜きのように一番下まで目を落としてから、かぎ針で編み直す方法。

横山　昔の家庭用編み機のタッピ返しみたいな感じでってことですね。

西村　そうです、そうです。そしたら、脇が分かるから、しまう時にも楽よって。何もなかったら、輪に編んだ時、斜向しがちですし。

横山　すごいですね。そういう知恵が、まだたくさんあるんだろうな。

ジマーマンさんのガーター愛

西村　あ、アイコード。アイコードの話しましたっけ。

横山　まだしてないです。

西村　アイコードって、日本では丸コードとか言ったりしますよね。今回、作り方を紹介するサコッシュの紐に表目3目のアイコードを使ってます。これもジマーマンさんが紹介してるんですよね。子どもたちがリリアンで紐を作って遊んでいるのを見て、その編み機がなくっても、棒針でできる方法はないかと考えたんですって。

横山　なるほどね。僕も初めて知った時には、いい方法だなと思いました。ダブルポイント（両端が尖った棒針）の道具の特徴を一番とらえてる技かもしれないですね。

西村　覚えておくとなにかと便利です。

横山　そうか、アイコードもジマーマンさんが…。歴史上、世界中のどこかで編んでた人はいるだろうけど、みんなに分かりやすいように表に出したのはジマーマンさんっていうことなんですね。なるほど。

西村　表編みばっかりですよね。ア

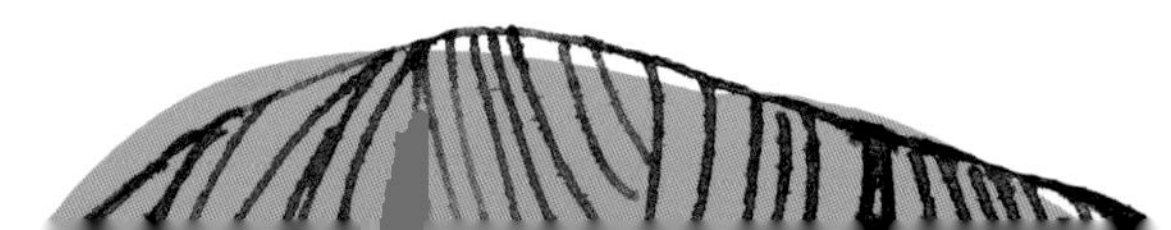

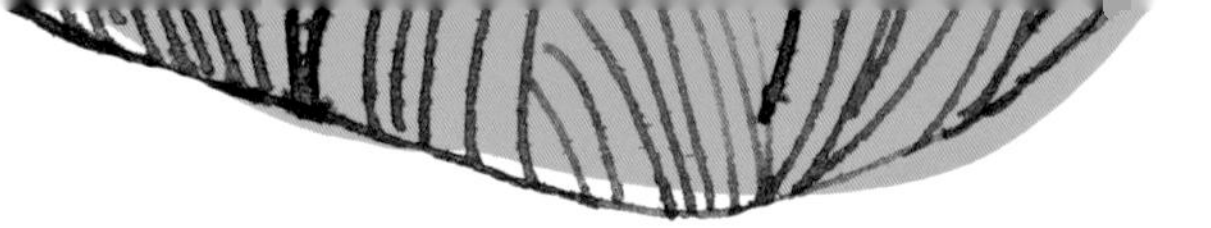

イコードもね。そこでお見せするのが、2冊め。ジマーマンさんの『KNIT ONE, KNIT ALL』。

横山　いい感じですね。邦題にするとしたらどんな意味なんですか？

西村　えー、なんだろう。「1目表編みにするなら、全部表編みで編んじゃえ」って感じですかね。

横山　いいですね。

西村　つまり全部表編みで編むっていうのは、結局ガーター編みになるってことなんですよ。だから、この本はエリザベス・ジマーマンさんのガーター編みを使ったデザイン集です。

横山　うわ。僕、ガーター編みが大好きなんです。

西村　これには40点くらい作品が載ってます。

横山　この本もスペシャルだ。

西村　でも、彼女がガーターだけの作品集を作りたいって出版社に企画を出した時は、ちょっと受けが悪かったらしいんですね。で、結局あちこちで掲載したガーター編みの作品ばかりを、後々、いま出版社をされている娘さんとお孫さんが、コレクションとして全部集めて、編集・出版した本なんです。

全部表編みするっていうのは結局ガーター編み

横山　なるほど。

西村　なので、割と最近の本なんですよ。…最近って言っても、十年前とかですけど。

横山　すごいですね。良いなあって思います。

西村　マニアックですよね。

横山　でも、ガーター編みっていう響き自体が、私にも何かできるんじゃないかって思わせてくれる感じがするじゃないですか。だって全部、表目ですよ。そういうところからして、編み物をする人に響くものがある。ジマーマンさんが大家だって…アメリカ編み物界の巨匠だっていわれるわけだ。

西村　私は知らなくって、教えていただいたんですけどね。

横山　これはすごくいいですね。ただ可愛い作品集を出すっていうだけでは無くて、なんかその、編み物する人が少しでも編みやすかったりとか、その人の生活を意識した提案をされているっていう印象ですね。

西村　そうですね、きっとね。

横山　すごい大事なことだと思います。多分、編み物で涙流しちゃう人は技法とかがまず基盤にあって、その上に自分が乗ると考えちゃってる人が多いと思うんですよ。でも、本当はそうじゃなくて…まず自分があるんだっていうことを思い知らせるような本作りをされてるなって思いますね。

文章だからこそわかりやすい技法もある

西村　今日はせっかくなので、元々私がやっている活動というか、英語で編もう、ということについても少し触れますね。

横山　ぜひ。

西村　英文のパターンで編んでいく編み方とか技法とかは、なんら日本の編み方と変わりはないんです。要は編み図じゃなくって、文章を読みながら編むという違いだけ。だから、それをスムーズに読み解けるように講座をさせていただいているんですけど、やっぱり英文と略語がいっぱい使われてるレシピは、ちょっと敬遠されてるところがあるんです。よく聞かれるのは、「英語がしゃべれないとできないですか？」という質問。別に英語がしゃべれなくても、むしろ編むことができる人なら、書いてある略語と自分が今編んでいるものが関連づけしやすいし、そうやって編んでいくのでいいんじゃないかなと思うんですよ。

横山　慣れも大きいですね。

西村　反対に文章だからわかりやすい技法というのもあって。2018年に翻訳したナンシー・マーチャントさんの『TUCK STITCH』は1つの例ですね。これは棒針編みの引き上げ編みだけに特化した本です。そして、1段の引き上げ編みばっかりなのがブリオッシュ編みで、こちらは2020年に『Brioche Lace』を翻訳しました。引き上げ編みは日本の編み図だと、編み目記号がわかりにくいと敬遠されがちなんです。

横山　わかります。

西村　引き上げ編みの記号はU字が逆になったような形なんですが、それがどこから始まってどこまで引き上げていくのかが分かりづらい。すべり目と間違えてしまう人も少なくありません。でも、この編み方を英語で表現するとてもわかりやすいんです。ということで、今回掲載する作品のサコッシュも英文を基調にして、和訳とポイント編み図を紹介させていただいています。

横山　すごい、対談内容が作品にたどり着いた。しかも、ジマーマンさんが広めたアイコードに、ナンシーさんの引き上げ編みのサコッシュ。

西村　サコッシュは底から編んでいるので、底からの数段はジマーマンさんの好きなガーター編みが少し入っています。

横山　すごい、今日の話が全部入ってますね。

西村　そうなんです。ガーター編みから入って、そこから模様編みをしていくんです。模様は3段の引き上げ編みで作るのですが、編み図の記号だけ見るとちょっとわかりにくいかもしれません。でも、英文はとてもシンプル。ナンシーさん特有の表現方法を用いていて、その意味さえわかれば引き上げ編みが断然楽になると思います。例えばsl1に、指数みたいな感じで小さい2がついている省略表記。sl(=slip)っていうのはスリップ(目をすべらせる)、その横の大きい1が1目すべらせることを意味します。じゃあ、小さい2は何かというと、そこにはかけ目が2目かかってますよってことを示しているんです。つまり2段引き上げてますよっていう意味。で、そこにyo(=yarn over)ヤーンオーバー(かけ目)。もう1回、かけ目をしますよとなる。

横山　ああ、なるほど。

西村　それをずっと積み重ねていって、このbrk(=brioche knit)っていうのが、引き上げてきたかけ目と、本来の目と一緒に編むということなんです。ここにまた指数みたいな小さい3が書いてあるんですけど、これは本来の目プラス、かけ目が3目かかってるよって。

横山　かなりわかりやすいですね。

西村　そうそう。なのでこれを見て編むと、引き上げ編みも楽に編めますよ、と紹介してるんです。

横山　確かに、針にかけ目をした糸が何本かかっているのか、きちんと明記されてるとありがたいと思います。

西村　どこで編むかっていうのも明確にわかりますし。そんな風にナンシーさんなりに編み図を記号化したんですね。翻訳をした時は、編み図記号や略語はそのまま使って、繰り返す(リピート)のような日本語に置き換えられるところのみ直しました。(図1)

4の倍数で作り目

1 LC RSの段：[k3、sl1yo] をくり返す。
2 LC WSの段：[sl1^{1}yo、p3] をくり返す。
3 LC RSの段：[k3、sl1^{2}yo] をくり返す。編み地を返さず編み目をスライド。
4 DC RSの段：[k3、brk1^3] をくり返す。
5 LC WSの段：[p2、sl1yo、p1] をくり返す。
6 LC RSの段：[k1、sl1^{1}yo、k2] をくり返す。
7 LC WSの段：[p2、sl1^{2}yo、p1] をくり返す。編み地を返さず編み目をスライド。
8 DC WSの段：[p2、brp1^3、p1] をくり返す。

1 LC RSの段からくり返す。

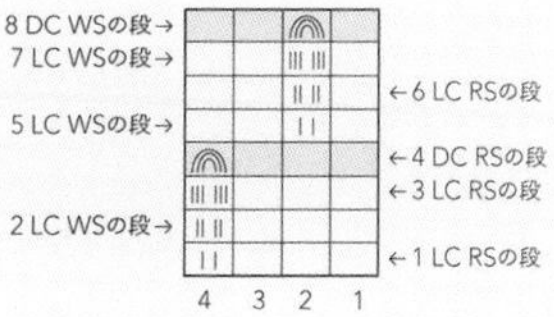

(図1)『ナンシー・マーチャントの引き上げ編み』(誠文堂新光社)より

横山　なるほど、なるほど。

西村　まあ、英文パターンなので、裏の面も表の面も、編む手順はそのままになってるんですけど。

横山　書いてある通りに編めばいいってことですよね。

西村　そうです。裏面を編む時も逆に考える必要が無いってことです。

横山　しかもその、何本かかかってる数字とかが、はっきり書いてあるから、迷わずに、そのまま編んでいけば良いと。

西村　これはまあ、ナンシーさん流の表記です。英文パターンには日本のような統一した表記基準が無いので、デザイナーがパターンを作るのに迷われる部分もあるんですけど、逆にみんなが工夫して合理的に表現する方法も使っている気がします。

横山　Knitting Without Tearsの精神が現代のデザイナーたちにも受け継がれていると。

西村　ナンシーさんも、小さい頃からずっとジマーマンさんの編み物に触れて育ったそうですし、今活躍さ

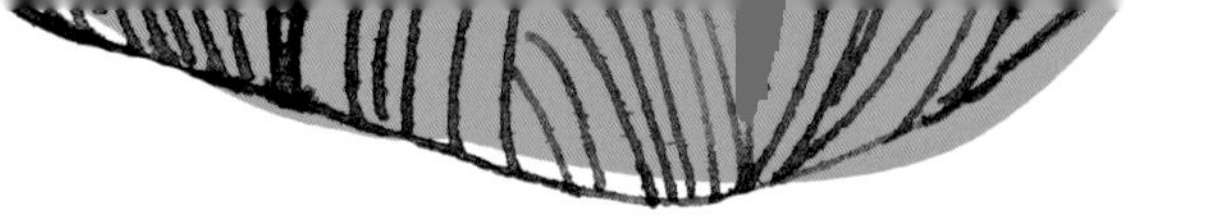

れてる方もみんなどこかのポイントで彼女に触れてらっしゃるというのがあるみたいですね。

横山　なるほど。いやあ、でも、そのジマーマンさんのそういう考えが今に繋がるっていうのは、僕はそれだけみんなそういうものを求めてるんじゃないかなっていう風に思うんです。

オンラインでつながる世界

横山　実際、今のコロナ禍でstay homeが推奨されて、編み物を始めた人が多いと聞きますよね。

西村　もともとインターネットには編み方の動画がたくさんアップされているので、初心者でも取り組みやすくなっていると思います。昔と比べて自宅でも環境が整っているというか。

横山　オンラインでのイベントも増えましたし。

西村　まあ、日本のオンラインは始まったところですから。これからどうなるかなっていうところですね。

横山　海外のオンライン事情はどんな感じなんですか？

西村　そうですね。海外では積極的にオンラインの講座とかが開催されてるので、私はそういうのにちょこちょこ参加するようにしています。最近、面白いなと思ったのが、海外の毛糸屋さんが主催しているオンラインニッティングサークルです。今年1月から始まって、ZOOMで月に1回、2時間くらい。しかもその時間内で誰でも入退出自由なんです。私が参加した時はフランスのパリからでしたが、毎回その同業者もしくはニットデザイナーさんをゲストに迎えて、ホストの方とワチャワチャ話をするんです。それ以外の人たちはみんな編み物をしながら聞いている。でも、参加者は400人を超えているんですよ。しかも世界中から時間帯も国も別々な方たちが一堂に会して、そこの空間にっていうのが、なんとも不思議な感覚なんですよね。で、みんな編み物で繋がっているわけです。なんか、どこでもドアみたいな。で、そこでの話題もかなり面白かったりするんです。日本の編み会で見られるような、「何編んでるの？」「その糸は何？」「技法を教えて」とか。ほかにもゲストを通して、「有名人に1つ編んであげるとすれば誰に何を編んであげる？」とか。

横山　大喜利ですね。

西村　それをみんなで一人ずつ答えていったりとか。あと、「自分を編み目に例えるならば何？」とか。

横山　いやあ、僕もコロナ禍前から、オンラインでの編み物の展開で、なにが可能性あるだろうかって考えてたんですよ。オンラインでワークショップやっちゃうと、本当に教えるだけになっちゃうんで。本来のワークショップって、ちゃんとコミュニティとかサロンになっていくんですよ、やればやるほど。

西村　だんだん編むことが目的ではなくなってくるんですよね。

横山　でもオンラインで、こういうのを作りましたとか、こういうのの作り方を見せます、だけだと一方通行になりがちだし、面白くないなと思うわけです。ユーチューバーさんもたくさんいますしね。それで僕のスタイルとして行き着いたのが、ラジオのように一人でバーっとしゃべるトークライブ。大喜利だったんですよ。「はい、みなさん待望の編み物テーマパークができました」と。その名も編みズニーランド。で、編みズニーランドで、一番人気のないアトラクションはなんでしょうか？とか。

西村　さっきのサークルもそんな感じに近いですよ。

横山　僕の場合は実験的にやってたんで、一人でしゃべって、あとは視聴者のコメントで構成してたんですけど、まさか世界で同じことが今、行われているとは。

西村　発想としてはね、すごい面白いし、新鮮だなって思って。で、さらにね、一番最近の会で聞かれたことは、「魔法の糸があるとすれば、その魔法はどういう魔法で、何を編むか？」

横山　なんだよー、それは（悶絶）。

西村　疲れを知らない糸で、手袋編むみたいなね。

横山　すごく面白いですね、そういう展開。僕は常々、編み物は決して技法の塊じゃなくて、みんなの生活であるとか、リラックスタイムであるとか、なんかの要素が多分に含まれてると思っているんです。それを引き出すには色々なアプローチの仕方があって、このオンラインの世界もそのひとつだって感じます。こういうのが、もっともっとたくさん出てくると良いですよね。

西村　これから先どういう風に発展

していくのか、何に繋がっていくのか、楽しみです。

横山　本当にね。

西村　こういうオンラインでの盛り上がりは、やっぱりこのコロナ禍の不自然な状況があったからで。きっとなにもなかったら実現してなかっただろうとも思うんですよ。技術的には可能だったかもしれないけど、きっとそこに目が向かなかったかもしれないですね。

横山　まさにその通りで、僕がその大喜利やってたのはコロナ前で、やっぱりリアルの方が強かった。以前、アウトドア製品メーカーのスノーピークに協力して、キャンプ場でワークショップをしたことがあるんですが、その時は、飛び込み参加もOKで、まったく編み物に関わったことがない方々にも楽しんでもらえたと思います。ただリアルだとこういうイベントに偶然にぶつかる時もあるけど、オンラインは自らアンテナを張っていないと参加できない。そこがこれからの課題なのかな。

西村　両方をうまく活かせればいいですね。

編み物が持つ力とは

横山　最終的には、やっぱりエリザベス・ジマーマンさんが伝えくれた「Knitting Without Tears」に尽きるのかもしれないですね。編み物を通してリラックスするためにどうすれば良いか。そのための手段やアイディアを考えるのは、とても大事なことだなと。西村さんとしては、これからどういう風に編み物を伝えていけたらいいと思いますか？

西村　編み物ですか？「楽しみましょう」ですね。

横山　まさに、それ。

西村　で、難しいことはね、したい人はどうぞ…と。

横山　うんうん。

西村　何か難しいことに直面してる時って、あえて他の難しいことに挑みたくなることがあると思うんですよ。とりあえず、目の前の問題から離れるために。

横山　というのは？

西村　悩みとか。まあね…例えば、私の母の例なんですけど、私の母って結構、編みやすいものを編むのが好きだったみたいなんですね。でもそのなかでも、やたら細い糸でレース編みをしていたりとか、細い糸で祖父のズボン下を編んだりとかしていた時期があったりして。その時期と、その時の生活を照らし合わせると、やっぱり精神的にキツかった時期だったんじゃないかなって思って。今考えるとですけどね。やっぱりそういう時に編み物っていうのは、心の救いや支えになるもので、ちょっとでも辛い瞬間を忘れることができるものなのかなって。なので、難しいものを編む時は良いんですけど、楽しむ時にはね、本当に自分の好きなものを、好きなように編んでもらうのが一番良いのかなってすごく思うんです。

横山　難しいものとか、これをこう正確に編むんだってことですらも、自分の気持ちとかを助けることにつながる時があるんでしょうね。

西村　その時々によって、その人の受け止め方によって、違うと思うんですけど。

横山　なんかそういう事に没頭する気持ち、分かります。

西村　そうですね、没頭。それがね、今その瞬間に向き合うマインドフルネスにもなる。目をつぶっても心に揺れがある時は、なかなか瞑想もできないように。編み物のことしか考えないというのは、ある意味、本当にリラックスできる時間だと思うんです。

横山　そんな編み物が持つ力みたいなものを、もっと役立てていかなければいけないですね。編み物で得たものを、それを自分の普段の人生に生かしていくっていうのはすごく良いんじゃないかと思います。

対談場所／AVRIL 吉祥寺店

糸の専門店ならではの愛らしいオリジナルヤーンの糸が魅力。編み物や手織り、フェルトなど、様々な手作りを提案してくれるお店です。糸は10g単位で量り売りしています。

【問い合わせ先】＞P.160

How to make

タック・ステッチのサコッシュ／スマホケース

Design_西村知子

凹凸のある不思議な編み地のサコッシュです。引き上げ編み(タック・ステッチ)が際立つバイカラーのデザイン。棒針で編む紐はアイコードの手法でスイスイ編めます。エリザベス・ジマーマンさんにも喜んでもらえそうな、涙知らずの編み物です。

対談
オフトーク

サコッシュ＆スマホケースの誕生秘話・こそこそ話

西村　サコッシュなんですけど、これ、片面編んだところで、このまま編み進めると糸量がかたよっちゃうなと思ったんです。黄色の方が面積が大きいでしょう?。そこで糸を均等に使うために、反対側は配色を反転させました。さらにこれ全部編むのはしんどいわっていう方には、片面だけで作るバージョンもご用意しています。

横山　かわいい。

西村　小さい方は、片面だけ編んだら脇をとじてください。スマホとか入るかなって思って編んだんですけど。

横山　途中でやめても作品になるよって嬉しいなぁ。それもひとつの真実なんですよね。…ガーター編みに引き上げ編み、アイコード。おまけに自由に編んでね感が満載のデザインで、なんかすごい。今回の対談で話したことがすべてこの作品の中に入っているじゃないですか。

西村　色は私から見た横山さんのイメージなんですよ。たぶん、きのこの影響だと思うんですけど。

横山　ありがとうございます。きのこの影響ですね、白と赤だから。うーん、嬉しくてもじもじしちゃう…。

知っ得！英文パターンの読み解きポイント

POINT 1
作り目はノーカウント。1段めとは数えない！

英文パターンでは作り目を編み地の1段めとは数えません。模様の始まりが1段めになります。作り目が裏面になる場合も多いので、RS（表面）／WS（裏面）の編み方向に注意しましょう。

POINT 2
とにかく説明通りに編もう！

日本の編み図と違い、英文パターンの表記は裏面にあたる段も「実際に編む編み方」。だから、ひたすら説明文のまま編み進めればOK。

◉サンプル英文／メリヤス編みの場合

Row 1（RS）: Knit ○（1段め 表側：表目○目）
Row 2（WS）: Purl ○（2段め 裏側：裏目○目）

表記はちょっとずつ違う場合もあるけど、基本の内容はこれ！

POINT 3
段数はリセットされるぞ！

段数は1段めから通しの数字ではなく、編み方の途中でも、新しい部位や工程に移ると段数がリセットされて、再び1段めから始まるので要注意。work to desired length（好きな長さまで編む）と書かれている場合は模様がきれいに続くように考えてアレンジしよう！

◉繰り返しの作業

「 * 」（アスタリスク）とrep（repeat）…アスタリスクで囲まれた部分を繰り返す
例）* k1, p11; rep from *「表目1、裏目11」を繰り返す

次のページからは
これを踏まえて
英文パターン、和訳パターン、
編み図を比べてみよう！

アイコード（i-cord）の編み方

アイコードはエリザベス・ジマーマンさんが広めたダブルポイントの棒針（両端がとがった針）で作る紐の編み方です。

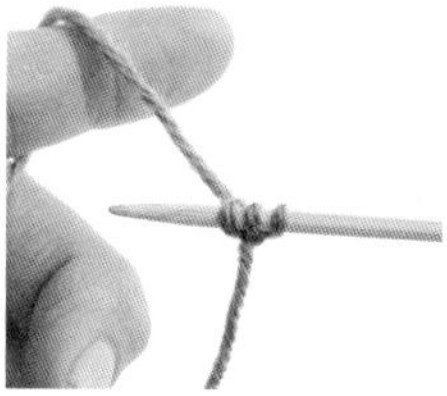

1 表目を3目編む。

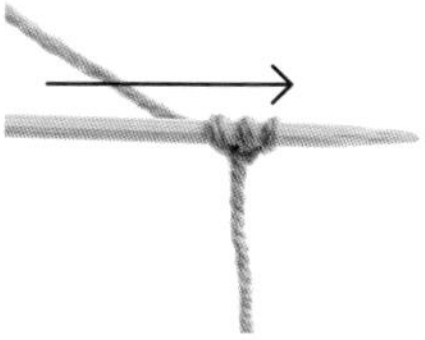

2 そのまま、反対側の針先まで目をずらす。

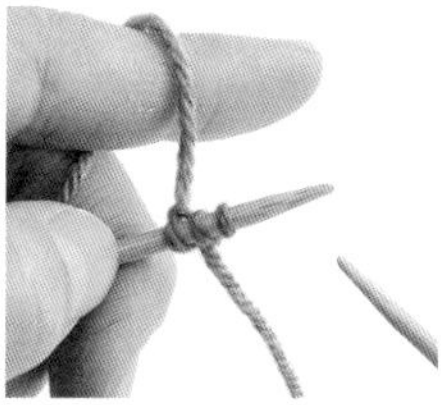

3 編み糸を向こう側に構え、右端の目から表目を3目編む。

4 2、3を繰り返す。メリヤス編みの紐が編めていく。

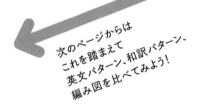

Stitch Glossary（略語表）

k	knit	表目、表編み
p	purl	裏目、裏編み
RS	right side	表面
WS	wrong side	裏面
CO	cast on	作り目
ssk	slip, slip, knit	右上2目一度
k2tog	knit 2 stitches together	左上2目一度
BO	bind off	伏せ目
cont	continue(s)	～を続ける
rem	remain(s)	残り
rep	repeat	繰り返す
St st	Stockinette（Stocking）stitch	メリヤス編み
sl1yo	slip1 st, yarn over	「すべり目をしながら、かけ目」（1段の引き上げ）
sl1[1]yo	slip 1 st with 1 yarn over and give it a second yarn over	かけ目のかかった目に2つめのかけ目をかける（2段引き上げ）
sl1[2]yo	slip 1 st with 2 yarn overs and give it a third yarn over	かけ目が2つかかった目に3つめのかけ目をかける（3段の引き上げ）
brk1[3]	brioche knit 1 st with 3 yarn overs	3段の表引き上げ編み
brp1[3]	brioche purl 1 st with 3 yarn overs	3段の裏引き上げ編み
—	mattress stitch	すくいとじ

…基本はサコッシュの編み方でスマホケースは補足説明って感じ

ここからはサコッシュの後ろ面の編み方

Continue for sacoche:
With A, PU and k 29 sts or (a multiple of 4 sts + 1) along the CO edge.
Beginning with WS row using A, work 5 rows in garter st (knit 5 rows)
Row 1 RS: With B, k1, *k3, sl1yo; rep from * until 4 sts rem, k4. Turn.
Row 2 WS: With B, p1, *p3, sl1[1]yo; rep from * until 4 sts rem, p4. Turn.
Row 3 RS: With B, k1, *k3, sl1[2]yo; rep from * until 4 sts rem, k4. Do not turn. (Slide sts to opposite end of needle.)
Row 4 RS: With A, p1, *p3, brk1[3]; rep from * until 4 sts rem, p4. Turn.
Row 5 WS: With B, p1, *p1, sl1yo, p2; rep from * until end. Turn.
Row 6 RS: With B, k1, *k1, sl1[1]yo, k2; rep from * until end. Turn.
Row 7 WS: With B, p1, *p1, sl1[2]yo, p2; rep from * until end. Do not turn. Slide sts to opposite end of needle.
Row 8 WS: With A, k1, *k1, brp1[3], k2; rep from * until end.
Rep from Rows 1 to 8 four more times, or until desired length.
Break A and cont to work in St st for 6 rows with B.
After working the last WS row, BO from RS.

ひもの作り方
アイコードの編み方だって

Strap
CO 3 sts with either color, and work i-cord for approx. 100cm. Change colors along the way as you like.

出た！ as you like（お好きなように！）

仕上げ方の説明

Finishing
With RS facing, join both sides using mattress stitch. Leave the top rows worked in St st unjoined. Sew ends of i-cord to each side of bag. Weave in ends. Steam block lightly.
Finishing for smartphone cozy:
Fold piece in half lengthwise and sew bottom using whipstitch from WS and sides using mattress stitch from RS.

ここがスマホケースの仕上げ方

How to make

まずは

英語パターンバージョン

TUCK STITCH Sacoche / Smartphone Cozy

Yarn

Sacoche

Color A 

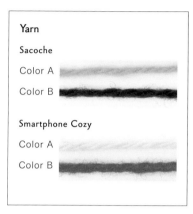

Color B 

Smartphone Cozy

Color A

Color B 

Yarn :
AVRIL WAFFLE two colors A&B
For Sacoche: A & B approx. 25g
For Smartphone Cozy : A 16g, B 7g

Needles :
3.9mm (JP no. 6) DPNS (= double pointed needles)
1 pair

Notions :
Yarn needle

Finished measurement :
Sacoche : Width 20cm, Depth 15cm
Smartphone Cozy : Width 10cm, Depth 15cm

編み方は
サコッシュの
表面から始まるよ

Instructions

CO＝Cast On（作り目）
29目作ろう！

With B, CO 29 sts or (a multiple of 4 sts + 1)
Beginning with WS row using B, work 5 rows in garter st (knit 5 rows)

ここは繰り返しになる
模様編みの説明（8段分）

Row 1 RS: With A, k1, *k3, sl1yo; rep from * until 4 sts rem, k4. Turn.
Row 2 WS: With A, p1, *p3, sl1^{1}yo; rep from * until 4 sts rem, p4. Turn.
Row 3 RS: With A, k1, *k3, sl1^{2}yo; rep from * until 4 sts rem, k4. Do not turn. Slide sts to opposite end of needle.
Row 4 RS: With B, p1, *p3, brk1^{3}; rep from * until 4 sts rem, p4. Turn
Row 5 WS: With A, p1, *p1, sl1yo, p2; rep from * until end. Turn.
Row 6 RS: With A, k1, *k1, sl1^{1}yo, k2; rep from * until end. Turn.
Row 7 WS: With A, p1, *p1, sl1^{2}yo, p2; rep from * until end. Do not turn. (Slide sts to opposite end of needle.)
Row 8 WS: With B, k1, *k1, brp1^{3}, k2, rep from * until end.

英文では特徴的な表現！
「あと4(3)回繰り返すってことは、
合計5(4)回繰り返すってことだよ！

Rep from Rows 1 to 8 four (three) more times, or until desired length.
Break B and cont to work in St st for 6 rows with A.
After working the last WS row, BO from RS.

スマホケースはここで終了
Finishingへワープして！

End here for smartphone cozy. Go to "Finishing for smartphone cozy".

こちらは

日本語&編み図バージョン

タックステッチのサコッシュ／スマホケース

使用した糸

サコッシュ

A色（イエロー）

B色（ネイビー）

スマホケース

A色（ホワイト）

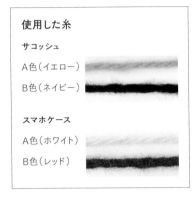

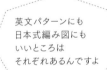

B色（レッド）

糸：
アヴリル ワッフル2色（A&B）
サコッシュ_A色 約25g、B色 約25g
スマホケース_A色 16g、B色 7g

針：
6号（直径3.9mm）の両先針 2本

用具：
とじ針

できあがりサイズ：
サコッシュ：幅20cm、深さ15cm（ひも含まず）
スマホケース：幅10cm、深さ15cm

How to make

英文パターンにも
日本式編み図にも
いいところは
それぞれあるんですよ

編み図は
できあがりが
すぐにイメージ
できますよね

編み方のポイント

- サコッシュの場合は片面ずつ色を反転させて編む。
- スマホケースはサコッシュの片面を編む要領で編む（段数は少ない）。

注）模様編みの4段めと8段めは編み地を返さず、編み目を針の反対側の端までスライドさせて 同じ面をもう片方の色で編む。

サコッシュ/スマホケース共通

①B色で指にかけて作る作り目で29目作る。そのまま続けてガーター編みを5段編む。
② A色に替えて、引き上げ模様 （4目8段=1模様）を合計5回（スマホケースは4回）編む。
③最後は A色でメリヤス編みを6段編み、表面から伏せ止めする。

サコッシュ：

④ A色で先に編んだ面の作り目側から拾い目をしてガーター編みを5段編む。
⑤先に編んだ面とは色を反転させて同じ要領で編む。
⑥両端をすくいとじで合わせる。上端のメリヤス編み部分はとじないでおく。
⑦ストラップは3目でアイコードを約100cm編む。

スマホケース：

④縦に折り、底を巻きかがり、横をすくいとじで合わせる。上端のメリヤス編み部分はとじないでおく。

[本体]

図は前面の配色で表記

「自分が何をするか」が書いてあるのが英文パターン。
日本の編み図は「表から見た時にどう見えるか」が書いてあります！

寸法図
※数字の単位は cm

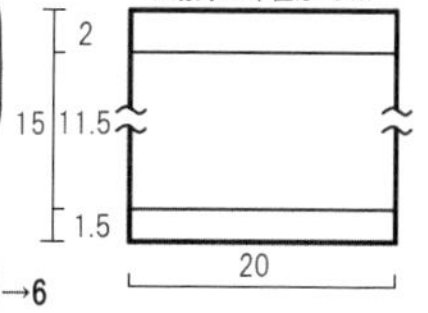

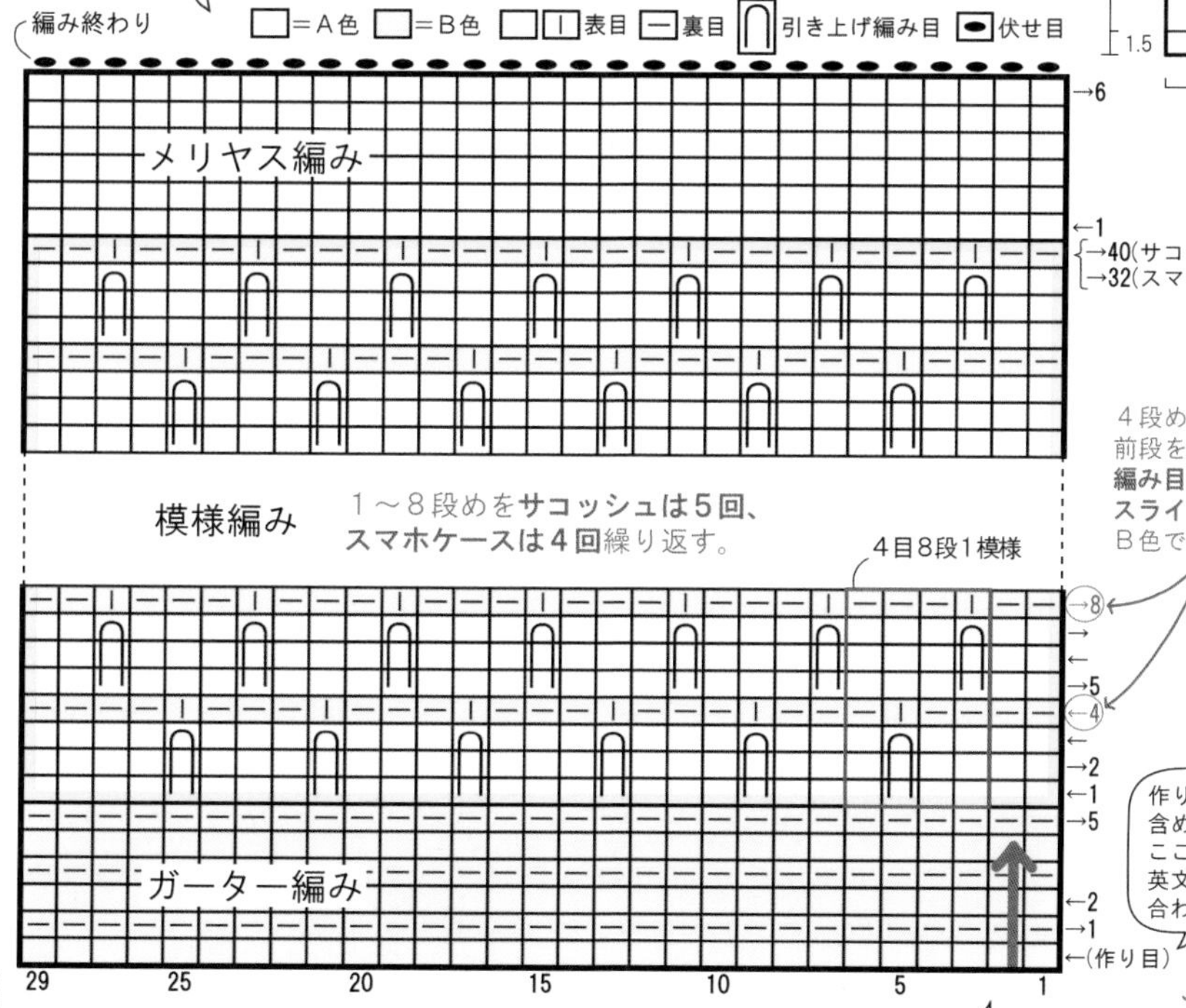

4段めと8段めは
前段を編んだら
編み目を針の右へ
スライドさせて
B色で編む。

作り目は段数に
含めていません。
ここだけ
英文パターンに
合わせてみたよ。

表も裏も表目で編むガーター編みは
日本の編み図だとこの表現。
英文パターンだと『表編み＊段（knit ＊rows)』
どっちがわかりやすいかな？

一般的には指でかける作り目。
だけど海外には ほかにも
いろいろな方法があるんだって。

サコッシュの作り方

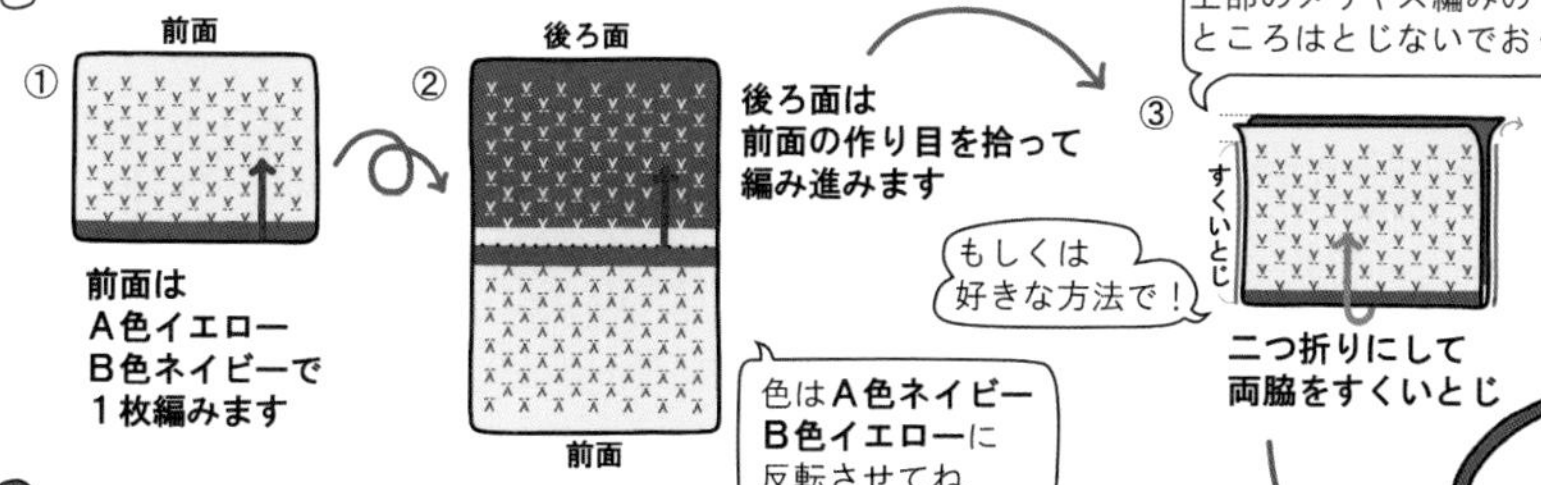

前面は
A色イエロー
B色ネイビーで
1枚編みます

後ろ面は
前面の作り目を拾って
編み進みます

色は**A色ネイビー**
B色イエローに
反転させてね

上部のメリヤス編みの
ところはとじないでおく

もしくは
好きな方法で！

二つ折りにして
両脇をすくいとじ

端が丸まって
カワイイ！

アイコード(約100cm)を
本体にとじつけて完成！

スマホケースの作り方

サコッシュより
段数が少ないので
注意して！

A色ホワイト
B色レッドで
1枚編みます

② **折りたたんで**
かがる

もしくは
好きな方法で！

③ **お好みのとめ具を**
つけて完成！

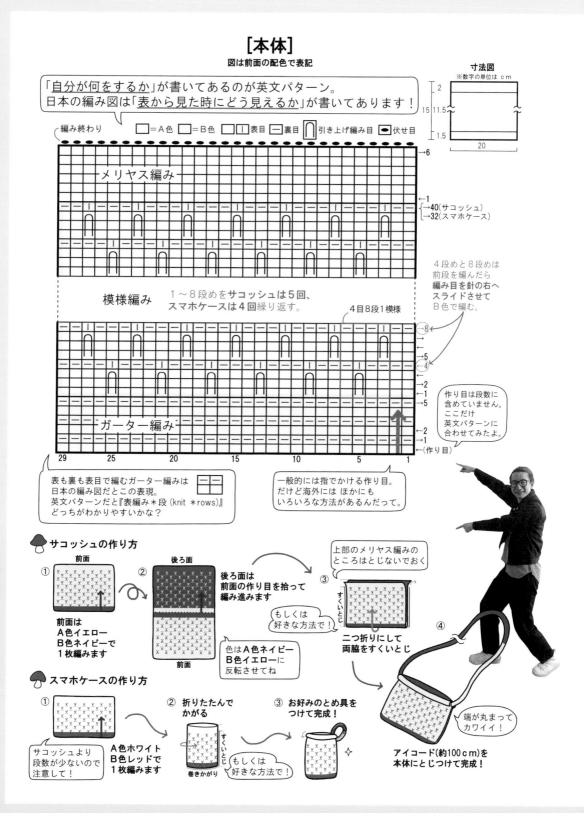

Column

編み物ないしょ話

「風の時代」がやってきた。星と符号する手芸のベクトル

Guest
いけだ笑みさん
（占星術家）
SUGARさん
（占星術家）

編み物を愛する伝統占星術家・いけだ笑みさんと、大人気占星術師・SUGARさんのご登場！

横山　このページを開いた人の多くが「編み物と占星術がどう結びつくんだろう」って感じてると思うんですよね。でも、占星術というのは時代を読む力がとても必要な世界で、そんな占星術の視線で手芸を見てもらうのは面白んじゃないかと。

SUGAR　時代を読むっていうのは、占星術の一部分のことなんですけどね。占星術っていうのは天体を基本にした、ある種のサイクル論なんですよ。

横山　「風の時代に入った」って話をよく耳にしますが、それもそうですか？

SUGAR　その通り。

横山　手芸界もちょうど大きなうねりがあったんですよね。コロナ禍で、みんなでマスクを手作りして手芸の価値が見直された。これは「風の時代」と関わりがあるんでしょうか？

いけだ　面白い着眼点ですね。それにはまず、西洋占星術でいうエレメントの特徴を知ってもらおうかな。時代に振り分けられている4つのエレメントは火・土・水・風。火は高い所に上昇していくエネルギーなので向上心とかを象徴していて、土は真下に下降していくエネルギーで、冷えて固まっていく、蓄積されていく力みたいなもの。水はもっと低いところへ流れていくので、内に向かう力と重なる。風は火の次に高い場所を流れて、外へ放たれていくという感じがあるんです。

横山　そして今は土の時代から風の時代に入ったというわけですね。

いけだ　だからそれまで個人で楽しんでいた手芸の話題が、社会に広まったというのはぴったり当てはまりますよね。

横山　やっぱり共通項があった！

いけだ　でも、そうはいっても変わり目の前には過渡期みたいなものがあるんです。実は「風の時代」って１９８０年代にいったん入ってるんですよ。

SUGAR　１９８１年ですね。

いけだ　その年ってApple社が創立した時だったり、Windowsの家庭版が普及し始めたりした時期と一致してるんです。でも相変わらず土地とか、石油資源などの形あるものに価値があった「土の時代」からは抜けきれずに、２０００年まで過渡期が続くんです。

横山　「インターネット」とか「コミュニケーション」は風の時代の要素が強い？

SUGAR　そうですね。内に向かう土の時代の１９８０年代には、初めて生きづらさの問題がクローズアップされた。２０００年代に入るとSNSが出てきて、みんな

風の時代のこと
2020年12月から西洋占星術を中心に「風の時代」が始まったといわれている。約20年に一度、木星と土星が大接近するという「グレート・コンジャクション」が訪れ、時代の節目を迎えたからだ。西洋占星術では12星座を4つのエレメント（元素）に分けて考える。そのエレメントはこの世を構成する火、土、水、風。時代は天体の動きとともに、その時々のエレメントの特徴を反映しながら、約200年の周期で移り変わっていくのだという。

が発信を始めて心を解き放つようになった。ちなみに『風の谷のナウシカ』の漫画の連載が雑誌で始まったのが1982年かな。

横山　風って言葉がタイトルに入ってますね。

いけだ　名クリエイターは、無意識に時代の流れを感じとっているのかも。…2000年代に入ってからしばらくは、特権的エネルギーとお金と足を使ってものを作り出す「土の時代」だった。でもそれを強制的にシャットアウトさせたのがコロナ禍なわけです。一気にZoomとかが取り入れられて、世界中の情報が電子の世界でつながった。まさに風の時代の到来。

横山　昔ながらの編み物教室の人数が最高潮だったのが1980年代。その後、仕事のスタイルが変わってきて、教室に通う人がぐんと減った。その頃から手芸業界の勢いが弱まったんだよな。

いけだ　その頃は習いに行かないとわからないことがあったから。今なら、それこそシェトランド諸島に行かないと習えないようなテクニックでも、ネット上ですぐ見ることができる。

〃情報が外に向かう風の時代に手芸が社会に広がった〃

SUGAR　ただ、膨大な情報を手軽に入手できるようになった分、情報の良し悪しを自分できちんと見極められるようにならないと、今度は情報に振り回されてしまう。「風の時代」はそこに注意して、取り入れたエレルギーをうまく循環させていく方法を見つけてほしいですね。

横山　編み物界では「編み会」とか、86ページのアーティスト・森國さんの言う「コミュニケーションツール」としての編み物がまさに「風の時代」と符合していますね。面白い！

編み物は変わらないだろうけれど、「風の時代」ならではの楽しみ方を！

【時代の流れ】

エレメント	西暦	トピック
土	1950年～	ラジオからテレビへの移行期
	1964	バブル崩壊
	1969	アポロ11号が月面着陸
風（土との過渡期）	1982	漫画「風の谷のナウシカ」連載開始
	1983	東京ディズニーランド開園
	1985	OS「Winndows」開発
	1986～	バブル期到来～91年
	1984	映画「風の谷のナウシカ」公開
	1987	ブラックマンデー
	1990～	ネオ・ラッダイト運動
	1991	バブル崩壊
	1995	阪神・淡路大震災
土	2000	「プレイステーション2」発売
	2001	ITバブル崩壊
	2011	東日本大震災
	2019	年末からコロナ禍が始まる
風	2020年末～	マスク作りなど手芸の力が見直される
		インターネット利用の拡大

いけだ・えみ　編み物好きの占星術家。占星術やタロットの講座、古典占星術の研究会、自分のタロットを作ろう会、編み部を主宰。著書は「基本の『き』目からウロコの西洋占星術」「ホラリー占星術」「フレンドリー・タロット」他。

SUGAR　編み物未入門の占星術家。二十四節気と黄道十二宮、季語とサビアンシンボルの照応への関心からサビアンシンボル研究会を共同主催。河童に尻子玉を抜かれまいと鋭意研鑽中。

編み物は楽しい。
編み物は心に効く。
編み物はつらい時もある。
集中して編む。
なんとなく編む。
編み物は素敵な技術だ。
編み物は繰り返しだ。
編み物は一目一目違う。
編み物は螺旋だ。
編み物は文化だ。
編み物は歴史だ。
編み物はいつからあるのか。
編みと結びは違うのか。
どこからどこまで編み物なのか。
編み物は柔らかい。
編み物は伸び縮みする。
平に編むのか、輪に編むのか。
編み物する侍もいた。
編み物に何を求めるのか。
編み物に何も求めない。
編み物をほどく時は悲しい。
編み物をほどくのは楽しい。

編み物は編み物だ。

聞き手

おおあみゆみ

Yumi Ooami

千葉県出身。水瓶座。A型。輸入毛糸専門店勤務を経て、アパレルメーカーのニット製品、手芸キットの編み物レシピ等、編み物にまつわる制作を展開。ねこが好き。
Instagram:@ooami_knit

編み物に言葉はいらない。だけど、語る編み人がいてもいい

横山起也 & *Guest* 聞き手：**おおあみゆみさん**（ニットデザイナー）

いよいよ真打登場。待ち合わせ場所のパピー下北沢店から出版社会議室へ対談の場を移し、著者・横山起也さんが現代の、そして己の編み物に対する想いを語ります。聞き手はニットデザイナーのおおあみゆみさん。古くから親交のあるおおあみさんの鋭い質問に、横山さんの答えが冴え渡る！

誰かが言葉にするのを待っている

横山　この最終章では、聞き手にニットデザイナーのおおあみゆみさんをお迎えして、私の話をしながら、「どこにもない編み物研究室」ならではのテーマに迫ってみようと思います。おおあみさん、よろしくお願いします。

おおあみ　はい、よろしくお願いします。

横山　おおあみさんには今までワークショップなどをコーディネートしていただいた関係で、お付き合いが結構長いんですけれど、あたらめて質問させてください。僕っていつも何を話してるイメージですか？

おおあみ　そうですね。編み物については…歴史のことと、基礎のこと。…あとなんか、ダイバーシティみたいな。

横山　そうそう、言ってますね。

おおあみ　不思議とあんまり編み物の話してるイメージはないんですよね。なんだろう。編み物の話をしてたはずなのに、最後は絶対編み物じゃない話をして、「じゃあね！」っていう感じ。ものすごい達成感を得たような感じで颯爽と去っていくイメージですよ。

横山　確かに。いや、そうかも。…そしたら、まずはご挨拶がわりに、僕が編み物の仕事というか、こういう活動をし始めたきっかけの話を話そうかな。今更ですかね。

おおあみ　いえいえ、お聞きしたいです。

横山　僕の家は元々、編み物教室をしていたんです。なので、物心つく前から家庭用編み機のタッピ返し（裏目を表目に返す操作）とかやりつつ育ったんですよ。活動として編み物に関わったっていうのはもうちょっと後で、大学院生の時に日本編物文化協会っていうところから、『伝統のニット』っていう本を出したのが始まりだったと思います。

おおあみ　読みましたよ。

横山　ありがとうございます。内容はガンジー、アラン、フェアアイル、ロピー（アイスランディック）、そしてカウチン、この5つのセーターのよもやま話。歴史的に現地の人が生活の中でどんな風に編んできたのかについての話を集めて出した本なんです。調べていてとても面白かったんですけど、この本の内容をとある団体の方に評価していただいて、編み物についてちょっとアドバイスを求められたことがあったんです。それで、僕が思ったことをまとめて「これはこういう風にしていった方がみなさん楽しんでいただけると思います」とか、文章で出したんですよ。そしたら、それは言い過ぎだ、みたいな反応だったんですよね。

おおあみ　なるほど。

横山　その時はなんでそういう捉え方をされるのか謎だったんです。でも、その後いろいろ経験するにしたがって、自分から何かの発信をする時って発信内容以外のことにすごい左右されるんだなってわかってきた。今の話でいえば、本1冊出しただけの若造がそんなことに意見するなんて、ちょっとそれは言い過ぎじゃない？って感じだったわけですね。「良いものを作る」「良い提案をする」っていうのはすごく大事なんだけど、それをみんなに受け取ってもらうためには、発信の仕方とタイミングがすごく大事なんだなあと学んだ。

おおあみ　まさに今の時代の課題ですね。

横山　簡単に言うと、意見を言うんだったら、その意見に対して説得力があるだけの立場であるとか、理屈というものが必要で。例えば、「他のワークショップでは伝えていないこと」を伝えられますとか、伝え方が違いますとか、そういうようなことが内容の素晴らしさとは別に必要なんだってことなんです。…なので、僕はまずはそういう「発信力のある自分」という土台から作っていったほうが良いんじゃないかなって思った。それが編み物を軸にした活動の発端に思ったことなんです。

おおあみ　そうだったんですね。

横山　でね、ここで問題が生まれてくるのだけど、編む時って喋らなくっていいじゃないですか。それが良いって思ってる人もたくさんいると思うし、作品がかわいければ求心力があるのも事実。だから「編み物については言葉はいらない」という人も多い。

おおあみ　そうですね。あと多くの人が「人からは言葉で言ってほしいけど、自分からは言わなくてもわかってよ」みたいなところがあるじゃないですか。論理より、感覚的なことだとか感情みたいなのを大事にしてる部分があったりする。それが良い悪いじゃなくってね。ほかにも伝統工芸の職人さんとかは、親方の背中を見て技を盗むみたいなところが今も受け継がれてたりして。

横山　手仕事って一般的には、そういうことが多いんじゃないかな。

おおあみ　多分、編み物をする人が語らないっていうのは、そういうところに起因していると思う。手の動きとかは職人的というか、やって覚えるみたいな。

横山　言葉じゃない言葉、みたいなのありますよね。対談の3人めのゲスト、糸作家のソウマノリコさんは、「教える・教わる」じゃなくて、「伝わる」んだっておっしゃってます。僕はもうその一言で、その通りですって。

おおあみ　うんうん。

横山　ただ一方で、僕は無言の言葉に頼らずにきちんと伝えていく力というのも、すごく大事だなと思っているんです。編み物を知らない人にその良さを伝えるためにはきっかけが必要で、そこにはやっぱり言葉と発信力が必要なんです。目を引くコラムだったり、ワークショップだったり。これは、僕の最初の経験が糧になってる。一例ですけど、Webメディアで手芸の力について記事を書いた時、編み物をしない人に向けて書いたのに、編み物をする人たちや業界内企業がSNSで取り上げてくれたりして。ああ、こういうのって実は誰かが言葉にするのを待ってたんだなって。

おおあみ　「よくぞ言ってくれた」みたいな、ね。

横山　物が溢れてる現代でも「ものづくり」をやっていく意味っていうのは絶対あるはずなんですよね。そうでなければ、もう消えてていいと思う。でも、消えない。自分で意味づけしていようがしていなかろうが、そこには何かがある。「好き」とか「作りたい」という衝動だって「意味」の一つだと思いますし。そういうことを僕の言葉をきっかけに拾い上げてもらえたらと思って活動しています。

編み物職人が起こした ラッダイト運動

横山　自己紹介が終わったところで、本題に入っていきたいと思います。例によって歴史からなのですが、まずご紹介したいと思うのが、19世紀初頭にイギリスで起こった「ラッダイト運動」。産業革命が起きて、工場で機械を使った大量生産が始まると、手作りでコツコツ物を作っていた職人さんたちが脅威を感じて工場を焼き討ちした。こういう事件が重なって、それが大きな社会運動になったのがラッダイト運動です。

おおあみ　焼き討ちすれば機械が壊れて、また自分たちの仕事が増えるって思ったってことですよね。

横山　おっしゃる通りです。そのラッダイト運動を一番最初にやったのは、編み物職人たちだったっていう話があるんです。編み物職人たちが自動編み機のある工場を焼き討ちして、破壊したと。で、興味深いのが最近になって堀江貴文さんがネオ・ラッダイト運動というのを紹介してる。まさに今、AIやロボットが進化して、それで事務作業をはじめとする多く人たちが職を失う局面に立たされている。すると、それに対して反対意見が出てくる。それをラッダイト運動になぞらえてネオ（新しい）・ラッダイト運動っていうらしいんですよ。コロナ禍中の現在、手芸に光が当たっていますが、そういう時にラッダイト運動めいた社会現象が起こっているっていうのは、歴史的に技術革新と手芸が絡んでるっていう風に、考えてもいいんだと思うんですよ。

おおあみ　えっと、私はアパレルメーカーさんのお仕事もしているんですが、その内容としてはデザイナーさんからもらったデザインの編み方を考えて製品化するっていうのが一つなんです。コロナ禍の今、百貨店などでの販路の確保が難しくなっていることによって、これまでのような工場での大量生産が難しくなっている一面もあって。工場は少量の生産の為だけに動かすと赤字になっちゃうじゃないですか。さらに昨今のSDGs（持続可能な開発目標）の動きも相まって、本当に必要なモノを必要な分だけ生産したいと、生産活動のあり方を考え直すブランドが増えているようなんです。そこで、少

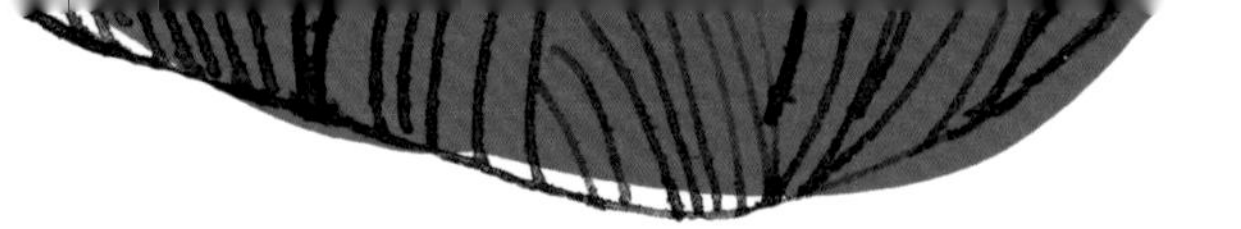

し割り高になっても少量で動いてくれる人がいないかってなると、ニットだと手編みになってくる。

横山 そうでしょうね。

おおあみ ってなると、私の出番。

横山 なるほど、なるほど。

おおあみ あと、割り高ってことは何か理由がないといけないでしょう。少量しか作らないから高いっていうのも充分理由になるんだけど、もうちょっと踏み込んだ理由が欲しい。そこで、手編みっていうのは技術が希少価値になってくるんですね。今、仕事の対価って時間に対してが多いじゃないですか。何時間でいくら、何時間かけたか。それよりも、技術を持った人の手で一点一点作られている、ということへの対価になってくる。そこら辺の捉え方が変わってくるんですよね。

横山 わかります。ある種、違う基準での仕事になるってことですね。

おおあみ 実はそこに、ラッダイト運動の解決法があるじゃないかと思ってるんです。

横山 解決しちゃうんですか？

おおあみ 発表していいですか？

横山 もちろんです。

おおあみ まずラッダイト運動がなぜ起こるかっていったら、労働が一定量しかないっていう思い込みから起こっている現象じゃないかと。自分にはこの仕事しかないと思い込んでいて、それを機械化されてしまうと、自分が生き残れる場所が無くなってしまうという恐れから始まる。

横山 そうですね。

おおあみ でも、そういう「ない」と思っているところに、仕事を作っていけばいいんじゃないかと思って。私の大好きなみうらじゅんさんが『「ない仕事」の作り方』（文藝春秋）っていう本に書かれてるんですけど、各地でバラバラだったご当地キャラを「ゆるキャラ」としてカテゴライズすることで新しい価値を生み出したんですよね。自分の好きなものを集めてきて、それを突き詰めたことで新しい何かが生まれる。すでにあるモノに新しい価値や基準を作っちゃう。それって「編み物」だなって私は思うんです。1本の糸しかなかったところから、何かができる、新しく使えるものが。そういう概念。

横山 本当にそうで、自分が苦境に立たされてたり、すごくガッカリした思いをした時に、なんでガッカリしたのかとか、なんで苦境に立たされてるのかっていうところをきちんと見定めて、それを逆転させたものを集めていくと、実は自分の仕事になったりするんですよね。

おおあみ そうそう。だから、ラッダイト運動をした職人さんにもそのことを伝えてあげたい。彼らの専門的な技術や仕事に対する誇りはすごく大事なことだけど、機械を破壊してる時の彼らの顔は泣いていたと思うんですよね。苦しい顔をしてたと思うんです。だけど、もう少しだけ見る角度を変えたら、なんか違うことがきっと生まれるよ、と。そうするときっと笑顔になるんじゃないですかね。新しい視点が生まれれば、もっと楽に生きていけるし、…きっと横山さんがこの本を作る上で色々な人を呼んだっていうのも、横山さんの視点だけで語っても、それは編み物の一面でしかなくなってしまうからなのかなと。

横山 うん。一面的すぎると、あるところで折れちゃいそうな感じがあると思うんだよね。

おおあみ それが全員に合うわけじゃないですもんね。色々な人の話を聞いたら、横山さんが言ってることはよくわかんないけど、○○さんが言ってることはすごく私にしっくりくる、とか。

横山 そういうことがよくある。

おおあみ ありますよね、きっと。そうやって視野を広げるって大事だなって思います。

フリースタイルの編みキノコ

横山 そう。編み物って、色々な考えやスタイルがあっていいんですよ。僕の作る編みキノコは、そういうものを集めてできた産物なんです。日本の編み物文化は、編み図を渡してみんなで同じものを作りましょうというスタンスですが、編みキノコは、作る人の数だけ違うものができる。間違えれば間違えるほどかわいくなります。面白いのって、本人の意図しないところで、そういう風にできるんじゃないのかな。

おおあみ そうですよね。それこそ、「失敗は成功のもと」。

横山 そうそう。

おおあみ ところで、なんでキノコにしようとしたんですか。

横山 キノコができたのは、偶然っちゃ偶然なんですよね。まわりにキノコが好きな人がいたっていうのも

あるんですけれど。
おおあみ　ふーん。
横山　増し目をしてたんですよ。当然広がりますよね。だけど、そんな大きい作品にする必要がなかったんで、減目しようかなって減目したら狭まった。そのまま、狭いまま編んだらどうなるのかなってやってたら、ちょっとキノコっぽくなったな、みたいな。で、次は意識的にキノコを編んでみようと思って、同じようにしてキノコ編んだら、1個めの偶然できたやつにしろ、キノコ編んでみようって編んだやつにしろ、かわいかったんですよ。こんな適当に編んでるのにかわいいんだって思って。しかも増し目も減目も別に分散とかせずに適当にやって、歪んでたんですけど、実にかわいかった。
おおあみ　そっかぁ。私ね、キノコをそんなに可愛く編めないんですよ。ちゃんと編んじゃう。数も無意識でも数えちゃうし。均一にきちっと増やしちゃったり、ここ尖っちゃうからずらそう、とか。無心になれなくて。でも、横山さんのは無の境地ってことですよね。
横山　いや、どうなんだろう。なんていうのかな、きちんと形にしようと、作為が出過ぎると可愛くないし、かといって何もしてないと、同じものの再生産みたいになっちゃうし。そういうギリギリの戦いは、実はあります。
おおあみ　うんうん。
横山　それとですね。どんどん編んでいるうちに、ある時からキノコ自体だけでなく、キノコが生えている環境の方にも興味が出てきたりして。
おおあみ　苔？
横山　そうそう。苔玉や盆栽の土にキノコが生えてると面白いかなと、編んでみたんですが、これがね、かわいくないの。全然。
おおあみ　毛糸で。
横山　編んで。そしたら、キノコが埋もれちゃったんですよ。
おおあみ　わかる〜。
横山　「編み物でなんか作ったね、横山さん」みたいな感じになっちゃって。それで見つけたのが、苔玉のプリザーブドフラワー。ここにつけたら異素材だからか、キノコがすごいはっきりした。作品として。で、それ以来、こういう風にして展示することが多くなったんですけど、最近はさらに進化して、キノコを木綿糸で編んだりもしてるんですよ。それで、地面をウールで編んだ途端、これがね、また映えちゃったわけですよ。美術方面でいうところの、図と地みたいな。図っていうのは主人公。地が背景。あくまでも主役は編みキノコ。
おおあみ　横山さんのキノコがなんでかわいいかの秘密って、そこですよね。いびつさとか、誰でもできるっていうところを語りがちですけど、神髄は今言ったところだと思ってて。
横山　メリハリね。
おおあみ　編み物が好きだと、気がついたら全身ニットになってるって現象、あるじゃないですか。アパレル視線で見ると、ちょっと残念。
横山　陥りがちですよね。編み物って、主張激しいでしょ？　身に着けるものにもよるけど、それだけでかなり個性派になることは否めない。だから僕は自分で身につける編み物は1点でいいって決めてます。普段、僕がつけるのは作品の中でもミニミニのキノコシリーズ。これくらいだったらどっかについていても、「ああ、なんか面白いですね」って受け入れてもらえる。そういう意味で、この子たちは「社会性のある編みキノコ」と呼んでいます。
おおあみ　大きいとギョッとしますよね。
横山　そうなんですよ。…ただ、それが逆に良い所っていう風に見るこ

作る人の数だけ違うものができる

この方法はどうやって
編み目ができるのかが、
すごくわかりやすいね

どの方法で編んでも
同じ目になるってことは、
どの方法で編んでも
いいってことなんだよ

糸のかけ方►

イングリッシュ・トラディショナル

どちらの手の指にも糸をかけない編み方

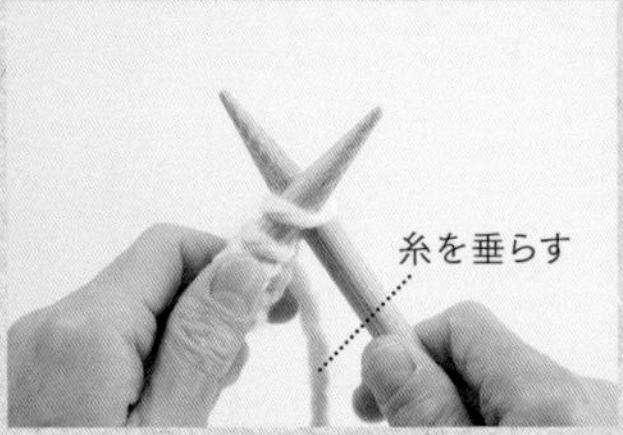

◄構え方
編み糸は垂らしておき、1目ずつ引っかけて編む（写真は左針の目に右針を入れた状態）。

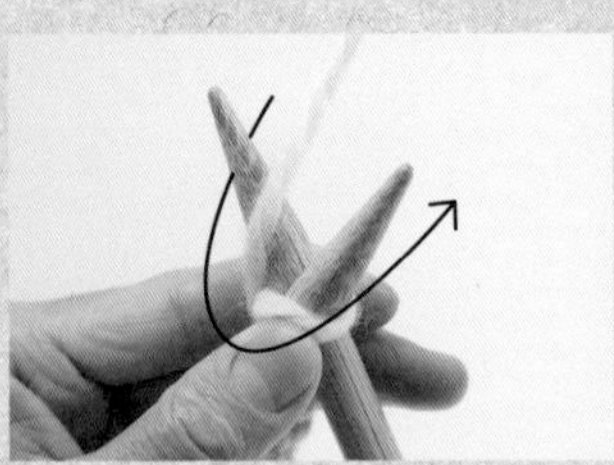

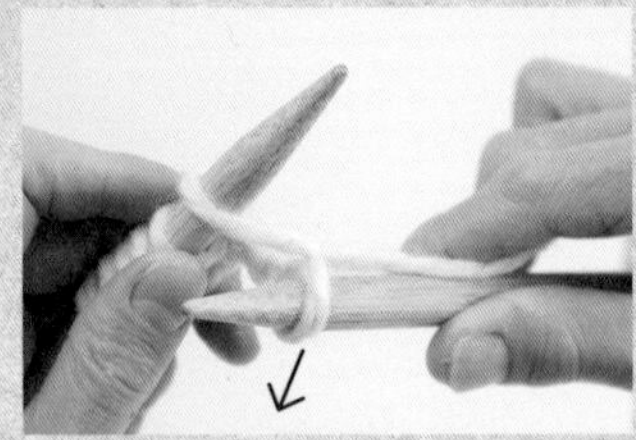

1 編み糸を垂らした状態で、左針にかかった目に右針を入れる。左手で2本の針の交差部分を押さえ、右手で編み糸を持ち上げて右針にぐるりとかけ、糸を引く。

2 そのまま糸を引き出す。

3 1目編めた。

横山の「これを言いたい！」

☞フランス式

左手にかけた糸の「テンション」が大事！

糸、棒針、湿度や肌の状態によって刻々とその調子は変わっていきます。
「エアコンを入れた」だけでも変わります！
編みにくい時は「テンションの調整」をするのですが、
糸をかけた人差し指だけに頼らずに、手全体と糸との関係で調整します。←これ大事!!

テンション調整の例

＊糸をかけている左手の小指に糸を1回巻きつける ←テンションきつくできます
＊左手の人差し指に糸を1回巻きつける ←きつくできます
＊手にハンドクリームやオイルを塗る ←糸のすべりがよくなって編みやすくなります

☞アメリカ式
☞イングリッシュ・トラディショナル

糸の「テンション」を気にしなくても大丈夫！

右手で1目ずつ糸をかけていくので、今、編んだ目がゆるくても、
次の目を編む時に糸が引っ張られて勝手に目が揃います。

比べてみよう!

スタイル別 針の持ち方と編み方

対談内で登場した3つの編み方を紹介します。
どの方法も正解です。色々試して自分に合うスタイルを見つけよう!

フランス式

日本の編み物界で基本とされる編み方

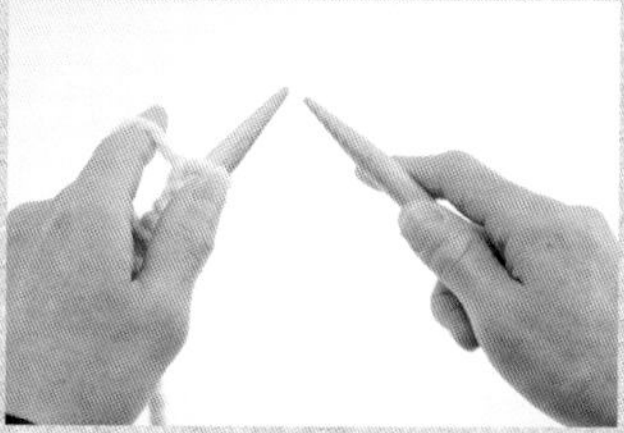

◀構え方
編み糸を左手の人差し指にかけて編む。

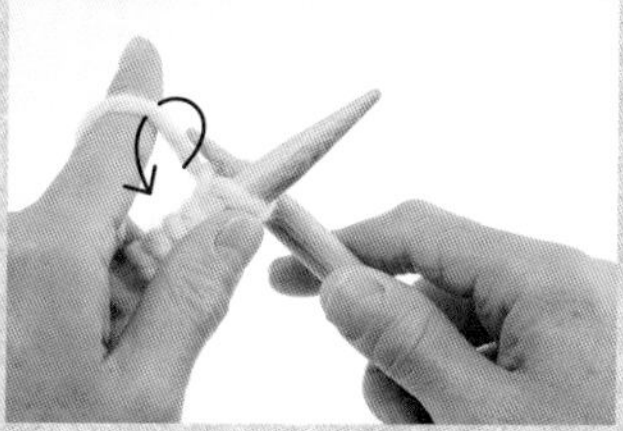

1 左針にかかった目に右針を入れ、左手の指でピンと張った編み糸を針先にかける。

2 糸を引き出す。

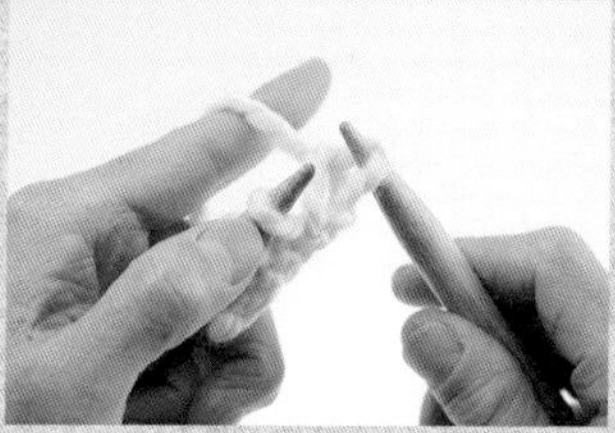

3 1目編めた。

アメリカ式

1目ずつ編み目を引き締めて編む編み方

◀構え方
編み糸を右手の人差し指にかけて編む。

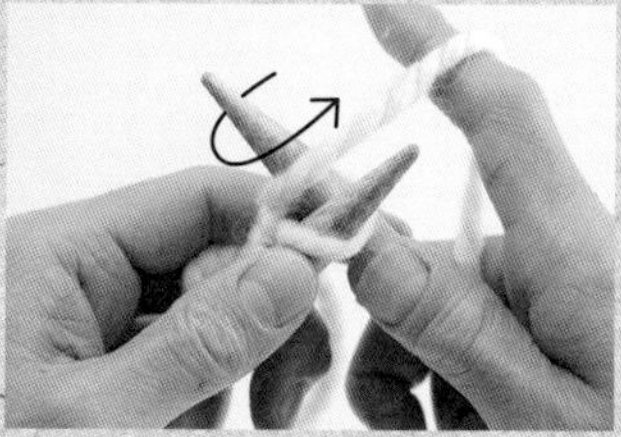

1 左針にかかった目に右針を入れ、右手の指にかけた編み糸を右針にぐるりとかけて糸を引く。

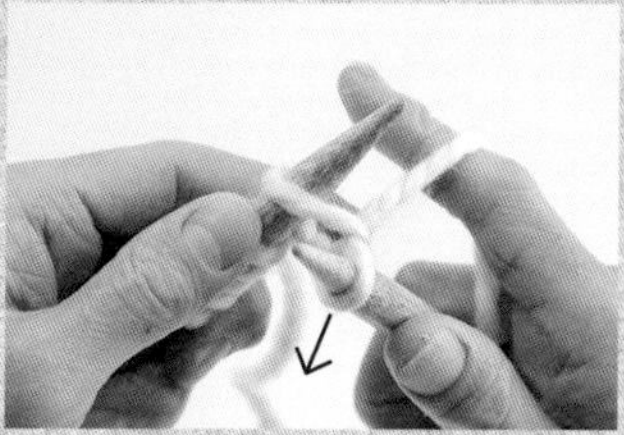

2 糸を引き出し、1目めを編む。

3 次の目を編むことで、1目めが絞られてちょうど良くなる。

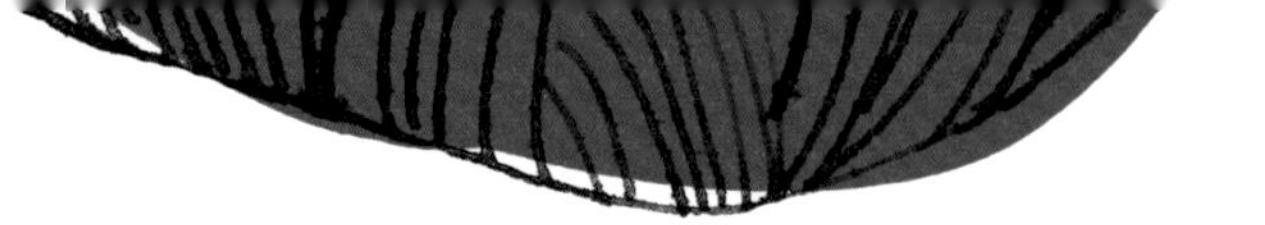

ともできるし。編み物の主張が激しいとか、個性的という点は、悪くも働くから、そこを知っていくことも、実は「ものづくり」の第一歩だったりもするんですよね。

おおあみ　自分の作ったものを身につけたいっていうのは自然なことだから、使う時は見せ方を考えてコーディネートすると作品がより一層、魅力的になるってことですね。

横山　外に自分の作品を出すっていうのは、「私ってこうですよ。あなたはどう思いますか？」っていう風な対話みたいなものだから、それを念頭に考えないとね、とは思ってますね。

自己流で問題ありますか？

横山　僕の編みキノコワークショップには「編み物を挫折しちゃいました」って方とか、「間違えてばかりで編み物の先生がちょっと怖くて」という方とか、色々な方がいらっしゃるんです。だから常日頃、編み物の基礎技術のことを考えているんですよね。

おおあみ　基礎本とかご覧になりますか？

横山　見てみてはいるんですけれど、これがよろしくない。たとえば、棒針編みの基礎の本で、一番最初の針と糸の持ち方。左に糸をかけたらフランス式です。右手に糸をかけたら、アメリカ式です。絵つきで、これしか説明がされてないんですよ。次は表編みはこうします、みたいな。僕が考えるに、この「糸のかけ方」とか「糸のテンション」とかが編み物のキモというか、一番大事なところ。「目が揃うかどうか」とかの棒針編みですごく大事なところに関わるのにそこに関しての言及（説明する言葉）が全然ない。ひと昔前は編み物教室の先生や身の周りの編める人にすぐ教えてもらえたことだと思うんだけど、今は仕事があって教室に通えなかったり、いろんな事情があって家から出られなかったりする人も多い。だから本を読んで「自分で編み物したいな」って思う方もいらっしゃるはずなのに、これだとうまく編める気がしないですよね。

おおあみ　昔に比べて編み物ができる人自体が少ないし、なかなか近くにいないですもんね。

横山　基礎本では左手でかける、いわゆるフランス式の編み方が日本では一般的だと紹介されているけれど、これを本だけで会得するのは至難の技。一方で、アメリカ式の人やイングリッシュ・トラディショナルという、編み糸を指にまったくかけないタイプの人もある一定数いるんですよね。実は、初心者にはこの方法が編みやすい場合がある。おおあみさんは普段、フランス編みですか？

おおあみ　はい。

横山　それは何か理由があるんですか？

おおあみ　最初に叔母にそうやって教わったから。しかも、見よう見真似だったので、あんまり正しく構えられてなかった。疲れたなあって思ったら、アメリカ式みたいな方法で編んだりとかもしてました。だから、最初はかなり自己流。

横山　いろいろ試してたんですね。

おおあみ　それから資格をとりにいったんですよ、編み物の先生になる資格を。そしたら「フランス式でやりなさい。あなた針の持ち方、変よ」って言われて。構え方や糸のかけ方を一から教わりました。こうするとテンションが安定するとかね。ひと通り教わったら、すっごくきれいに編めるようになって、もうびっくり。

横山　結局、その辺りのことが大事だって話ですよね。

おおあみ　何に重点を置くかで変わってくると思うけど。目が揃った編み地で、誰かが言った通りのことを再現する、それこそ本に載ってるのを、目数、段数の通りに編むということを正解とする世界では、これは大事。

横山　僕からしてみると、やっぱり楽しく編むなら基礎と少し違っても「編めた」方が楽しい。無理をすると腕とか指、手首とかを傷めてしまって楽しくなくなってしまう。とりあえずは自分に向いている技法で編んでよいと思うんです。フランス式の編み方にしても、僕は作り目の最初の目の作り方を教える時に、まずかぎ針の鎖編みの話をするんですよね。輪っかを作って、その中に指を入れて糸を連れて来る、これだけですよと。これを棒針に通せば作り目の1目めだし、かぎ針を使えば鎖目になる。

おおあみ　輪から糸を引き出して目を作るのは、どちらも同じですものね。

横山　作り目を作ったら、針にかかった輪っかに針を差し込んで糸を引き出す。裏編みと表編み、もしくはねじり目とか、編む目によって針を差す方向は違うけど、輪っかに針を差し込みますと。で、編み糸に一定のテンションをかけておくと次の目が編みやすい。これがフランス式の編み方の特徴。

おおあみ　このテンションを保って編むのに、意外と糸のかかった左手って忙しいんですよね。

横山　左手が働いてるっていうのは、裏編みでもすごく重要な話で。僕の場合はですけど、腕ごと、自分の手前側にねじると、ほとんど右手を動かさなくてもすむ。これだと編みやすいし、手首への負担も軽い。これもどこにも載ってないですね。

おおあみ　そうなんですよ。棒針を初めて編む人が表編みできるようになって、次に裏編みに挑戦すると全然できなくって。

横山　うんうん。

おおあみ　脇を軽く開いて、ボート漕ぐみたいに腕全部が棒針になったつもりで動かしたら、意外といけますよって言って、「いけるいける」って耳元で言い続けてあげるとね。

横山　いけるかも！って思うんですよね。

おおあみ　気持ちも大事。そうやって編めるようになった人がきまって言うんですよ。「私、針先だけで編もうとしてた」って。

横山　本当に今日来てくださってありがとうございます。おっしゃる通りです。…そしたら続きまして、アメリカ式の特徴をお伝えしていきたいなと思います。英語ではイングリッシュ・スタイルと呼ばれるものです。アメリカ式は、編み糸を右手にかけるんですが、フランス式と違って、糸のテンションはまったく気にしなくていいと教えています。大袈裟な話、どんなに編み目がずるずるになっても次に糸をかけて編む時に目がきちんと締まるので、糸のテンションは気にせずにリズムで編んでいく人には向いてるなと思います。これは、まったくといっていいほど本には載ってない。というか、アメリカ式のコツに関しては一切書いてない。

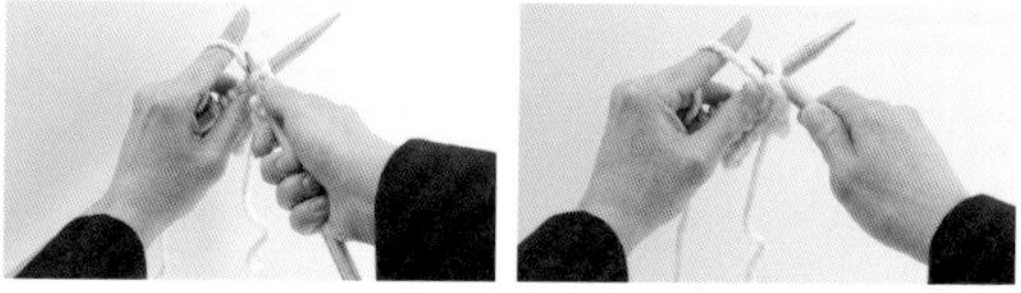
右手だけで裏目を編む

両手を動かして裏目を編む

おおあみ　大体、構え方の写真一つだけ。

横山　だけど、アメリカ式は糸のテンションを気にしなくていいけれど、かけた糸を引く強さは大事なところで。例えば右利きの人がアメリカ式で編むと、すごくきつい目になるって場合もある。

おおあみ　糸を引っ張りすぎちゃうんですよね。

横山　おおあみさんくらい、一人で色々試しながら編んでこられてきたなら、自分の得意はこうだよね、ですむんですけど、「やっぱり編み物をこれからやりたい」もしくは「やってきたんだけど悩んでいる」という方には、基礎本には載っていない、さらに突っ込んだ情報っていうのが必要なのかもしれませんね。特に糸のテンションというのはすごく繊細なんですよ。

おおあみ　私が持ってるマニアックな編み物の本にテンションの話が載ってましたよ。

横山　おお、すごい。

おおあみ　編み物の大辞典みたいな本なんですけどね。ただ、アメリカ式についてはなんの言及もされてなかったけど。まあそれは、なんか…。

横山　そういう本には大事な話がどこかで載ってると思うんですよ。よもやま話的な感じで。

おおあみ　でも、こういうマニアックな本はこれから始めようって人は買わないですもんね。

横山　そうなんですよ。だから、そこに関しては、みんなで言ってってあげるのが必要。だって今の日本の編み物界では、アメリカ式で編んでるだけで、変な編み方だって言われて、すごい悲しかったっていう人も少なくないじゃないですか。そんな悲しむ必要はないですよって言ってくれる人がいるだけで、だいぶ救われますよね。気持ち的に。

おおあみ　私が聞いて心が痛くなるのは、「自己流なので」って言葉。自己流の何が悪いんだ！って思うし、それでキレイに編み上がってた

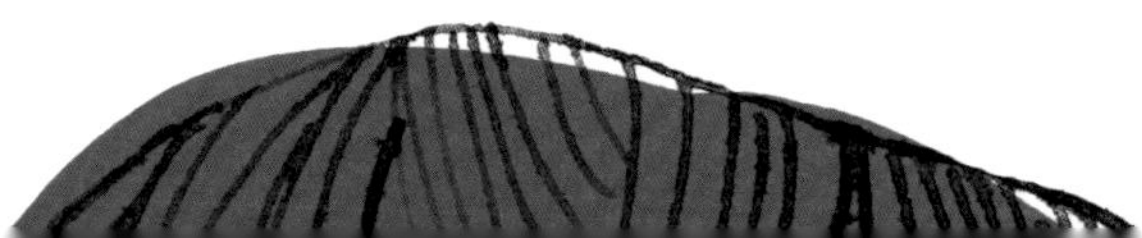

ら、それで良いんじゃない？って思うんです。ただ、「それで何か悩みあるんですか？」って聞くと、「別にない」って。

横山　ありますね、そういう話。

おおあみ　編み物するのに様式なんていらないですよって思うんですよね。自己流だからコツがわからないとかならわかるんですけど。

横山　僕もよく聞きます。「私、自己流だから」って言葉。自己流だって目的が果たせていれば、いいですよね。

おおあみ　そうそう。ただ、そういう人たちも、なんかこう…ちょっとこうしただけで楽に編めるよとか、自分が目指している編み目に近づくよっていうのは、横山さんみたいな人が声を大にして言ってあげてほしい。

横山　特に基礎技術に関しては。

おおあみ　で、しかもそういう自己流だからって言ってる人って、そう言ってる割に、基礎本とか読まないじゃないですか。だから自己流になってるわけで。だから、基礎本とは違う、この本みたいな「突拍子もない本」に載せるっていうのは、ある意味、届けたい人に届く気がする！

横山　今の、自己流の話で思い出したのが、さっきの「裏編みの時に腕全体を動かして」というくだり。僕やおおあみさんは腕全体を動かしてって話をしましたけど、指を動かして裏編みする人もいますよね。

おおあみ　私も元々そうだったんですけど、注意されて直しました。

横山　確かにいろいろ言う人がいるとは思うんですけど、問題なく編めてるんならそれでいいだろうっていう風に思うんです。さっきのは、腕全体使うとすごく楽に編めるので、一つの情報として出しておきたいんです。

おおあみ　私は、編み物教室の先生にフォームを改善してもらう前に、疲れちゃうとか辛くなっちゃうとかあったから、色々試して、気がついたらアメリカ式も、イングリッシュ・トラディショナルも、できるようになったというのが本音のところで。

横山　必要は発明の母！

おおあみ　変なやり方してて良かったな、と思います！

横山　もし疲れちゃう人がいたら、参考にしてみてくださいと。

おおあみ　そうですね。

横山　今ちょっと話題に出たのが、イングリッシュ・トラディショナルという編み方。以前、僕も海外の記事を見て、あ、これってイングリッシュ・トラディショナルって言うんだってのを1つ見ただけで、正式名称は分かりません。実際には「おばあちゃんからこう習いました」という方にお会いすることもあって、知ってるだけの編み方ですが…、ここではイングリッシュ・トラディショナルという呼称に仮にさせてもらいますね。この編み方というのが、どちらの指にも糸をかけない方法なんです。

おおあみ　糸をかけないで…。

横山　糸をてろーんと垂らしたまま、左針の目に右針を突っ込む。針を突っ込んだら、糸を持ち上げて、ぐっと回して針にかけて編む。その時、僕の場合は糸をそのまま握り込んじゃうんですけど、握り込んでテンションを加えて、また糸を引っ張ってきて、編む。これの繰り返し。でも実はこれで編める。この編み方は、子どもに編み物を教える時にいいんですよね。ともかく工作みたいに、「はい、穴に針突っ込んで」って。突っ込んだら、糸引っかけて、糸引っかけたら引き出しますよ。はい、これだけで編み物ですよっていう風に言っちゃう。失敗せずに編めたってことだけで、編み物が俄然楽しくなるんですよね。それをきっかけに、「今度は手に糸をかけて編みたい」と言うんだったら、フランス式でもアメリカ式でも教えれば良いし。僕はこれ、すごく良い編み方だなって思ってるんです。でも、やっぱり日本の本には載ってないんですよ。この編み方は。1ページも見たことがない。みんな口伝で、知ってるっていう。

おおあみ　これ、私も発明してました。

横山　お見事、お見事。発明できる人は良いよね。

おおあみ　それもおチビちゃんたちに編み物を教えるってなった時、必要に迫られて。最初は「編み物したい」っていうから、かぎ針編みをしようと思ったんです。編む動作が単純で教えやすいでしょう？　そしたらね、センスが良い子で、「違うんです、私はかぎ針がやりたいんじゃなくて、2本の棒で、こういう動きがしたいし、普通に売ってるセーターみたいな編み目が編みたいんだ！」っていう…。

編めたってことだけで、俄然、楽しくなる

横山　V字の編み目のね。

おおあみ　じゃあ、それだったら頑張ろうって棒針編みを始めたんです。で、作り目こそ私がしてあげたんですが、針を持って一人でやってみようってなったら、もうわかんないんですよね。そこで生まれたのが、この編み方（イングリッシュ・トラディショナル）。「じゃあ、こうしよう！」って、その子には糸の輪に針をぶすっと入れる役をさせて、私が針に糸を引っかける役になった。

横山　二人三脚で編み物だ。

おおあみ　針を入れたら糸を引っかける。「私が引っかけた向き、覚えたね？」って言って、そしたら「うん」とか真剣に言って。「じゃあ、針にかけた糸を引っ張りだして」って言って、その子が目を作るという共同作業。それで、針の入れ方も糸のかけ方も身について、一人できちんとした目で編めるようになった。そしたら今度は「私、おおあみさんが編んでるみたいな編み方がしたい。こういう編み方は子どもっぽくてヤダ！」って。素晴らしい子ですよね。

横山　いや、いいですね。僕はそれ、ベストな教え方だと思う。すごく良い。そういう風に教えるには、絶対、段階を追った手順が必要で、「はい、みなさん編み物したいんだったらこれがフランス式で、これが表メリヤスです」みたいなのは、まだボール投げたことがない、キャッチボールをやったことがない人に、「早速ですが、模擬試合を紅組と白組に分かれてやりましょう」みたいな感じだと思うんですよね。そうじゃなくて、その前にできることをきちんとやるというのがいいんじゃないかなと思っております。

おおあみ　もっと言うと、初心者の人って編み目の構造がどうなっているのかも分からないじゃないですか。

横山　そうですね。

おおあみ　私は編み方のフォームを直してくださった先生にメリヤス編みの図解も教わったんです。黒板に糸の流れをスイスイ書いていくんですよね。ちゃんと糸のかかる順番に。これで視覚で覚えられて、糸の動きがすごく頭に入ってきたんです。今は私も人に教える時にそうやって説明しているんですが、結構、みんなできるようになっていくんですよ。特にメリヤスはぎを教える時にはかなり有効。

横山　必要ですね、それは。

おおあみ　図を描いて、みんなに配って。で、一緒に「はい、ここから入って、ここから出て…」って。ペンで描いてみると、みんな「こうやって動くんだ、じゃあこうやって針を通していけば良いんだな」とか、「こういう形にするためには、この針の動きだな」っていうのをわかってくれる。…針と糸の構え以前に、自分が何をしたいのか、この糸をどういう風に動かしたいのか、どういう形にしたいのかをわかっておくのは、大事だったりしますよね。

横山　そういうことを…基礎技法も含めてまとめてる本っていうのを僕は見たことないな。

おおあみ　確かに。実際のレクチャーを伴わないと、本としてはつまんないかもしれないですね。

横山　必要ですよ。だってインターネットでこういうことをライブすると、視聴してくださっているみなさんがすごく喜んでくださるんです。

おおあみ　基礎練ってつまんないものって思われがちだし、飛ばしたくなる。で、挫折して、基礎が大事だったんだって痛感して、戻ってくるっていう。

横山　そうそう。挫折を語る。本当にそうですね。

おおあみ　だから、「挫折した組」はぜひ基礎練を！

横山　あと、対話しながら伝えていってほしいですね。

おおあみ　そうですね。あ、私、しゃべり過ぎちゃった？

横山　いやいや、全然。大事なところだから。

東日本大震災での活動で知った編み物が持つ力

横山　さらにいうとね、僕が本腰入れて編み物しようって思った、大きな体験があるんです。

おおあみ　と言うと？

普段、編み物道具の持ち運びに古道具の手提げ籠を使っています。

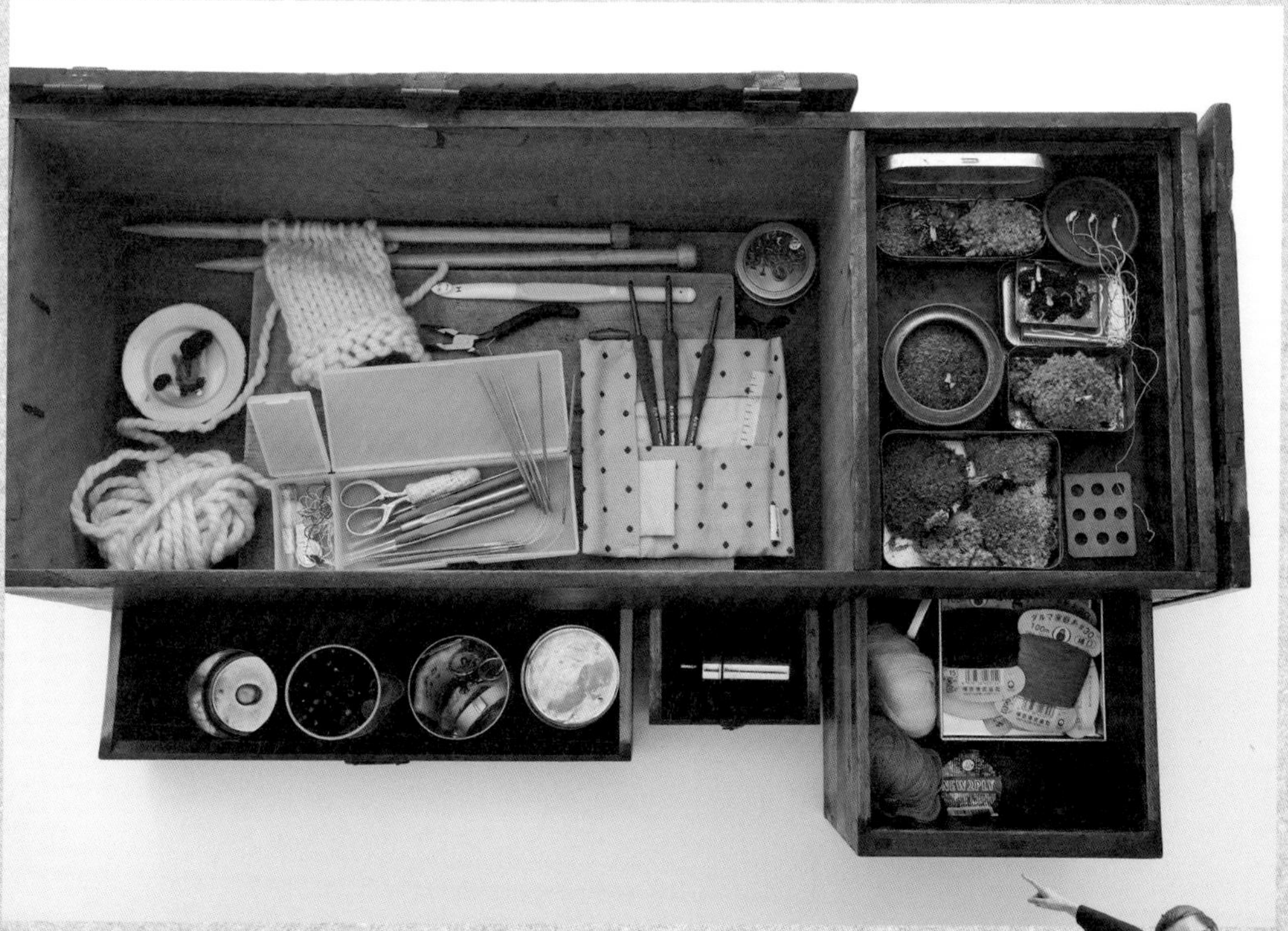

アトリエで使っている作業机。江戸時代に帳場で使われてた机で、筆や硯を入れていた引き出しがたくさんあります。天板をしめると編んだり書いたりする机に！

アトリエのこまごましたものは古道具に収納しています

by 横山

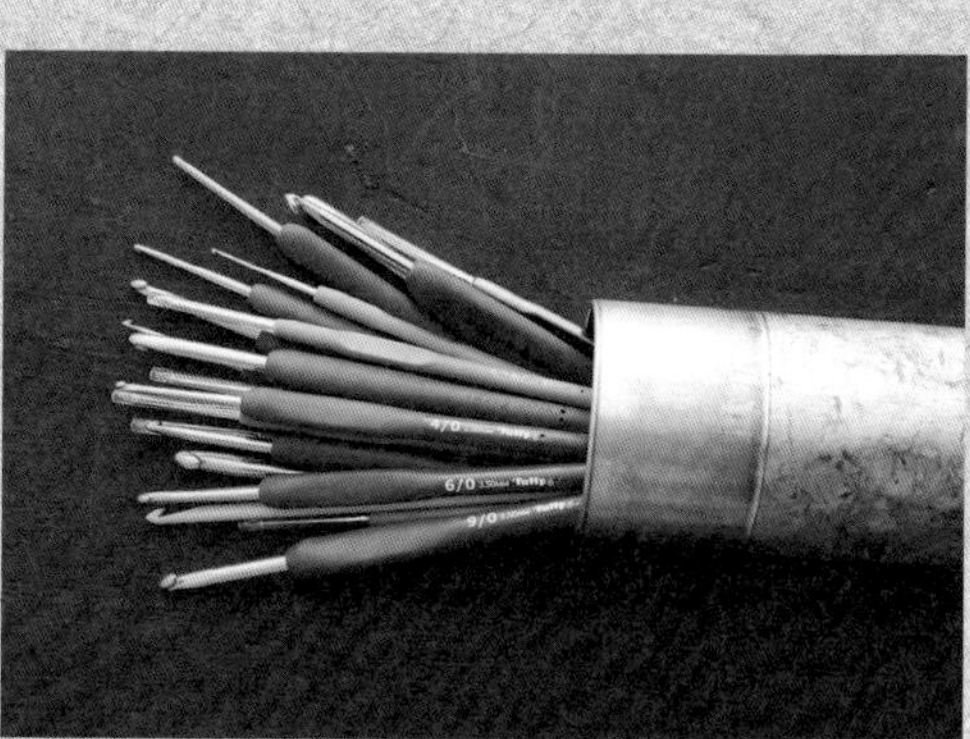

茶筒にかぎ針。そのまま鉛筆立てのようにも使えます。

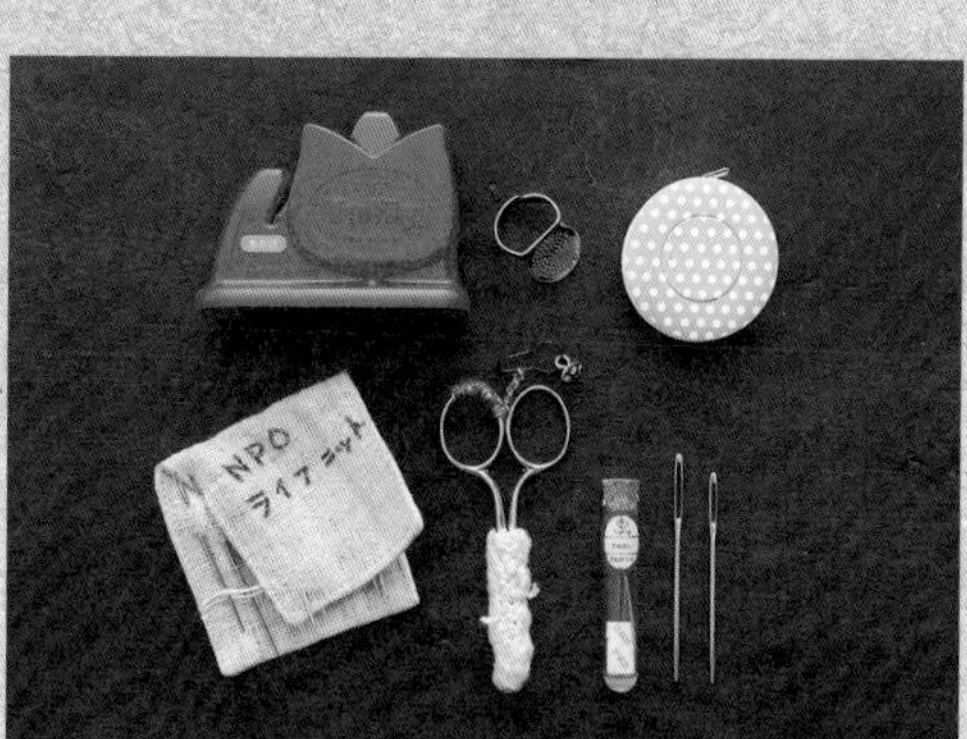

小物いろいろ。ハサミの先には手編みのキャップを。

横山　南相馬でのNPO活動。

おおあみ　震災の。

横山　そう。東日本大震災の。当時、僕の母が被災地活動をする時、手伝いをする形だったんです。その被災地支援活動って、日本編物文化協会という団体が母体になっていて、現地で編み物を教えられる人を増やして、仮設住宅で教室をしていただけるようなサポートをする活動でした。衝撃的だったのは震災から数年経って伺った時のことです。帰ろうとしたら向こうの先生のお一人がうちの母のところに来て、「地震直後に横山先生（母）が来て、みんなの首根っこつかまえるみたいな感じで集めて、編み物するぞって言った時に、なんでこんな時に編み物なんだって思った」と言い出したんですね。うちの母はすごく行動力があるんですよ。編み物の生き字引きだし、作品もたくさん作るし、すごく思考力が高いし、勘が働く人なんですけど、ちょっとね、押しが強いところがあって。

おおあみ　横山さんも良い意味で似てますよ。

横山　えっ、俺もそんな感じですか？　じゃあ、血なんですね…。で、僕は見てて、「ああやっぱり、そういう風に思うのは当然だよね」って思った。だって、本当に大変な目に遭われてしまっていたから…、編み物が心に効くといっても限度があると思ったんです。

おおあみ　うんうん。

横山　そしたらその直後に「でも今は編み物に本当に感謝しています」って言われてびっくりしたんです。「家族や友達も亡くなっちゃって、それは絶対元に戻らないし、家も出なきゃいけない。除染するっていったって、本当にできるのかどうかもわからない。それはわかってるんだ、解決できない事っていうのはわかってるんだ。だから暗い気分になるんだけど、編んでる間だけはそれを忘れられる。そういう時間があるだけでありがたい。仮設住宅での生活は狭いところに住まなきゃいけないってだけじゃなくて、ご近所さんとか知り合いとかまったく関係なく入れられてしまうから友達づきあいも少なくなったけれど、そんな中でも編んでいると、「あら編み物、私もするのよ」みたいなことを言われたりして人づきあいが始まるし、「編み物教室自体もコミュニティになったから、おかげさまで人間関係ができたんです。本当に感謝します」と言われたんですよね。それ聞いて、僕はとてもびっくりして。被災地支援活動に来ている立場なのに、編み物の力を全然信じていなかったな、って反省したんです。

僕は手芸が持つ力を甘くみていた

おおあみ　そうか…。

横山　帰り道、ずっとショックで、ずっと考えて。それで様々な先生と相談したら多くの編み物好きな方に協力していただけて、最終的にライフニットというNPO法人を設立したんです。僕が「手芸の力がある」とかって言うのは、ただ盛り上げようとしてるだけじゃなくて、元々自分がそういう力にたいして甘く見ちゃってた時に思い知らされたからなんです。大げさな話じゃなくて、編み物をしている間は集中して嫌なこと忘れるっていうだけなんだけど。現代ってそういう時間を持つことが必要な時代だと思っていて…。簡単に「編み物には癒し効果がある」とかでまとめたくないんですけどね、僕は。大変な時は大変だし、楽しいだけではない時もあるのも事実。だけど、力は確実にあって、やれば確実に作用はある。おおあみさんは身近なところで、何かそれに関わるようなお話ってあります？

おおあみ　うーん、癒しは無いですね…。私、その、編み物に癒されるっていう実感がなくて。編んでるといろいろ細かいことが気になってきちゃう。

横山　この話題を出すとそういう人も多いんですよ。そういう人には僕はよく怒られます。「私は違います」って。

おおあみ　私は怒ってないですよ！　癒しの時間は編み物以外で持っているかも。でも、編み物にそういう効果があるっていうのは、すごく分かる気がするし、なんでそうなるんだろうなーっていうのは興味あります。

横山　色々調べると、論文で書かれていたりして心理学の方でも効果はあるとされているみたいですね。

人はなぜ編み物で癒されるのか?

おおあみ　横山さん的にはどうお考えですか?

横山　なぜ癒されるかといえば、一つめはルーチンワークでしょうね。

おおあみ　同じ動きをずっと繰り返す。

横山　さらに言えば、実は僕なりに妄想があって。

おおあみ　というと?

横山　突き詰めていくと「螺旋」にいきつくんですよね。ねじれ、螺旋、スパイラル。これって、編み物のポイントだと僕は思っているんです。例えばウールの繊維。原毛は産毛みたいな毛が、わしゃわしゃって出ていて、それが全部ねじれてるんですよね。毛糸は原毛をさらにねじって糸にして。さらに2本とか3本とかをよじっていくじゃないですか。

おおあみ　ねじって、合わせて。

横山　編む動作にしても、ねじった輪から糸をねじりながら引き出して、また輪を作る。ともかく螺旋。ねじりの集大成が編み物だって思っているんです。で、ここから先は生物学を学ばれた方にそのうち聞いてみたいんですけど、生物の体や構造的な話って、必ず「ねじれ」が出てくるですよ。

おおあみ　DNA!

横山　そう遺伝子。ねじれてますよね。僕がキノコを作る時も、ねじれた糸で編み目をランダムに増やしたり、減らしたりして歪ませてると、本物のキノコっぽくなる。編み物って、生命力となにか関係してるんじゃないかなと思っていて。

おおあみ　宇宙まで行っちゃいそう…。

横山　そんな風にね、編み物は生命力のひとつの表現としてあるんじゃないかなって思っています。だから、編んでる時に元気になるというか。楽になるみたいなのがあるんじゃないかなって。

おおあみ　すごく原始的な動きですもんね。それこそ織物とかって、織り機が無いとできないけれど、編み物は棒2本で、なんだったら指だけでもできちゃうし、一番原始的かも。

横山　糸自体が最古の道具にして最古の材料、みたいなところあるじゃないですか。

おおあみ　布を作るにも糸必要だし。だからすごく単純に、自分自身も原点に戻っていくみたいなことが、編み物をすることで起こるのかもしれないですね。横山的に。

横山　横山的には。ねじりって中心があるから、要は、寄り集まっていくわけですよ。「編」という漢字は調べると「バラバラなものを集めて並べてまとめる」というような意味があるみたいなんですよ。それは編み物をすることでコミュニティになっていくとか、人が集まっていくとか、ちょっと象徴的な、オカルティックな話すぎるけど、関係してるんじゃないかなって僕は思う。

おおあみ　うーん、面白い。

横山　あんまりこれ、普段、話さないんだけどね。でも、そういう風に思いますね。

おおあみ　これ、なんの話だっけ?

横山　編み物ですよ。

日本人の編み物魂は江戸時代から脈々と続いてる

横山　対談お一人めの北川ケイさんが明治以降の日本の編み物の話についてお話してくださっているので、最後に僕はその前の歴史をちょっとお話しさせてください。

おおあみ　編み物侍ですね。

横山　編み物侍。でも、まずは侍の前に編み物戦国時代。

おおあみ　えー!

横山　編み物戦国時代っていうと、編み物作家が乱立して競い合っているみたいだよね。それは冗談だけど、こっちの話は安土桃山時代、戦国時代の最後の方。千利休とかが出てきて、織田信長が経済的にも軍事的にも日本を牛耳っていた時代のこと。そこへスペインとかポルトガルから宣教師とか商人がやってくるわけですよ。で、その南蛮人に織田信長はすごい興味津々なわけ。ひとつは、軍事力。鉄砲とか。もうひとつは、新しい物。

おおあみ　そういう人でしたものね、信長さん。

横山　織田信長は南蛮の知識や進んだ技術、異国の珍しい物とか、とに

かく海外の文化に興味があったんですよね。でね、ちょうどその時代ってヨーロッパの人が自動靴下編み機を、発明するか否かの時で。

おおあみ　その頃からあるんですね。

横山　まだ電動とかじゃなくて、手で回したりしてたんじゃないかなと思うんだけど。多分、でっかいリリアンマシーンみたいなやつだと思う。ただその頃はまだ実用化はされてないから、当時、使われていた編み物作品は、全部手編みだったはずなんです。で、何が編まれてたかっていったら、下着とか靴下。伸び縮みすると楽なもの。しかもレースと違って、編み物は日用品だったから向こうから来た人たちは、そういうのを使っていたんじゃないかといわれている。南蛮文化の歴史家自体が少ないし、そういう服飾の歴史調べてる方も少ないんだけど、実は僕が取り寄せた学術的な資料のひとつに、この時代に編み物が入って来たんじゃないかって推測するに足る理由が1つだけあったんです。それが、メリヤスって言葉なんですよ。まぁ、それ以外に確かなことは書かれてなかったんですけどね。

おおあみ　うん。

横山　メリヤスっていうのは元々、外国語から派生したと言われているんです。スペイン語の「メディアス」とかポルトガル語の「メイヤス」が語源のようで、両方とも「靴下」という意味です。当時南蛮文化として日本に入ってた「靴下」っていう意味の言葉が、なぜか「メリヤス」っていう言葉になって、編み物を意味するようになったんですね。ここからは推測の積み重ねなんですけど、南蛮人が靴下を脱ぐ姿を見て、それが伸び縮みするものだから、安土桃山時代の日本人が「おお！」となった。当時、日本には伸び縮する素材ってなかったから。それで「それはなんでござるか！」と一生懸命聞いたけど、向こうも日本語わかんないし「これはメディアス（靴下）だ。メディアス」と言ったんじゃないかと。そしたら、「ああなるほど、その伸び縮みするやつはメリヤスというのでござるか」みたいな話があったに違いないという。すごく面白いやりとりが想像できるんですよね。でも、実際に江戸時代の文献を調べていくと、メリヤスっていう言葉が結構各所に出てくるわけです。長崎の女性が編んでたとか。長崎、出島ありますからね。来た人に習ってたんでしょうね。俳句とかも作られてるんですよ。

おおあみ　メリヤスで？

横山　メリヤスの俳句で。えーとね、「唐人の　古里寒し　メリヤス足袋」っていう。

おおあみ　文字余りですね。

横山　そう、字余り。唐人っていうのは中国の人。中国の人も履いてたんでしょうね。中国の人が、メリヤスの、編み物の手編みの靴下を履いているぞ。ああ、向こうの国は寒いのかな、みたいな。ただそれだけの俳句みたいですけど。

おおあみ　シルクロードで渡っていったのかな。

横山　じゃないですかね。当時、すでにヨーロッパとは交易してたでしょうからね。俳句は他にもいくつかありましたね。『守貞謾稿（江戸時代の風俗誌）』っていう、喜多川守貞さんていう人が書いたエッセイ集には手編みの手袋がちゃんと描かれているんです。表は、表メリヤスが描いてあって。裏は、裏メリヤスがちゃんと描いてある。

おおあみ　へー。それ、手袋はミトン？　5本指？

横山　5本指。

おおあみ　わあ、すごい！

横山　5本指で、肘まである。

おおあみ　へー。

横山　なぜ肘まであるのかよく分からないんだけど、明治期になって肘まであるのは廃れたって書いてある。

おおあみ　着物って、やっぱり袖口がスカスカして寒いからかな。

横山　そうかもしれない。廃れたのは、廃刀令があって洋服を着るようになったからかもしれないね。

おおあみ　確かに。

横山　江戸期は、色々作られたらしいんだけど、一番は手袋だった。特に幕末は江戸幕府側の下級武士が、内職として編み物をする時代が数年間あって、その頃、編んでたのは手袋。「メリヤス手覆い」。それをね、3本針で編んでたらしいんですよ。明治期に出された江戸時代の編み方についての資料に載ってます。3本針の手法は伝統的なシェトランドのフェアアイルセーターを編む技法で、今でもフェアアイルの編み手さんの文化に残っているみたいですね。

Tatsuya Yokoyama

おおあみ　そうしたら、（技法的に）フェアアイルですね。

横山　ええ、フェアアイルだと思うんですよ。スペインのアルマダっていう無敵艦隊が、シェトランド諸島のどこかの近くで、座礁して船員が島に避難したっていう伝説があるんです。その時にスペインの模様がシエトランドのフェアアイルセーターに流入したという。事実ではない伝説のようですが、そんな話が出るというのはスペインとフェアアイルニット文化がどこかでクロスオーバーしたということ。だから、日本にシエトランドの技術がスペイン経由で入ったとしてもおかしくはない。

おおあみ　そうですね。

横山　で、さっきのメリヤスの話も、スペイン、ポルトガル。ってことを考えると、スペインが怪しいなって思うんですけど。そこら辺は全部妄想なので。はっきり言って。

おおあみ　文献が残ってない？

横山　文献も資料も残ってないから。分からないけど、江戸期の資料は少しあるからそこら辺までは語れる。江戸末期のお侍さんたちが、なんで編み物をしたかっていうと、大砲とか新式銃を打つために外国人に習いに行かなきゃいけないんですよ。外国にものを習いに行く時って、外国の流儀に合わせないと教えてもらえないってことがあったんですね。だから、その習いにいく時に向こうの流儀で手袋、靴下、革靴とかを全部揃えて、横浜に習いに行ってたっていう話は明治期の文献に載ってるんですよ。そのために一生懸命、下級武士が手袋とかを編んで大砲を習いに行く人に売っていたと。まさに「軍用の手袋」、つまり軍手を編んでいたんです。今でも軍手をよく見ると、確かにメリヤス編みなんですよ。5本指で。

おおあみ　意外なところに痕跡が残っているんですね。

横山　ちなみに編み物をする侍たちの、その後の結果は、そういう必要なものを編んでたら結構売れたんで、専門の編み師になった侍もいたとも書いてある。でも直後に明治維新がおきて、急激に西洋化すると海外から機械がたくさん入ってきて、自動編み機に仕事を奪われて。で、編み物をする侍はすぐいなくなったという。たぶん、アパレルメーカー運営とかに、その文化は繋がっていくんじゃないかな。

おおあみ　アパレルの偉い人の中には、ご先祖様がお侍さんの人もいるのかもしれませんね。

横山　そうですね。…この後の時代の編み物の歴史については、もう一度、本書の最初の対談へ戻って読み直していただければ。明治の編み物から現代の海外事情まで、今度は違った視点でみれるかも。

おおあみ　エンドレス・ループ！

横山　でもね、最も重要なのは、これからの歴史を作るのは我々ってことです！

Puppy
HAND KNITTING YARN

対談場所／パピー 下北沢店

糸メーカー・パピーの直営店。色とりどりな「パピー毛糸」はもちろん、ヨーロッパから輸入された糸や特注糸なども扱う編み物好きにはたまらないお店。キット類も人気です。

【問い合わせ先】＞P.160

編みキノコ図鑑

＋

時々、編み大根

古い缶ケースやマッチ箱が住処の編みキノコ。

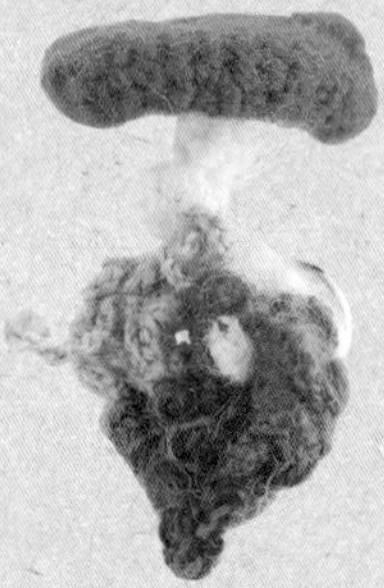

編み大根も
たくさんいます

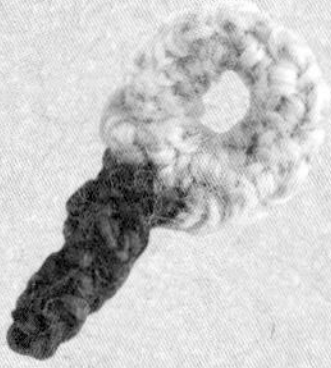

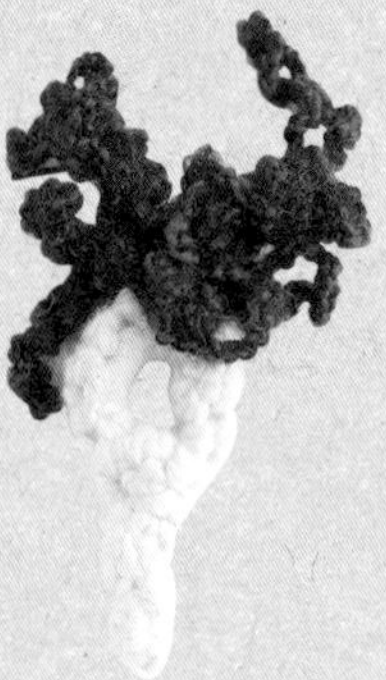

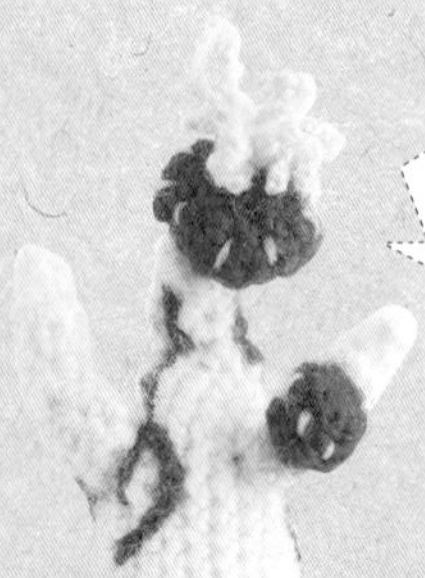

岡本太郎の
「太陽の塔」に
なりたかった
編みキノコ

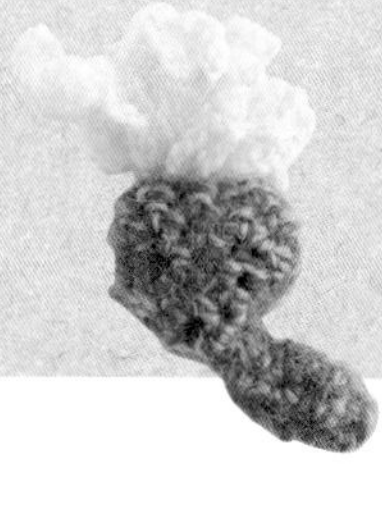

ときどき森林浴を楽しんだりもする。

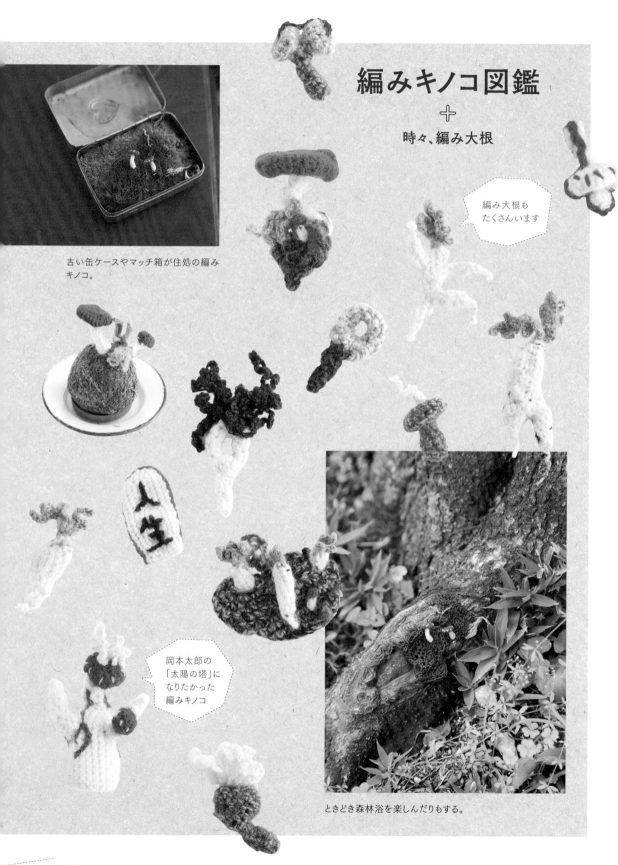

帳場机の中の編みキノコ。

How to make

スキニ編ム

編みキノコ

編みキノコ作家、横山さんによる「編みキノコ」の編み方メモ。横山さんが編む時にこだわっている、ちょっとしたコツをお伝えします。増し目、減目はお好みで。できあがりサイズもお好みで。

材料と道具

好みの糸とその糸に合わせた太さのかぎ針、とじ針、ハサミ

まずはココ！

【編み方ポイント】

糸の輪がきれいに絞りやすく、強度も十分！

一重の輪の作り目

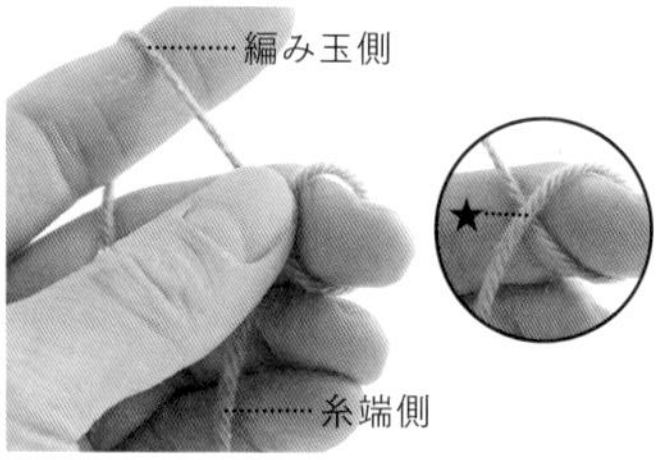

1 糸端を約10cm残して輪を作り、交点（★）を押さえて持つ。

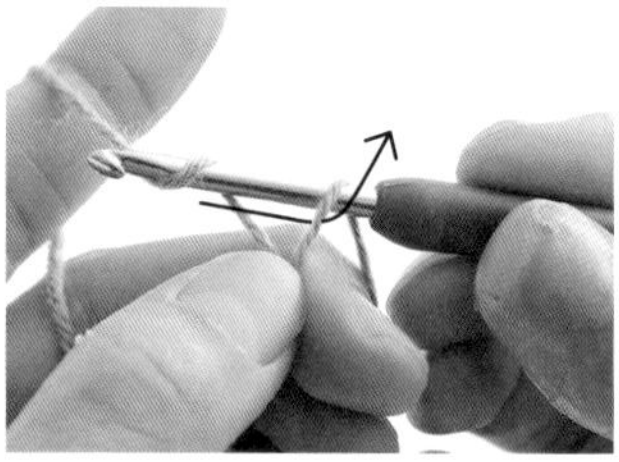

2 輪に針を入れ、糸をかけて引き出す。

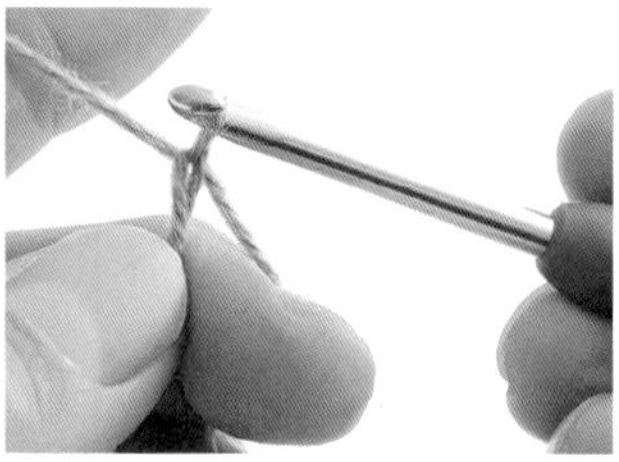

3 引き出したところ。

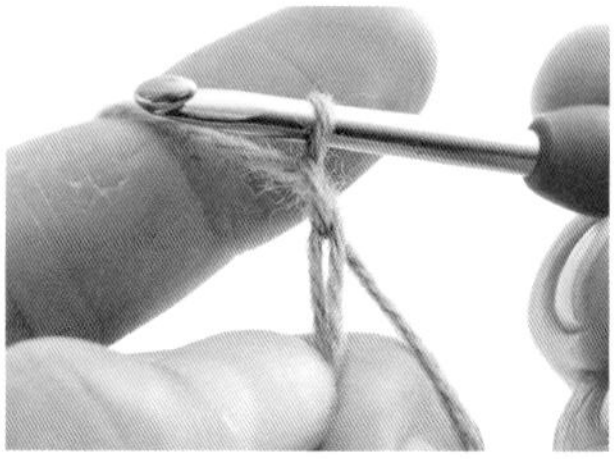

4 再度、針に糸をかけて引き抜く。立ち上がりの鎖目が1目編めた。

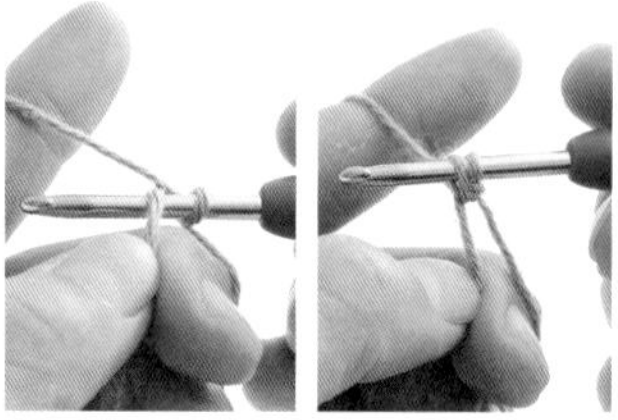

5 輪と糸端を重ねて持ち、輪に針を入れて、糸を引き出す。

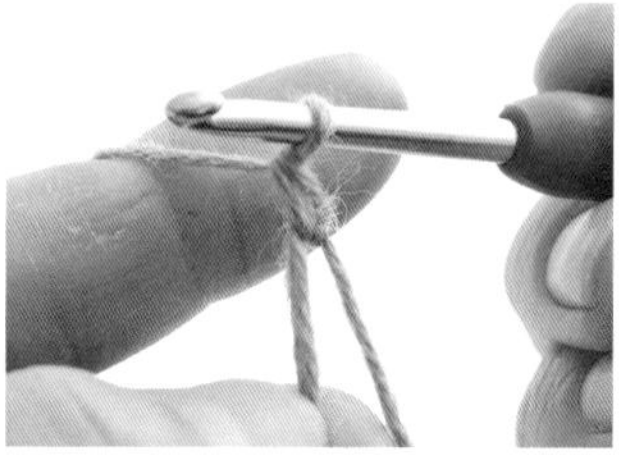

6 細編みを編む。この時、輪の糸と糸端の２本を一緒に編みくるむようにする。

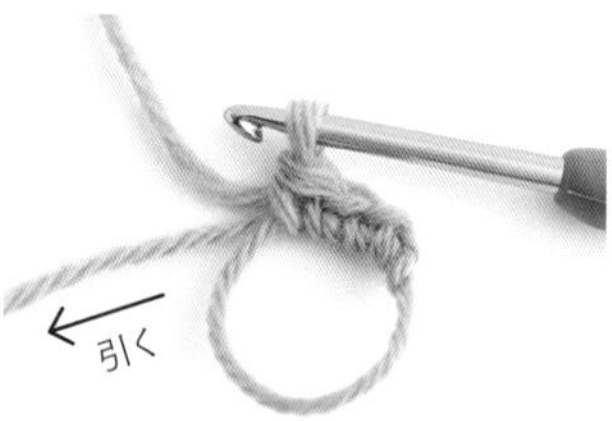

7 5を繰り返して、細編みを４目編む。

8 糸端を引いて、最初の輪を引き締める。

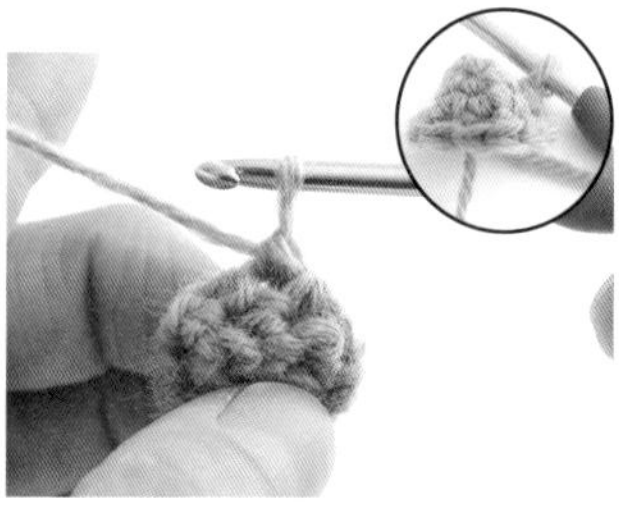

2段めからは…段の変わり目の「立ち上がりの鎖目」は編まずに、細編みをぐるぐる編もう！

6. 仕上げよう

編み始めの糸端は「中心から裏へ糸を出し、また表に戻る」のを3回以上繰り返し、最後に軸に通して糸を切る。糸を通すたびに、キノコを引っ張って形を整える。編み終わりの糸は軸に3回以上通して糸を切る。

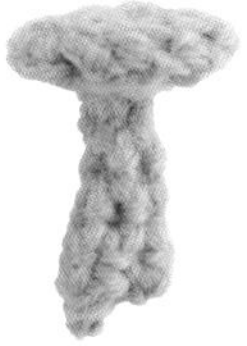

できあがりは傘が上!

傘と軸で色を替えたり、刺しゅうを足したりするのも◎。

編み物は「引っ張る」のが大事!

糸端を切る前に形を整えよう!

傘を左右に引っ張って。

軸を縦に引っ張って。

1

中心から裏へ。

2

裏から表へ。

3

軸を出してカット。

5. 編み終わり

糸端を約20cm残して糸を切り、最後の目に通して糸を引き、目を絞る。

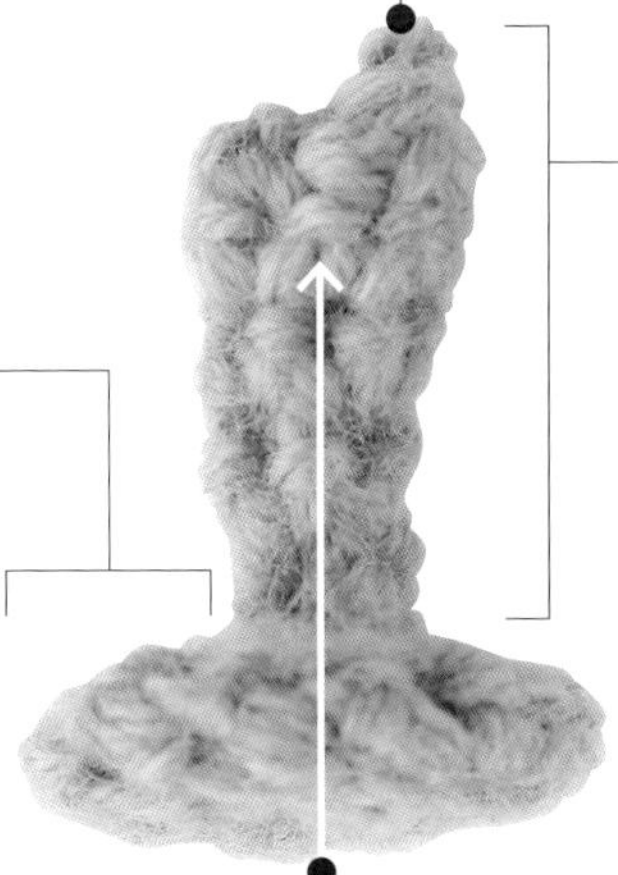

4. 軸を伸ばそう

編み地が好みの細さの輪になったら、そこからは増減なく筒に編もう。編み終わりだけ、1目に2目編み入れると「石突き」のあるぷっくりしたキノコらしいフォルムになる。

3. 減目しよう

傘の大きさがこれくらいでいいかなと思ったら、今度は「細編み2目一度」で減目しよう。とにかくずっと減目。好みの軸の太さになるまで目を減らせばOK。横山のおすすめは4目まで減らすこと。

←編みキノコの作り方

2. 広げていこう

2段め以降は、次の段に移る時、「立ち上がりの鎖目」を編まずに細編みでぐるぐる編もう。傘は広げていきたいから、適宜、1目に細編みを2目編み入れながら好みの形に増し目して。大体、1周で4目増すのが目安。

編み地の裏面が表になるように編んでいくのがコツ!

1. 編み始め

一重の輪の作り目で編み始め、1段めを細編みで編む。P156のプロセスを要チェック!

棒針編み

右上2目一度

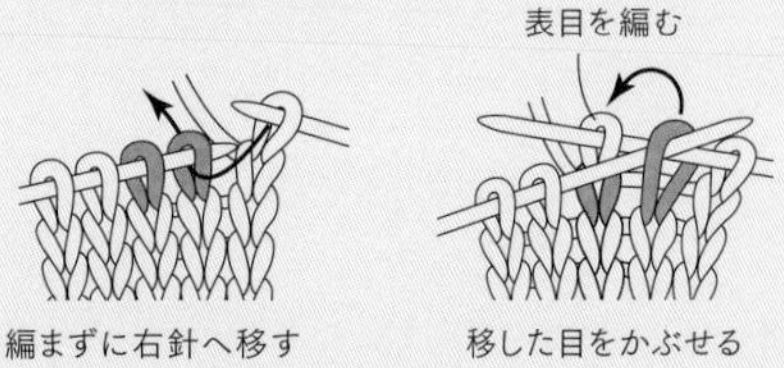

編まずに右針へ移す　　移した目をかぶせる

左上2目一度

2目を一度に編む

巻き増し目

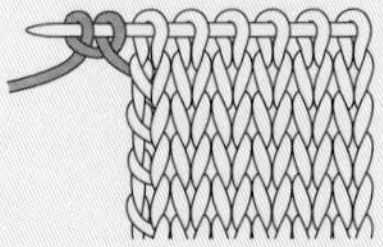

引き上げ編み（2段の場合）

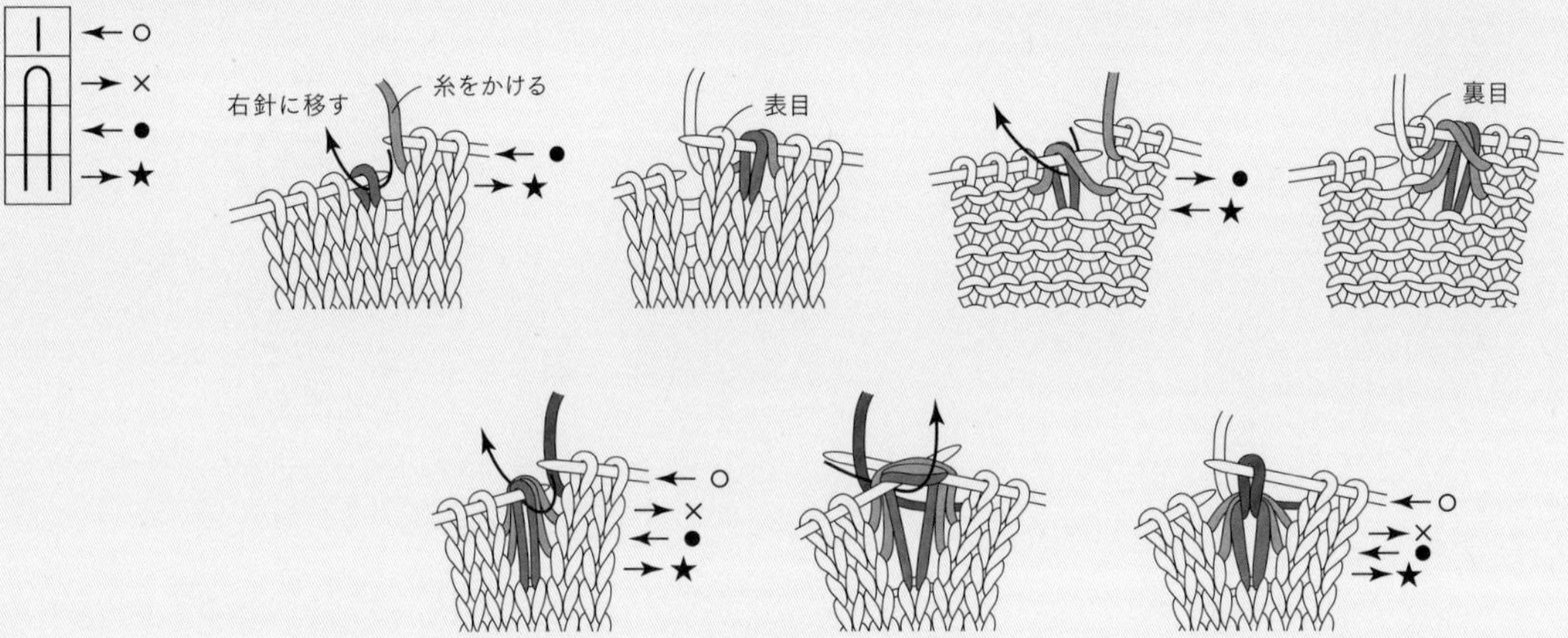

糸を横に渡す編み込み模様

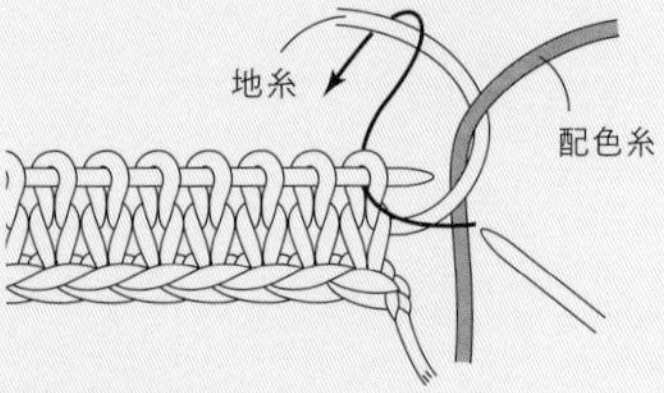

地糸と配色糸を交差させてから
地糸で最初の目を編む

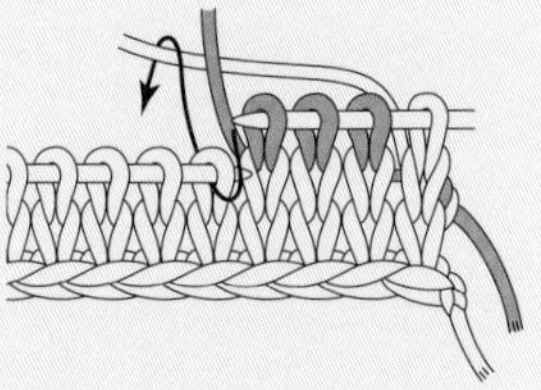

配色糸で指定の目数を編む。
糸を替える時は配色糸を
上において休ませ、地糸で編む

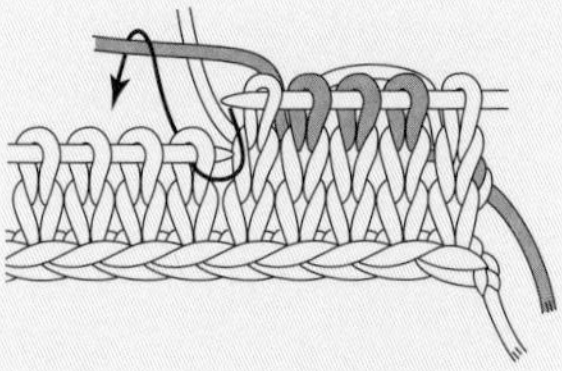

配色糸に替える時は、地糸を
下にして休ませ、配色糸で編む。
※糸の上下を変えないように注意する。

編み目記号&編み方

かぎ針編み

糸端を輪にする作り目

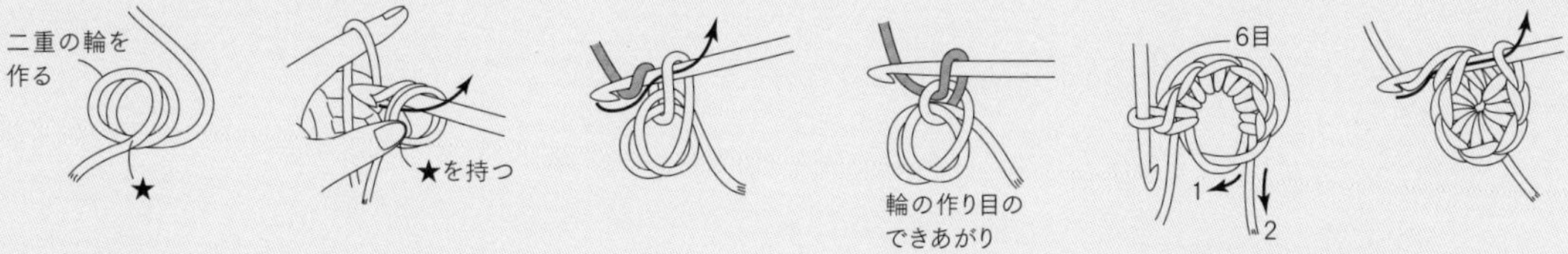

鎖編み

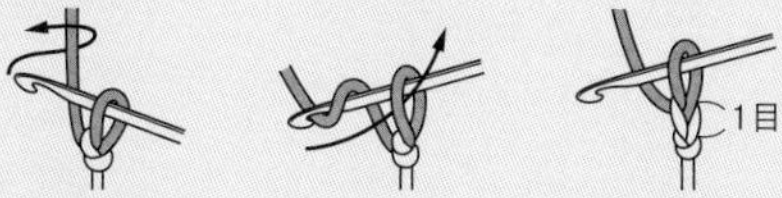

引き抜き編み

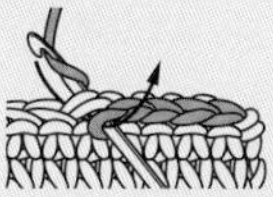

針を入れ、
糸をかけて引き抜く

細編み

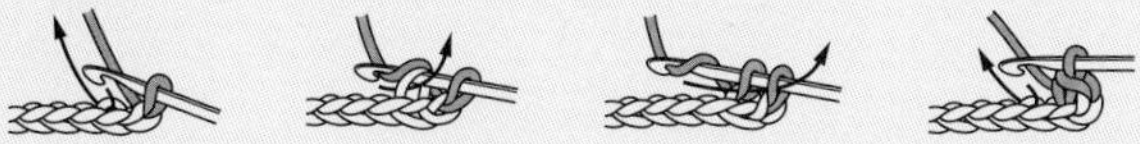

細編み2目編み入れる

細編みを
1目編んだら、
同じ目に
もう一目編む

長編み

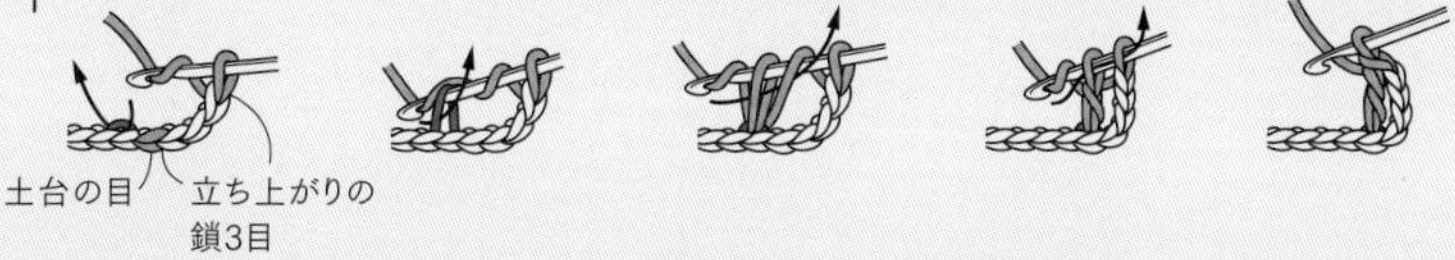

細編み2目一度

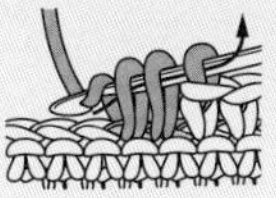

未完成の細編みを
2目編み、
針に糸をかけて
一度に引き抜く

棒針編み

指でかける作り目

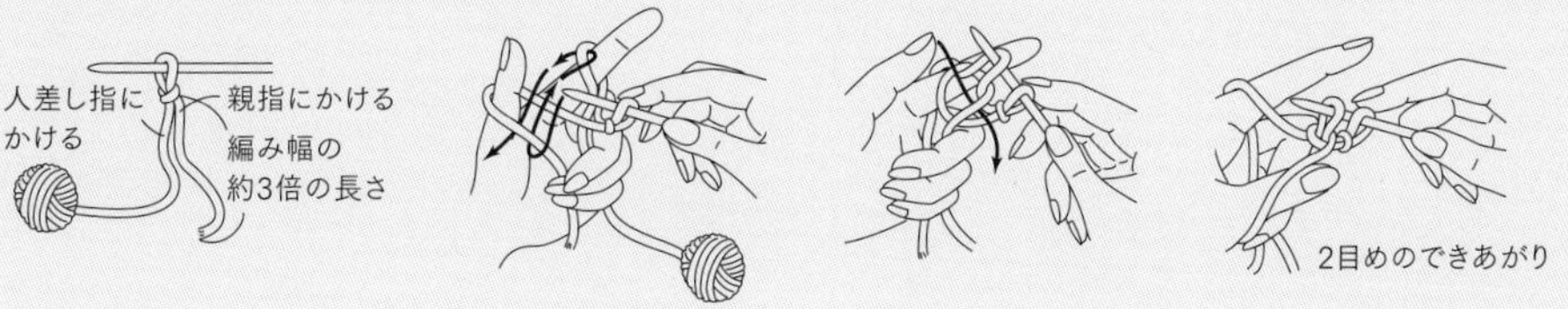

| 表目

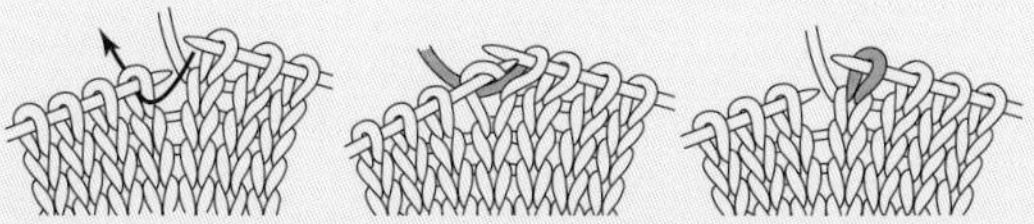

— 裏目

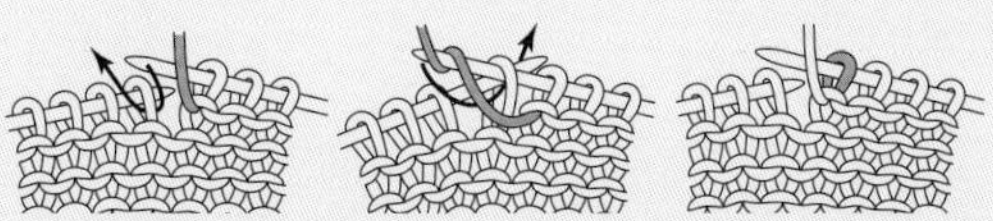

〈Staff〉

装丁・デザイン　佐藤アキラ
撮影　鏑木希実子
　　　大武智恵(P.90、P.93、P.100／はれのひ写真)
イラスト　camiyama emi
製図・トレース　みちよつ
基礎イラスト　小池百合穂
編集協力　古田 悠
編集　中田早苗

協力　NPO法人 ライフニット

〈撮影協力〉

AVRIL 吉祥寺店
東京都武蔵野市吉祥寺本町2-34-10
TEL 0422-22-7752
https://www.avril-kyoto.com

SHAELA
東京都調布市西つつじヶ丘4-6-3 シティ富沢2F
TEL 042-455-5185
https://shaela.jimdo.com

パピー 下北沢店
東京都世田谷区北沢2-26-4
TEL 03-3468-0581
http://www.puppyarn.com

谷中 松野家
東京都荒川区西日暮里3-14-14
TEL 03-3823-7441
http://www.yanakamatsunoya.jp

チューリップ株式会社
広島県広島市西区楠木町4-19-8
TEL 082-238-1144
https://www.tulip-japan.co.jp

ハマナカ株式会社
京都府京都市右京区花園薮ノ下町2番地の3
TEL 075-463-5151
http://www.hamanaka.co.jp

(2021年8月現在)

「ものづくり」のすべてに共通《きょうつう》の考《かんが》え方《かた》とコツがここにある!

どこにもない編《あ》み物《もの》研究室《けんきゅうしつ》

2021年9月25日　発　行　　NDC594
2022年11月1日　第3刷

著　　　者　横山起也《よこやまたつや》
発　行　者　小川雄一
発　行　所　株式会社 誠文堂新光社
〒113-0033 東京都文京区本郷3-3-11
電話 03-5800-5780
https://www.seibundo-shinkosha.net/
印刷・製本　大日本印刷 株式会社

ISBN978-4-416-52125-0